J'AI DU CIEL BLEU DANS MON PASSEPORT

PHILIPPE DE DIEULEVEULT

J'AI DU CIEL BLEU DANS MON PASSEPORT

BERNARD GRASSET
PARIS

Je dédie ce livre à tous ceux qui, aujourd'hui, sont sur le terrain, souffrent et se battent pour rapporter des papiers, des images et des sons.

1
L'OUVERTURE DE « LA CHASSE »

Il était 18 h 45, un lundi du mois d'octobre 1980. J'étais à la maison, en train de classer paisiblement des photos de voyage. De la cuisine parvenait une bonne odeur de paupiettes de veau.

Le téléphone sonna.

Comme Diane, mon épouse, faisait dîner notre petit garçon Erwann, je décrochai. Un certain Jean Dova, parlant au nom d'une société de productions télévisées, Télé-Union, me demandait, sans préliminaires, si j'étais libre en ce moment. Je l'étais.

– Auriez-vous envie de faire le tour du monde avec un hélicoptère? Nous cherchons quelqu'un pour présenter un nouveau jeu télévisé que Jacques Antoine vient d'inventer.

– Ah, ça oui! C'est super!

– Il faudra partir souvent et longtemps; cela ne pose pas de problèmes vis-à-vis de votre famille?

Couvrant le combiné avec la main, je consultai Diane. Résignée déjà, elle haussa les épaules :

– Si tu en as envie, accepte. Ça peut être intéressant...

D'un ton assuré, je répondis à Jean Dova :

– Non, aucun problème.

– Bon. Passez demain à 17 heures à Télé-Union, 93, Champs-Élysées.

Ils pouvaient compter sur moi. J'y serais! Assis près du téléphone, je rêvais à voix haute :

« Le tour du monde en hélico, mais c'est fou, ça. »

Heureusement, avec son bon sens habituel, Diane était là pour me modérer :

– T'emballe pas. Ils cherchent quelqu'un, mais rien ne dit que tu seras choisi.

Le lendemain, Jean Dova, fidèle collaborateur et documentaliste de Jacques Antoine, m'expliquait le principe de l'émission.

J'ai su plus tard comment était née l'idée de base, géniale, si on en juge par le succès remporté.

Jacques Antoine, son auteur, n'est pas seulement un homme de télévision, c'est un homme de voyage. Il aime prendre l'avion et se dépayser, partir et découvrir. Un jour, il se rendit au Sri Lanka (Ceylan). Il alla visiter Sigiriya et le fameux rocher du Lion où le roi parricide Kasyapa avait fait construire son palais, ou plutôt sa forteresse.

Du haut de ce rocher, Jacques Antoine, en vacances mais le cerveau toujours en ébullition, réfléchissait : « Si je trouve le moyen technique de faire dialoguer quelqu'un, posté ici, avec un studio de Paris, c'est gagné. Il suffirait de cacher un objet et l'homme sur le terrain le retrouverait, en direct, grâce aux indications données par un partenaire resté à Paris. » *La Chasse au trésor* venait de naître.

Jacques Antoine peaufina l'idée : il remplaça le candidat par un couple, ajouta un présentateur de plateau (le plus connu sera Didier Lecat) et une commentatrice (Marie-Thérèse Cuny, puis Elsa Manet).

L'idée me ravissait. C'était à la fois un jeu, avec son suspense, et un reportage sur des pays fabuleux faisant intervenir la géographie, l'histoire et le rêve. La liaison radio en duplex et l'hélicoptère permettraient de jouer au maximum avec le son et l'image. La possibilité de visiter tous les pays du monde, depuis le ciel, m'excitait beaucoup.

Comme je l'appris par la suite, on avait contacté plusieurs personnalités connues de la radio et de la télévision; mais sans succès, à cause de l'obligation de s'absenter longtemps de Paris. On cherchait donc quelqu'un de moins célèbre mais de plus disponible. Jean Dova avait remarqué ma prestation en 1978 dans une précédente émission de Jacques Antoine : *la Course autour du monde* [1]. On pensa donc à moi pour jouer, sur le terrain, le rôle du chasseur chargé de trouver un objet dans un délai limité. Jean Dova me demanda :

– Cela vous plairait-il?

– Absolument. Ce serait merveilleux. Mais je ne vous promets pas d'être l'homme de la situation.

On allait s'en assurer. Je n'étais pas le seul à avoir été pressenti. La sélection aurait lieu dans deux jours. Diane avait raison. Rien n'était joué.

Le même soir, avec elle, je pesai le pour et le contre. Les longues absences m'obligeraient à abandonner le « JT » (journal télévisé d'Antenne 2). J'y travaillais (comme cameraman pigiste)

1. J'en parle au chapitre 8.

avec de plus en plus de régularité. On me laissait même espérer un contrat à plein temps. Un contrat, ce serait l'assurance d'un métier stable, mais aussi le renoncement à l'aventure dont je rêvais.

C'est pourquoi la proposition de Télé-Union m'accrochait, malgré la perspective d'une vie familiale réduite et une incertitude quant à l'avenir : j'abandonnerais un gagne-pain assuré pour une émission séduisante mais sans lendemain en cas d'insuccès.

Le jour fixé pour les essais, arrivant un peu à l'avance, je trouvai déjà dans l'antichambre trois hommes et une femme tous plus âgés que moi. Personne ne parlait. On se serait cru chez le dentiste. D'autres personnes sont entrées, des gens pressés. J'avais tout mon temps, je leur ai cédé aimablement mon tour. Je passerais le dernier. Ils quittaient le bureau l'un après l'autre et, par une fenêtre du cinquième étage, je les voyais arpenter les Champs-Élysées coiffés d'un casque émetteur-récepteur. Il y avait parmi eux de grands reporters, des professionnels du micro, un cascadeur... Tous plus qualifiés que moi, simple cameraman pigiste. Mon tour venu, j'étais sans illusions, tout à fait décontracté, presque rigolard.

J'avais l'impression de me déguiser pour un jeu en mettant avec maladresse le casque : je n'en avais jamais porté. Arrivé sur l'avenue, je me mis à chanter dans le micro : « Ô Champs-Élysées! A midi, à minuit, sous le soleil ou sous la pluie! »

Jean-Jacques Pasquier, qui dirigeait les opérations et les observait par une fenêtre, me dit que je n'étais pas en train de concourir pour le petit conservatoire de Mireille. Je repris un peu de sérieux et j'écoutai ses directives. Elles me paraissaient saugrenues mais je les exécutai avec bonne volonté et rapidité. En voici quelques-unes :

– Tu vois le gros monsieur devant toi à gauche... Va lui demander en quelle année Napoléon est né.

– Tu vois le kiosque à journaux sur ta gauche... Fais-toi passer pour un Anglais et demande une revue.

– Tu vois la grosse dame avec son chien... Demande-lui si elle connaît l'origine du nom « Champs-Élysées ».

– Maintenant, imagine que tu es dans un hélicoptère... Décris-moi ce que tu aperçois.

Puis, sans transition, Pasquier me mettait moi-même à la question :

– Raconte-moi ce qui vient de se passer en Turquie, récemment.

La Turquie, je venais de la traverser quelques semaines plus tôt pour un reportage clandestin chez les maquisards kurdes. J'avais donc prêté attention au coup d'État militaire survenu juste après mon retour. Mon récit semblait avoir épuisé la curiosité de Pasquier.

– OK! Tu peux rentrer.

Je traversais les Champs-Élysées tranquillement, sur les clous! quand Pasquier se mit à hurler dans les écouteurs :

– Qu'est-ce qui se passe? Qu'est-ce qui se passe? Les motards, là-bas?

– Quoi, les motards? Ah! oui, je vois!

Malgré les écouteurs, j'entendais des hurlements de sirènes. Au galop, je retraversai l'avenue, entre les voitures cette fois, au risque de me faire écraser. J'arrivai à temps pour voir filer une grosse voiture officielle, entourée de motards aux sirènes hurlantes. Trouvant du premier coup, et malgré moi, le ton fébrile que je devais plus tard adopter dans *la Chasse,* je décrivis ma traversée périlleuse et le passage du cortège officiel. C'est d'un ton plus calme que, de retour au bureau, je demandai :

– Eh bien voilà, c'était sympa... J'dois revenir, ou c'est déjà complètement foutu?

– Non, c'était pas mal... marrant même. On te téléphonera ce soir.

Ça ressemblait à un refus poli, mais je n'avais pas tout à fait perdu mon temps. J'avais au moins appris la longueur de la plus célèbre avenue de Paris : 1 880 mètres; et l'origine de son nom : dans la mythologie grecque l'au-delà se divisait en deux régions. En haut les Champs-Élysées, destination des « gentils »; en bas le Tartare, où étaient précipités les « méchants ». Je m'étais également remis en mémoire la date de naissance de Napoléon : 1769.

Le soir même, Pasquier m'appela.

– Bon, on a écouté la bande magnétique qui te concerne. Disons que... Jacques Antoine, Jacques Solness et moi, nous pensons que tu fais l'affaire.

– Ah bon, c'est gentil, merci.

– Attention! J'ai pas dit que tu étais le meilleur. Tu es le moins mauvais.

– Ah bon, c'est gentil quand même.

– Normalement, tu pars dans dix jours pour le Groenland, avec Claude Savarit comme réalisateur.

– OK. J'vais acheter une p'tite laine. Salut!

– Hé! Attends! Il faut que tu viennes signer un contrat...

Voilà un mot dont je n'avais pas l'habitude!

Pourquoi m'avait-on donné la préférence? A cause, semble-t-il, de mon mélange de décontraction et – au passage de la voiture officielle – d'impétuosité.

Un peu avant le départ, j'ai demandé aux gens de Télé-Union si je devais m'habiller d'une façon particulière pour familiariser le public avec l'émission. Personne n'avait pensé à ce genre de détail et on me laissait carte blanche.

Je prévoyais des bottes – puis finalement des chaussures montantes – pour me protéger les chevilles. Et un simple pantalon, complété par un blouson pour les pays froids. J'ignorais – et les gens qui m'employaient l'ignoraient aussi – que j'aurais à courir, sauter, grimper...

Par ma formation de cameraman, j'avais le souci de ce qu'on appelle le « confort de l'œil », de l'image qui exige un effort minimal chez celui qui la regarde. Il me fallait donc offrir une silhouette parfaitement discernable malgré les longues focales ou la tonalité du décor. Nous serions amenés à tourner tous azimuts, autant choisir pour mes vêtements une couleur qui se détache sur n'importe quel terrain.

La mer est bleue, le sable est jaune, les forêts sont vertes et les rochers foncés. Alors je pensai au rouge, une couleur très rare à l'état naturel, sauf dans les champs de tulipes en Hollande.

Au plus proche supermarché, j'ai acheté des vêtements tout à fait ordinaires : pantalon, chemise, blouson. C'est Diane qui les a rendus « magiques » grâce à un mélange de colorants rouge cardinal et rouge bordeaux. Elle a raccourci le pantalon et a resserré le bas par un élastique. Voilà comment je suis devenu « Tintin » ou « l'homme à la combinaison rouge ». Sans oublier les gants jaunes et les « oreilles de Mickey »...

A la veille du départ pour le Groenland, le pari engagé par Jacques Antoine paraissait vraiment fou. Les essais de la technique radio n'étaient pas très concluants. Le matériel de prises de vues s'avérait très lourd; on se demandait si le cameraman pourrait les porter en courant derrière moi. Le matériel lui-même supporterait-il les variations de température, les chocs?

Aucune imperfection n'était permise. Nous ne partions pas réaliser un reportage à chaud, mais une émission-jeu, c'est-à-dire un spectacle que les chaînes coproductrices avaient toute latitude de refuser si elles en jugeaient la qualité médiocre. Moi-même, je n'étais pas habitué à parler devant une caméra, mais plutôt à me tenir derrière l'appareil. J'étais, comme on dit dans le monde des images, un « homme de l'ombre ».

Une légère angoisse se dissimulait derrière la joie de l'aventure qu'on pouvait lire sur le visage des cinq premiers aventuriers de *la Chasse au trésor* réunis sur l'aéroport du Bourget. A six heures du matin, par moins 5° C... Il y avait : Claude Savarit, responsable de la mission; Marc Gurnaud, chargé de la liaison sonore; Thierry Malaterre, responsable de l'image; Thierry Poujet, pour la vidéo. Et moi-même, en admiration devant l'avion à réaction spécialement affrété pour nous : un Leer-Jet piloté par deux Belges.

Tous les responsables concernés étaient venus assister au départ de l'une des grandes aventures de la télévision française. Télé-Union s'incarnait en Jacques Antoine, suivi de Sabine Richard-Nicolas (directrice de production), René Denis (alors assistant de Claude Savarit), Jean-Jacques Pasquier et son assistant Jean-Hugues Noël (aujourd'hui directeur de production).

VTF, Vidéo-Télé-France, prestataire des moyens techniques (et du studio où opèrent Didier Lecat, Elsa Manet et les candidats), était représentée par Guy Job. Accompagné de Bernard Dubois, Francis Simon, Bruno Delattre; tous trois iront à leur tour tâter de *la Chasse* sur le terrain. Alain Vidal représentait Air-Entreprise, qui allait nous transporter aux quatre coins du monde dans des avions à réaction.

Le matériel s'empilait dans vingt-six caisses (chiffre immuable pendant quatre ans). Une fois arrimées, elles laissaient peu de place pour nos valises personnelles et nos dix jambes. La porte fut fermée, bloquée, verrouillée. Ainsi chargés, nous étions aux limites de la sécurité. Mais à Dieu vat, et en route pour le Groenland!

J'avais déjà visité ce pays en 1977 au début de ma *Course autour du monde*. Je n'étais donc pas surpris par le paysage et sa rigueur. L'hiver en était à ses débuts. Les températures au-dessous de zéro restaient supportables. Dans les fjords, la banquise se formait. Logés dans un camp de météorologistes, nous étions isolés en pleine nature à cent kilomètres du cercle polaire.

Comme dans un roman de Jules Verne, tout a commencé par l'inventaire-déballage des vingt-six caisses, bourrées de matériel électronique. Je le découvrais pour la première fois et, tout timide dans mon coin, je regardais les trois techniciens le manipuler. Je leur ai proposé – comme je le ferai dans les cent sept émissions suivantes – mes services.

Je me suis donc retrouvé avec Thierry Malaterre, au sommet d'un pylône pour y fixer une antenne. Non sans mal : un vent glacé nous transperçait. C'est là-haut, dans nos positions acrobatiques et inconfortables, qu'en trois phrases nous sommes devenus copains. J'ai attaqué le premier :

– Ça fait longtemps que tu es cameraman?

– En fait je suis directeur photo, mais aucun cameraman n'était disponible, on m'a demandé de partir.

– Tu as déjà filmé d'un hélicoptère, la porte ouverte?

– Ça m'est arrivé. Ça ne m'inquiète pas. C'est plutôt quand on sera au sol et qu'il faudra te suivre en portant tout le matériel... J'espère que tu auras pitié de nous...

Nous sommes redescendus, gelés, après avoir manqué de nous

casser la figure. Aussitôt en bas, nous avons connecté les câbles. Moins d'une demi-heure plus tard, Claude Savarit, posté à vingt mètres du baraquement et un casque sur les oreilles, appelait Paris. Et, miracle, Paris lui répondait. Très excité, Savarit s'écria :

– Ça marche! Je vous reçois dix sur dix! Entendu pour demain, émission à midi, heure locale. Salut!

Le lendemain, dès l'aube, c'était le branle-bas de combat. Claude Savarit avait repéré lc terrain, caché le « trésor » et évalué les difficultés que sa découverte entraînerait pour le son et l'image. A midi moins une, la première des trois cent cinquante énigmes posées par *la Chasse aux trésors* se trouvait à trois mille kilomètres de nous, à Paris, dans une enveloppe que le présentateur, Philippe Gildas, s'apprêtait à ouvrir. Il commença par me souhaiter bonne chance, consacrant quelques mots aux deux premiers candidats : Laurent Dada et Patricia Natali del Burgo. Il enchaîna soudain, sans préavis :

– ... Et maintenant nous retrouvons, sur la plus grande île du monde, au Groenland : Philippe de Dieuleveult!

Aïe! Aïe! Aïe! C'était à moi. Panique totale. Envahi par le trac, j'oubliai la phrase que Jacques Antoine m'avait suggéré de dire. J'étais complètement « largué ». Je tentais désespérément de me raccrocher à ce que je voyais autour de moi : un hélicoptère, deux techniciens emmitouflés dans leurs anoraks, de la neige partout... Je ne savais plus rien, on me parlait, je devais répondre. *La Chasse au trésor* débutait dans l'affolement. Elle a continué de même...

J'ai conservé le texte de la première énigme : « Moi, évêque du Groenland, avant le voyage qui devait me conduire auprès du Saint-Père, je visitai mes paroisses. Hélas, après avoir traversé un cimetière, sur le parvis de l'une d'elles, je perdis mon anneau épiscopal. J'en avisai le descendant du premier missionnaire. S'ils ne l'ont pas trouvé, je le lègue à celui qui le découvrira. »

Guidé par la voix du candidat qui se morfondait dans le studio de VTF, je me démenais pour trouver l'anneau de l'évêque. Au Groenland, les passants n'abondaient pas. Les rares indigènes aperçus au loin tondaient des moutons. Je me précipitais vers eux, avec mon uniforme rouge et mon casque : un vrai Martien. Je me demande encore aujourd'hui qui était le plus surpris : moi ou eux?

Pas facile de demander son chemin à un Groenlandais ne parlant que le groenlandais! Seul dans l'immensité blanche, armé d'une « poêle à frire », je rôdais autour des ruines qui étaient sans doute celles de l'église recherchée. Je finis par trouver l'anneau, mais quelques secondes après le délai imparti de quarante-cinq minutes. Ça commençait mal...

Je ne me doutais pas que la difficulté se multiplierait par trois quelques mois plus tard; quand *la Chasse au trésor,* se mettant au pluriel, deviendrait *la Chasse aux trésors.* J'aurais alors à trouver non plus un mais trois objets. Et dans le même délai de quarante-cinq minutes qui, à ma première expérience au Groenland, me paraissait déjà trop court.

Avec la nouvelle formule le suspense était multiplié par trois. Grâce à l'hélicoptère, le pays choisi se prêtait à une exploration plus complète et plus diverse. Le temps imparti pour la recherche était fractionné en trois, celle-ci était dynamisée et m'obligeait à me surpasser. On n'attendait plus de moi une simple « présentation » mais un exploit. Voilà les conséquences positives de cette première innovation. D'autres allaient suivre. Grâce à l'émulation et à la bonne volonté de tous, l'émission n'allait cesser de s'améliorer.

L'idée de base était simple mais Jacques Antoine mit plus d'un an pour la faire accepter. D'abord par son entourage, puis par les responsables de programmes des chaînes. Personne n'y croyait. On lui répondait : « Votre projet n'intéresse pas la chaîne. » Mais quand le roi du jeu télévisé et radiophonique a une idée en tête, il se bat pour l'imposer. Surtout si, l'idée lui paraissant bonne, il est le seul à y croire.

Il disait : « Dépaysement, suspense, action, culture et simplicité. Mélangez tout cela, dosez à volonté et, avec une cuisinière bien réglée – la technique – le gâteau est prêt à être consommé tout chaud. » A ce gâteau ainsi préparé, les cameramen et moi-même, nous nous sommes efforcés d'ajouter notre pincée de sel et de sucre, par une certaine façon de concevoir l'image.

Passionné par le métier de reporter-cinéaste, je connaissais les possibilités offertes par une caméra qui, tout en me suivant, capturerait la vie autour d'elle. J'étais déjà le défenseur du plan-séquence, du travelling qu'on démarre sans savoir où il s'arrêtera. Dans mes reportages personnels, j'aimais pratiquer ce style fondé sur la richesse désordonnée de l'image.

Sans figer ceux qu'elle capture, la caméra peut, de façon furtive, saisir des tranches de vie quotidienne. Les sourires, les grimaces, les pleurs. Le panier qui se renverse. Le chat qui se faufile sous la porte. Le vieux qui crache. Le ballon qui brise un carreau. Le gamin grattant une guitare. La petite qui, à demi cachée derrière une hutte, remonte sa culotte. La partie acharnée de ma-jong. Un couple amoureux tendrement enlacé.

Ces échappées intimistes, brèves et vraies, parsemaient le chemin du temple aux coupoles dorées ou la recherche de la tombe dissimulant le sabre du sultan. Tout en se laissant surprendre par le merveilleux, on découvrait la vie : l'une des recettes du succès de *la Chasse aux trésors.*

Dans la mesure où je le pouvais, je veillais à obtenir ce dosage entre le merveilleux et la vie. Oh, bien sûr, je ne jouais pas au metteur en scène! Je donnais peu d'indications aux cameramen attachés à mes pas : Patrick Fabry, Jean-Yves Le Mener. D'un mot, j'attirais leur attention sur un détail, un visage, un objet, une scène qui me frappaient. Je pouvais faire confiance à leurs yeux, à leur instinct pour en tirer une belle image. Maîtres de leur travail, ils le réalisaient en toute liberté – j'allais dire : en toute sensibilité. Je les savais doués, réceptifs, sympas. Que demander de plus à un cameraman?

Attendant qu'on le réveille, le merveilleux est assoupi n'importe où, à tout instant. On ne le trouve pas qu'à l'autre bout de la terre. Il existe aussi en France et dans les pays francophones. Nous l'avons débusqué tout près de nous. A Saint-Malo, dans le sillage de Jacques Cartier. Dans la cellule du Masque de fer, aux îles de Lérins. A la poursuite d'une montgolfière, dans le Jura suisse. Sur le circuit de Spa, en Belgique... Il n'en est pas moins vrai que si l'émission se déroule au sommet du Machu Picchu dans les Andes, ou dans l'île de Bali, ces lieux – et surtout ces noms – promettront plus de magie que la banlieue lyonnaise ou la Beauce, à vingt kilomètres de Paris.

Un des impératifs était donc de partir loin, très loin. De révéler des décors que peu de gens auraient la possibilité de visiter. Le Grand Canyon, les chutes du Zambèze, les cirques de la Réunion, les banquises du Groenland. Les eaux claires de l'île Maurice, des Seychelles ou de la Martinique. Les rizières balinaises, les fjords norvégiens, les oasis tunisiennes. L'architecture étonnante des temples coréens, népalais, indiens, égyptiens, mexicains, péruviens. Dans ces fabuleux décors naturels, l'image mouvante prend une dimension magique qui s'élève au-dessus de la simple carte postale. *La Chasse aux trésors,* c'est bien plus qu'une visite guidée. C'est une aventure féerique dans laquelle le téléspectateur est invité à se glisser.

Découvrir les spectacles du monde depuis le ciel, à partir d'un hélicoptère, c'est un privilège sans prix que je n'ai jamais voulu garder pour moi seul. Mais je ne suis pas un orateur. Trop souvent les mots m'ont manqué pour dire ce que je ressentais. Par exemple quand, propulsé à cent cinquante kilomètres dans un ciel bleu turquoise, je voyais miroiter au-delà d'une colline aride les dômes des mosquées grandioses de Samarkand. Je restais sans voix, ébloui, comptant sur l'image de Patrick Fabry pour que mon extase soit aussi la vôtre.

Pour convaincre ou faire partager, j'ai choisi de vivre devant cette caméra en restant moi-même, avec les qualités et les défauts que la vie m'a donnés. Mes bafouillages, mon débit fébrile expriment la vérité de ma surprise et de mon enthousiasme. Peut-on imaginer une telle émission présentée par quelqu'un de grave ou de réservé?

La joie suppose l'excitation, l'explosion, le choc. J'ai conscience de m'abandonner un peu trop à l'excitation. Une fois, au Sri Lanka, je traversais une rivière, au milieu d'éléphants, pour aller nourrir un éléphanteau quand mon agitation l'a rendu craintif. Je me suis écrié : « Il faut que je me calme sinon ces éléphants vont me croire cinglé. » Entendue de Paris, cette exclamation était peut-être drôle, mais pour moi, elle n'était pas très rassurante!

En certains lieux et circonstances, je retrouvais tout naturellement un ton mesuré. En Guyane, dans le bagne des îles du Salut envahi par la végétation, j'ai constaté combien des hommes punis ont été victimes à leur tour de la cruauté d'autres hommes. J'éprouvais un sentiment de compassion, même si parmi ces hommes figuraient des assassins. Les cellules, les « mitards », l'emplacement des fers m'ont fait frémir. La moiteur, la chaleur du climat me confirmaient que je ne rêvais pas.

J'étais heureux de voir ce bagne fermé. Ses ruines constituaient les vestiges d'une France que je n'aurais pas aimée. En 1927, j'aurais probablement réagi comme le grand reporter Albert Londres, à Rio de Janeiro, lorsqu'il est allé s'opposer à l'extradition de l'anarchiste Dieudonné, évadé du bagne [1], et en a obtenu la grâce. Eugène Dieudonné, dont j'ai retrouvé la montre – pour les besoins de *la Chasse* – dans une cellule marquée de l'inscription : « Ni dieu, ni maître. »

Dieu – celui des autres – m'a toujours inspiré le respect dans tous les édifices religieux où j'étais amené à entrer. Devant le Bouddha couché dans la position de Parinniruana, long de quinze mètres, j'ai compris la foi des artistes qui avaient sculpté cette œuvre d'art pour remercier leur dieu de les avoir protégés de l'envahisseur tamoul.

Des rois, des dieux, j'en ai souvent rencontré dans cette émission où l'hélicoptère me propulsait à travers les siècles. Au triple galop, mais en éprouvant parfois une véritable émotion dans certains vestiges du passé. Par exemple en Égypte, dans la tombe du pharaon Ay, successeur du célèbre Toutankhamon. Ay, dont la notoriété n'a jamais égalé celle de son prédécesseur. Sa tombe,

1. Sur l'étonnante évasion de l'anarchiste Dieudonné, se reporter au beau livre d'Albert Londres, *l'Homme qui s'évada*, UGE, coll. 10/18.

découverte voici cinquante ans, était inaccessible même aux égyptologues et archéologues.

Jean-Jacques Pasquier réussit à la faire ouvrir juste pour le temps de l'émission. C'était là un des exploits qui ont fait le succès de *la Chasse aux trésors*. Après notre passage, l'entrée fut à nouveau bouchée par d'immenses blocs rocheux. En contemplant les magnifiques peintures murales de ce tombeau, je n'arrivais pas à croire que j'étais l'un des rares humains à avoir eu ce privilège depuis quatre mille ans.

2

ILS M'ONT APPELÉ TINTIN...

Quel journaliste a eu le premier l'idée de m'appeler le Tintin de la télévision française? Je ne sais plus, mais il a été vite imité!

Ce surnom, il me fait plaisir bien sûr... et en même temps il m'embarrasse. D'abord je ne voudrais pas qu'il soit pour moi une étiquette indécollable pendant le reste de ma vie : elle ne fait que commencer et j'espère avoir des tas d'autres activités qui risquent de ne pas correspondre à ce surnom, et que ce surnom m'empêcherait peut-être d'avoir.

Je me sens gêné d'être comparé à un héros, même imaginaire, car je n'en suis pas un. Et encore plus gêné d'avoir l'air de m'accrocher à sa notoriété. Un jour j'ai même écrit à Hergé pour lui dire que je regrettais cette situation dont je n'étais pas responsable mais dont je profitais. Il m'a répondu très gentiment en m'invitant à lui rendre visite. Quand j'ai pu le faire, il était déjà trop malade pour me recevoir et je me suis contenté de visiter son studio, véritable musée.

Cela dit, il est toujours agréable, même lorsqu'on ne le mérite pas, d'être comparé à un personnage sympathique, courageux, généreux, qui a des millions d'admirateurs; et dont les aventures fabuleuses ont enchanté mon enfance. *Tintin au Congo, Au pays de l'or noir, l'Oreille cassée,* etc., ont contribué à développer mon goût de l'aventure et des voyages. J'étais vraiment ravi pendant une *Chasse aux trésors* en Jordanie, lorsque je me suis retrouvé exactement dans la gorge rocheuse dessinée par Hergé dans *Coke en stock.*

Pourquoi ce surnom de Tintin?

Mes pantalons au bas resserré par un élastique, mon optimisme, le rôle de « casse-cou au grand cœur » qui m'est réservé dans l'émission... Tout cela y a contribué, avec ma facilité à me jeter à l'eau pour en ressortir tout joyeux en criant : « Je l'ai! » Un certain goût du danger aussi. Mais à l'exception d'une fois où, demandant mon chemin, on m'a répondu en me menaçant d'un couteau, j'ai affronté des dangers beaucoup moins fabuleux que ceux connus par Tintin. A cette différence que, si modestes que soient les risques, je ne les affronte pas sur le papier mais dans la réalité.

J'avoue être tout de même agacé quand je lis dans certains journaux : « Les producteurs l'épuisent, ils jouent avec sa vie, il risque la mort pour 3 000 francs par émission. »

D'abord, je perçois une somme bien supérieure à ce chiffre, et les prouesses auxquelles je me livre, n'importe quel sportif pourrait les accomplir. Moi ça m'amuse : *la Chasse aux trésors* me permet des petits plaisirs que je ne pourrais jamais m'offrir à Paris : par exemple descendre du toit d'un immeuble sans prendre l'escalier.

Je l'ai fait à Malte où l'hélicoptère m'avait largué sur le toit en terrasse d'un fortin. La porte donnant accès à l'escalier était verrouillée. Le fortin était relié à un immeuble situé de l'autre côté de la rue par un tuyau. Je m'y suis suspendu pour rejoindre à la force des poignets l'immeuble où, comme je l'espérais, l'escalier était accessible. Et j'ai exécuté ce numéro de voltige trois fois en quelques minutes : les candidats croyaient s'être trompés, puis ont changé d'avis.

Il s'agissait là d'une difficulté et non d'un véritable danger. Les véritables dangers, je leur ai fait face non par crainte de « perdre ma place » mais par besoin de me défier, par besoin de faire vibrer les autres. Il y a près de vingt ans que j'ai inscrit dans mon carnet de boy-scout cette phrase du cardinal Mercier : « Vivre c'est agir; agir, c'est vibrer et faire vibrer les autres, c'est vaincre. »

Presque tous les dangers auxquels m'a confronté *la Chasse aux trésors*, je les ai librement acceptés, car je me sentais capable de les surmonter grâce à ma formation sportive (la boxe exceptée, j'ai pratiqué tous les sports, de la spéléologie au parachutisme en passant par le canoë et l'alpinisme). Mais je ne me suis jamais jeté à l'aveuglette. Lorsqu'on a envisagé de me faire toucher la queue d'un requin lors d'une émission, je m'y suis refusé, l'eau étant trop trouble pour distinguer nettement l'animal.

Par contre, je n'ai pas hésité à sauter en chute libre à la rencontre d'un autre parachutiste au-dessus de la région de Saint-Malo. Le plus éprouvant ne fut pas pour moi le fait de tomber pendant 1 700 mètres sans parachute, mais le moment qui a précédé. Je recommandais aux candidats de ne pas me parler, de me laisser me concentrer. Au contraire, ils me bombardaient de questions, une mauvaise liaison les ayant empêchés d'entendre ma recommandation.

Dans la conception de Jacques Antoine, le présentateur sur le terrain devait avoir un profil sportif et être capable de bondir de l'hélicoptère et de courir. Mais on n'attendait pas de lui qu'il joue les casse-cou. La conception de l'émission a basculé, le jeu a pris une autre dimension, lorsque les producteurs ont découvert ma disponibilité physique et l'intérêt qu'elle ajoutait. Selon notre jargon, j'apportais un « plus ».

Cette découverte a eu lieu par hasard à La Rochelle. L'hélicoptère devait me déposer sur le fort Boyard. Le vent était si violent que le pilote a refusé de s'en approcher. L'émission était engagée, elle risquait de s'interrompre dans un beau gâchis. Il n'y avait pas d'autre solution que de plonger depuis l'hélico dans l'eau froide de l'Atlantique et partir chercher le trésor à la nage.

Ce que j'ai fait et – cela ne s'est pas vu à l'image – j'ai failli y laisser la vie. Dans ma précipitation, j'avais trop serré mon gilet de sauvetage : il m'empêchait de respirer et de nager. Épuisé par l'effort j'ai failli couler. Il m'a fallu un grand sursaut de volonté et d'amour-propre pour atteindre le fort Boyard où l'hélicoptère est venu me chercher quelques heures plus tard. Pour obtenir de moi ce sursaut, je m'étais dit que mourir sous l'objectif d'une caméra, devant des millions de téléspectateurs, serait trop ridicule.

Après cet incident, les producteurs ont fait l'inventaire de mes possibilités physiques et se sont ingéniés à me mettre dans les situations les plus embarrassantes pour donner aux téléspectateurs l'angoisse, puis le plaisir de me voir m'en sortir.

Ils m'ont fait plonger sous l'eau à dix mètres à la Martinique (pour retrouver une toile goudronnée dans un vaisseau naufragé); à trente mètres à Cuba (pour rejoindre une équipe d'archéologie sous-marine). L'eau fait penser au feu : ils ont imaginé de me faire escalader la grande échelle des pompiers de Sydney : l'effet était raté, pas spectaculaire du tout. Le cameraman, escaladant juste au-dessous de moi, manquait de recul, il aurait fallu filmer la scène depuis l'hélicoptère. Cela fut fait, par contre, alors que je descendais une échelle le long de l'immense rempart du Mont-Saint-Michel, à la recherche d'une clé dissimulée dans une meurtrière. Cette image superbe terminait l'émission au cours de laquelle je sautais en chute libre au-dessus de Saint-Benoît-des-Ondes.

Après le ciel, l'eau, le feu... la terre : je suis descendu à la corde (et l'équipe avec moi) dans l'un des plus beaux gouffres souterrains du Vercors, à la recherche d'une mitraillette perdue par un combattant de la Résistance.

Je ne compte plus les émissions où je suis descendu à la corde : le long d'un rempart à Malte, pour retrouver dans une meurtrière l'épaulette oubliée par un officier de Bonaparte (il était aussi imaginatif que négligent, ce gaillard!); dans un jardin de l'Alhambra à la recherche de la main de Fatima.

Je me souviens particulièrement d'une descente à la corde dans l'imposante citadelle de Kelibia en Tunisie. Encore un trésor flanqué au milieu d'un rempart. Blasé, j'attache ma corde au canon qui est là. Vite, les secondes s'écoulent. Je suis déjà sur le rempart, prêt à descendre en rappel. Un coup d'œil sur les rochers qui me narguent à quinze mètres au-dessous. Et soudain, un obscur instinct de conservation me fit retarder d'une seconde mon départ. Cela suffit pour que je m'aperçoive qu'une boucle avait sauté : la corde n'était plus attachée à rien. Je risquais tout simplement de m'écraser 15 mètres plus bas devant la fidèle caméra de Jean-Yves Le Mener...

Le symbole de *la Chasse aux trésors,* c'est l'hélicoptère, alors parlons-en... Me voir sauter de l'hélicoptère est le gag favori des producteurs et des téléspectateurs. Sauter dans l'eau, sur un piton rocheux ou sur toute autre partie du sol, c'est banal, je l'ai fait si souvent... Mais sur un véhicule en mouvement, voilà qui devient intéressant. C'est ainsi que sous prétexte de récupérer un ringard (tisonnier de locomotive), aux environs de Nice, j'ai été largué sur un train en marche. La SNCF avait donné sa bénédiction aux producteurs mais ni elle ni eux n'avaient pu prévoir la vitesse à laquelle les candidats déchiffreraient l'énigme, et donc le moment précis où je serais largué. Eh bien, ce fut quand le train s'engagea sur le viaduc de Puget-Théniers. Ah! la belle image! le téléspectateur a blêmi et les producteurs se sont dit : « C'est trop. Il sera difficile de trouver mieux la prochaine fois. »

Mais non, quand le panache est épuisé, on peut le remplacer par l'humour!... En étant largué sur un bateau naviguant dans le port de Sydney, par exemple, je risquais au pire une baignade. Alors, pour rendre la situation plus vivante, Jean-Jacques Pasquier m'a fait courir sur le pont (il restait quelques secondes au chrono) en hurlant : « Capitaine, quel âge avez-vous? Capitaine!... » Il m'a répondu : « Quarante-deux ans. » Vous aviez rajeuni, cher capitaine Haddock...

Faire un saut de plusieurs mètres du haut d'un hélicoptère est spectaculaire mais moins dangereux qu'il ne paraît; si l'objectif est solide, fixe... et si l'on a un bon pilote! Le sauteur doit d'abord savoir atterrir : j'y étais préparé par ma formation parachutiste. Mais au contraire d'un avion d'où l'on se jette brutalement, il faut savoir sauter d'un hélicoptère « en douceur ». Je me suis entraîné à le faire sur un terrain d'aviation près de Bordeaux. Je courais auprès d'un hélicoptère Bell Ranger, volant à un mètre du sol à dix kilomètres heure et je m'exerçais à y monter et à en descendre sans changer d'un poil son équilibre et sa trajectoire.

Pourquoi cette nécessité du « saut en douceur »? Alors que l'avion peut poursuivre sa course tout en larguant des parachutistes, l'hélicoptère, lui, se met en « stationnaire » : il reste immobile, en l'air; dans cette position, il est en équilibre comme sur une tête d'épingle. Une trop forte secousse provoquée par le sauteur risque de le faire basculer contre un mur, un arbre, un câble. Le pilote doit pouvoir rétablir l'équilibre en un quart de seconde, sinon...

Alors, quand un bonhomme rouge avec des oreilles de Mickey dégringole d'un hélicoptère, ayez une pensée pour le pilote. Après tout, une écuyère sans son cheval égale zéro...

Ah! les pilotes – nous ne les choisissons pas, ils nous sont prêtés avec l'appareil par les autorités locales – ils nous réservent parfois de sacrées surprises. Même lorsque les responsables de l'émission leur ont longuement expliqué ce qu'on attend d'eux.

Il y a les gentils... un peu trop. L'un d'eux, après avoir survolé un château sans intérêt pour nous, s'est appliqué à en faire deux fois le tour, longuement, avant de nous dire : « Si vous voulez filmer autre chose, n'hésitez pas à me le demander. » Pendant ce temps, les candidats piaffaient : « Philippe, dépêchez-vous! » Plus gentil encore celui qui, au lieu de prendre la direction indiquée par les candidats, me susurra avec un clin d'œil : « Je vais te montrer où j'habite. »

Il y a les « décontractés ». Un pilote insensible au chronomètre m'annonça sans façon à quelques minutes de la fin : « Dès qu'on se pose à nouveau, je vous laisse pour faire le plein. » Il aurait pu y penser avant l'émission.

Au Gabon, j'avais à récupérer une hache plantée sur un radeau de grumes qui descendait le fleuve. Je me suspendis sous l'hélico pour ne pas tomber de trop haut sur ces troncs glissants. Sans me laisser le temps de sauter, le pilote pressé mit tous les gaz pour s'élever à 50 mètres d'altitude et faire un grand tour au-dessus du fleuve. Jean-Yves Le Mener, le cameraman, eut du mal à lui faire comprendre que j'étais toujours suspendu à l'appareil.

Il y a les « terrifiants ». L'un d'eux, à qui j'avais demandé d'atterrir sur un terrain difficile, amorça une manœuvre risquée tout en hurlant : « J'y arriverai pas! j'y arriverai pas! » Ça n'était pas rassurant mais je n'avais pas le temps d'y réfléchir. Pourtant, on a tout le temps d'avoir froid dans le dos lorsque, avant le début de l'émission, le pilote vous confie, en toute amitié, qu'il préfère l'avion; car, ayant peur en hélicoptère, il transpire des mains, ce qui le gêne pour tenir les commandes. Je n'étais pas rassuré en le regardant enfiler ses gants. Un autre m'inquiéta encore plus en faisant démarrer sa turbine un extincteur à la main.

Il y a aussi, heureusement, les as, les virtuoses de la voltige sans lesquels nous n'aurions pu réaliser les « coups » qui ont fait le succès de *la Chasse*... et sans lesquels je serais mort. En principe, je ne me déplace en plein ciel, accroché au patin d'un hélicoptère, que si j'ai une entière confiance dans les talents du pilote. J'ai accompli cet exercice pour la première fois sur les bords du Rhin. J'avais pour pilote Gunther Braun. Un homme que le gouvernement de la RFA avait choisi pour déposer en pleine nuit une rançon et sauver une fillette enlevée. Alors que j'étais suspendu à son hélico, il s'est élevé à vingt mètres du sol avant de me larguer avec sûreté et précision sur la crête d'un rempart large de 40 centimètres.

Fameux également, le Portugais qui, près de Funchal, à l'île de Madère, m'a héliporté jusqu'à une barque située à deux cents mètres de la côte (elle contenait le trésor : un harpon). J'ai sauté à l'eau pour rejoindre la barque à la nage. Le pilote m'a récupéré ruisselant, suspendu sous sa machine pour me déposer sur l'île. Tous les gens que nous y avons rencontrés avaient le sourire, c'est sans doute pourquoi Christophe Colomb y était venu prendre femme. C'est avec le sourire aussi que le capitaine Ruiz Suarez m'a avoué : « Tu semblais être à l'aise, et je te faisais confiance, mais j'espère que mes supérieurs ne verront pas cette émission... » La confiance était réciproque avec Ruiz!

A Puno, au Pérou, l'émission débutait sur l'une des îles flottantes du lac Titicaca, habitée par les Indiens Uros. Cette île était faite d'un amalgame de roseaux. En s'en approchant, l'hélicoptère risquait d'endommager les frêles cabanes qu'elle portait. Nous avons quitté l'île à bord d'un canot à moteur poussif, qui tomba en panne et qui obligea l'hélicoptère à venir nous chercher, grâce à un impeccable « stationnaire ».

Pour en finir avec ces exercices acrobatiques, je terminerai par un incident comique dont j'ai été la victime à Coxyde (Belgique). Je cherchais des crevettes, plongé jusqu'à la ceinture dans la mer du Nord. L'hélicoptère vint me repêcher et, m'accrochant à l'un de ses patins, je m'arrachai avec plaisir à cette eau dont la température ne dépassait pas vingt degrés. Transi de froid, gêné par mon émetteur-récepteur, je ne parvenais pas à me hisser à l'intérieur. Ma carte entre les dents, je demandai à Jean-Yves de m'aider. Mais il continua à filmer mes pauvres efforts sans croire à mon supplice. J'essayai de lui saisir la jambe, mais la manquai. Il ne voulait rien comprendre et paraissait même s'amuser. J'ai fini par m'apercevoir que le pilote, très conscient de l'inconfort de ma position, était rapidement descendu vers la plage. Et pendant que je croyais lutter contre la mort, nous volions à un mètre au-dessus du sable... Cela expliquait l'attitude de Jean-Yves.

A plusieurs reprises nous avons vraiment frôlé la mort et seule la virtuosité du pilote nous l'a évitée.

Au Sri Lanka, après avoir pataugé dans une rivière pour nourrir un éléphanteau orphelin, nous avons évité de justesse un câble à haute tension qui barrait notre route et qu'on ne nous avait pas signalé. J'ai hurlé! mais le danger fut si soudain et si peu spectaculaire que les téléspectateurs entendirent mon cri sans vraiment en comprendre la raison. Par un prodigieux réflexe, le pilote réussit à nous sauver de justesse.

Je me souviens aussi qu'à Bergen, Jean-Paul Le Fur, responsable de la liaison radio, apprit quelques heures avant l'émission que des câbles à haute tension non signalés par sa carte avaient été récemment installés. « Savez-vous, ajouta-t-il, que ces câbles traversent les fjords à des hauteurs de deux cents mètres au-dessus du niveau des eaux, et qu'avec un soleil de face ils sont pratiquement invisibles? Nous savons tous ce qui peut arriver en percutant ces lignes à haute tension... » Eh oui, nous ne le savions que trop bien. L'hélicoptère qui servait à notre *Chasse* en Suisse à Sion en 1981 a fini ses jours dans les Alpes sur une de ces lignes. Le pilote et ses trois passagers y laissèrent leur vie.

En Italie, alors que nous volions au ras de la mer à grande vitesse, une grosse vague imprévisible accrocha un patin, et trempa entièrement Jean-Yves, le cameraman. Sans l'adresse du pilote, l'appareil aurait basculé cul par-dessus tête, et nous avec.

En Côte-d'Ivoire, près de Man, non seulement nous avons frôlé la catastrophe, mais l'émission a dû être interrompue à peine commencée. Didier Lecat venait de présenter les candidats et d'ouvrir l'enveloppe de la première énigme. Il s'agissait pour moi de trouver le « doyen, gardien des racines » qui devait ensuite m'emmener boire le bangui au pied de l'arbre sacré.

Le chronomètre avait été déclenché depuis trois minutes et j'annonçais que j'allais me poser dans le petit village de Guepleu. L'armée de l'air ivoirienne nous avait prêté un Dauphin, hélicoptère puissant, mais peut-être trop lourd pour décoller et atterrir rapidement. A l'approche du village, le pilote avait repéré entre deux câbles une place possible. La manœuvre était délicate et il était très préoccupé par la position de ces câbles. Il ne remarqua pas un tout petit poteau métallique que sa queue alla frapper.

Ce modeste morceau de métal suffit à mettre l'appareil KO. Cinq ailettes cassées, le carter éventré. En plein choc, je me suis rué à terre avec le copilote et nous avons commis l'erreur de contourner l'appareil par-derrière, nous plaçant dans l'axe où les morceaux de métal et les moitiés d'ailettes avaient été brutalement projetés. Si d'autres parties de métal s'étaient détachées à ce moment précis, elles nous auraient frappés en plein visage. Le lendemain, l'armée de l'air ivoirienne faisait décoller d'Abidjan un deuxième Dauphin. Une heure après son atterrissage à Man, j'avais trouvé sans incident le gardien des racines, le masque de la sagesse, et l'ange gardien de pierre portant sur son flanc l'échassier.

Au chapitre des émissions retardées par des accidents ou incidents d'hélicoptères, la casse la plus spectaculaire s'est produite en Israël. Un violent orage qui, dans la nuit, avait emporté la route sur les bords de la mer Morte en profita pour casser les amarres de l'hélicoptère et le promener de long en large sur la piste. Le lendemain, les commandes, faussées, n'obéissaient plus; et à Paris les candidats se morfondirent en vain. En Corée, quelques minutes avant le début de l'émission, au moment de la mise en place, un commencement d'incendie, annoncé par une épaisse fumée, entraîna notre atterrissage forcé dans un champ.

A l'inverse, je me souviens de deux cas où l'hélicoptère ne consentit à défaillir qu'après avoir rempli sa tâche. En Jordanie, le moteur de l'hélicoptère-relais prit feu peu après l'émission, obligeant son pilote à un atterrissage catastrophe en plein désert. Au Maroc, dans la vallée des Amelns, l'appareil se posa à proximité du trésor et ne voulut plus décoller. Heureusement, à l'époque, *la Chasse* ne comportait qu'un seul trésor, nous avons pu continuer à pied... et savourer tranquillement un méchoui en attendant l'arrivée du mécano.

Au Zaïre, où le parc hélicoptères ne comprenait en tout et pour tout que six appareils, aucun n'était en état de voler. Toutes les sociétés européennes contactées par René Denis refusaient d'envoyer des pièces de rechange, craignant de ne pas être payées. Mais le chef de l'État lui-même prit les choses en main : quarante-huit heures avant notre arrivée sur le terrain, Thomson fournit par exprès les pièces manquantes et une turbine complète pour l'Alouette III que l'aérospatiale consentit également à envoyer. Jusqu'au dernier moment, René Denis se demanda si l'émission pourrait avoir lieu comme prévu.

Au contraire, en Égypte, alors que nous avions bien un hélicoptère en état de marche, il nous fallut « chasser » à pied. A la dernière minute, le gouverneur militaire de Louksor nous refusa l'autorisation de décoller pour Dieu sait quels impératifs d'ordre militaire.

Nous avons toujours exigé de nos pilotes beaucoup plus que de nous déplacer. Il leur faut surtout « jouer » avec nous, comprendre l'émission, avoir le sens de l'image. Un bon pilote doit savoir placer l'appareil par rapport au sujet qui intéresse le cameraman. Il ne suffit pas de faire un simple vol circulaire autour d'un château, d'un îlot, d'un plan d'eau, d'un pont, d'un piton rocheux ou d'un arbre.

Il est nécessaire de voler en souplesse, à vitesse régulière pour que le cameraman n'ait pas à se contorsionner dans tous les sens. Seuls les pilotes experts peuvent, sans qu'on ait à insister, « enrouler » la statue de la Liberté pour qu'elle reste en permanence au centre de l'image; ou « remonter en crabe » une rue de Pompéi, à un mètre au-dessus des toits, pour permettre au cameraman, par un vol parfaitement stable, de filmer le chasseur courant dans cette même rue. Jacques Antoine avait visé juste en faisant de l'hélicoptère le symbole de *la Chasse aux trésors.* L'hélicoptère contribue à deux titres à la photogénie de l'émission. Par l'élargissement de l'image du cameraman. Par le dynamisme qu'il apporte au « chasseur », faisant de lui un Philéas Fogg de l'an 2000. Pour ma part, je n'oublierai jamais le privilège qui m'a été donné de faire le « tour du monde en quatre-vingts pays » à partir du ciel. Et je suis heureux d'avoir pu le partager avec les téléspectateurs grâce à la caméra de Jean-Yves Le Mener ou Patrick Fabry!

J'ai regretté seulement une fois, une toute petite fois, l'intervention de l'hélicoptère. C'était en octobre 1982 dans une Irlande sauvage et mystérieuse sous sa grisaille. J'étais à la recherche de la pipe oubliée par un vieillard sur une cheminée, au moment d'abandonner son îlot désert. L'irruption de l'hélicoptère a effrayé, à mon grand regret, une colonie de phoques venus se prélasser sur la plage de l'un des petits îlots émergeant de la brume.

Patrick Fabry n'a pas eu le temps de les filmer, tant leur panique fut brutale à l'approche de notre engin volant. Ils étaient peut-être deux cents à se précipiter dans la mer, laissant derrière eux de longues traces sur le sable. Après avoir rapidement atteint la houle, ils se sont sentis en sécurité. Seuls restaient à la traîne les petits dont la panique et le déplacement maladroit me désolaient. J'avais envie de crier : « N'ayez pas peur, je ne fais que passer. »

Le récit de cet incident donna l'idée à mes chers producteurs, un an plus tard, de me faire rencontrer des phoques dans des conditions plus amicales. Leur imagination m'a souvent placé dans des situations embarrassantes dont je me tirais, non plus par un exploit physique, mais par une épreuve insolite ou drôle : une farce même, que j'appréciais toujours même si j'en étais le dindon.

Très souvent ce genre de situation faisait appel au concours d'animaux. Ainsi aux Seychelles j'ai recherché une certaine Laura qui, je ne m'en doutais pas, n'était autre qu'un perroquet, perché à l'extrémité de la proue d'un bateau. En Tunisie, René Denis m'a fait embrasser Messaoud : un serpent python reposant paisiblement dans un panier. C'étaient l'un et l'autre des animaux que je devais trouver à l'endroit prévu. Claude Savarit prit des risques en me demandant de toucher la main d'un singe sacré aux abords d'un temple du Pakistan. Une bande de ces animaux était bien à leur poste dans les arbres ombrageant le temple, mais ils mettaient un malin plaisir à sauter de branche en branche et à me bombarder malgré ma main cordialement tendue. Je suis arrivé à leur en serrer cinq mais ce ne fut pas facile!

J'ai eu moins de chance avec un petit agneau ligoté sur l'autel à sacrifice d'une superbe cité romaine aux environs de Meknès. Je devais le délivrer. Mais en me voyant surgir, suant et soufflant, suivi de l'équipe, il a eu tellement peur qu'il a cassé ses liens lui-même. Et après un kilomètre de poursuite, il m'a semé dans la broussaille : c'était très moral...

Dans cette même émission, j'avais à retrouver la descendante de la jument du Prophète. Cela m'a donné l'occasion de participer, à cheval, à un « Moussem » plein de couleurs, de cris et de coups de fusil. J'aurais voulu pouvoir dire aux téléspectateurs combien j'étais content d'avoir trouvé la fameuse jument – mais aussi de pouvoir monter les descendants des chevaux que mon propre père avait appréciés en faisant son service militaire dans l'artillerie, aux haras de Meknès, un demi-siècle plus tôt.

Quand en Australie j'ai appris que nous allions au sud du continent sur Kangourou Island, je me suis demandé un instant si les producteurs n'allaient pas organiser, pour la troisième énigme, un match de boxe entre un kangourou et un chasseur de trésors! Heureusement, ils n'y ont pas pensé, car la boxe est un des rares sports que je n'ai pas encore pratiqués, et j'aurais été sûr de perdre. Ils se sont aussi abstenus de me faire rattraper un kangourou à la course (il peut faire des bonds de deux mètres et progresser à la vitesse de trente kilomètres à l'heure).

Très sympas, d'ailleurs, ces marsupiaux! Aussitôt le calme revenu, à la fin du tournage, ils étaient une douzaine à m'entourer, pleins de curiosité. En échange de quelques graines, ils m'ont laissé le droit de les caresser. Déjà, pendant le tournage, les plus hardis d'entre eux venaient chatouiller le cameraman Patrick Fabry. Ah! que cette scène de chatouillis aurait été drôle si elle avait pu être filmée par un deuxième cameraman installé sur un second hélicoptère que j'ai inlassablement réclamé. On a fini par me l'accorder pour trois émissions [1], puis l'on y a renoncé pour des raisons d'argent...

A Kangourou Island, les partenaires que m'avait choisis Jean-Jacques Pasquier n'étaient pas des kangourous mais des phoques,

1. Au Gabon, au cirque de Gavarnie, à Carthagène.

enfin. Cette fois je les ai approchés à pied avec, en cadeau, un seau de poissons qui m'a fait revenir sur mes pas, car j'avais oublié de le prendre... L'épreuve consistait à enfourner des poissons dans la gueule d'un phoque chaque fois qu'il bâillait.

Mon amusement a bientôt fait place à de l'inquiétude. Il y avait parmi ces mammifères dérangés dans leur sommeil des mamans phoques qui n'étaient pas loin de me considérer comme un ennemi de Brigitte Bardot! J'étais dressé sur un rocher glissant, et chaque lancer de poisson compromettait mon équilibre. J'étais persuadé que si je m'écroulais parmi ces lions de mer, ils me dévoreraient tout cru!

L'épreuve suivante a été relativement plus facile, je devais photographier un koala, un ourson en peluche, toujours perché sur des eucalyptus. Cela fait, Jean-Jacques Pasquier a poussé un soupir de soulagement. Deux des trois énigmes de cette émission exigeaient le concours d'animaux qu'on n'est jamais certain de trouver au rendez-vous.

Je me souviens de l'angoisse que provoqua au sein de l'équipe une *Chasse* qui se déroulait en Suède. Une des énigmes consistait à trouver un troupeau de rennes. Des animaux capables de parcourir 120 kilomètres par jour, et qui pourraient donc se trouver à 360 kilomètres au nord, à l'est, à l'ouest, au sud de l'endroit où Jean-Jacques Pasquier les avait repérés trois jours plus tôt. Seraient-ils à l'emplacement prévu? Eh bien, oui! grâce à la bonne volonté et aux scrupules d'un responsable du Parc national. La veille de notre arrivée, il avait réussi à attirer plusieurs de ces animaux dans un corral et avait passé une nuit blanche, en plein air, pour les surveiller. Il ne les a relâchés que quelques heures avant notre arrivée pour être sûr qu'ils seraient à portée de notre caméra.

Moi-même, j'ai toujours été bien accueilli, en dépit de l'obstacle des langues, par tous les gens que je dérangeais, le micro à la main, pour quêter des renseignements. Certains abandonnaient tout, ou me prenaient dans leurs véhicules pour me guider vers l'objectif recherché. Dans les pays du tiers monde – et surtout en Afrique francophone et dans les départements d'outre-mer où l'émission est diffusée – j'avais à chaque *Chasse* des dizaines de collaborateurs enthousiastes et empressés : les enfants.

M'entourant par groupes, courant devant moi, ils se disputaient l'honneur de me guider. C'est l'un d'eux, à Saint-Pierre, qui a trouvé avant moi la cuillère calcinée par l'éruption de la montagne Pelée.

Mais ce qui m'a beaucoup amusé, c'est d'être guidé, dans tous les pays dont je ne parlais pas la langue, par des touristes français connaisseurs de *la Chasse*, tout étonnés et tout fiers de pouvoir y participer. Ainsi, en Russie, dans la merveilleuse ville de Samarkand, des compatriotes m'ont guidé à travers une mosquée.

Je n'oublierai pas non plus ce groupe de Français qui, à Grenade, dans le palais de l'Alhambra, écoutaient attentivement les explications d'un guide. Pour m'épargner le temps perdu avec les problèmes de langue, j'ai demandé à ce dernier comment me diriger vers une certaine église du quartier maure. Je devais retrouver dans sa crypte la « malle d'Aïcha ». Je voulais même emmener ce guide avec moi dans l'hélicoptère pour qu'il m'accompagne directement jusqu'à l'église. « Mais, monsieur, je ne peux pas, je suis avec le groupe de touristes! – Mais si! mais si! allez-y », répliquaient ces mêmes touristes qui, eux, connaissaient bien l'émission et savaient que chaque seconde compte : « Allez-y, on vous attend. »

Pourtant, le guide a refusé. Je ne saurais lui en vouloir d'être resté fidèle à son devoir professionnel. Merci quand même aux touristes français qui ce jour-là ont croisé ma route à l'Alhambra.

Certaines *Chasses aux trésors* (très peu, heureusement) m'ont laissé un sentiment de malaise : une à cause de mon comportement, les autres en raison d'un contexte politique dont je n'étais pas responsable.

Je me souviens d'une splendide cité blanche, une petite ville coloniale de Colombie. Popayàn, hélas, ne vit plus que dans mon souvenir. Un violent tremblement de terre l'a détruite le jour de Pâques 1983. Lorsqu'on l'aura reconstruite, j'y retournerai sans être sûr d'y retrouver mes amis. A ce jour, ils ont laissé toutes mes lettres sans réponse.

Au début de l'émission, il neigeait; et peu à peu le soleil a percé, faisant soudain briller les rues et les toits de Popayàn. Dans la campagne environnante, notre hélicoptère s'est posé près d'une ferme isolée sur une petite colline. Je distinguais des volailles dans la cour et, tout à côté, un petit champ cultivé. Une barrière en fil de fer barbelé assurait une protection symbolique à la fermette au toit de chaume. Alertés par le bruit de l'hélico, deux gamins sont sortis. L'un d'eux, peut-être âgé de trois ans, était pieds nus, seulement vêtu d'un poncho. Son frère aîné, un petit chapeau sur la tête, se dirigea vers moi. Il ne semblait pas bien comprendre mes questions. Je ne comprenais absolument pas ses réponses.

Avec cette fébrilité que je me reproche chaque fois que je revois les émissions, je l'ai harcelé : « Où est ton papa, où est ta maman? » Mon débit, le micro braqué sur lui, mon casque, la caméra : tout cela le désemparait. Le candidat à Paris, parlant bien l'espagnol, me demanda de donner le casque à cet enfant. Comme je le lui tendais, j'ai vu apparaître sur son visage une peur panique. Ses deux mains jointes sous le menton, il semblait me supplier de ne pas lui faire de mal.

Toute ma vie, je me reprocherai d'avoir effrayé cet enfant, pour les besoins d'un jeu. Son regard apeuré est incrusté dans ma mémoire. Je suis parti, furieux contre moi-même, annonçant à Paris : « Je redécolle! Désolé mais je ne suis pas là pour déranger la population! »

J'ai dû plus d'une fois gêner, troubler, inquiéter des gens paisibles. Qu'ils me pardonnent, je suis pris à chaque émission d'une sorte de fièvre. Privé des bruits du monde extérieur, ne recevant que la voix des candidats, de Didier Lecat ou d'Elsa Manet, j'entre dans un état second. Je m'en rends compte et de temps à autre, je me répète : « Du calme, ce n'est qu'un jeu. »

C'est pourquoi les rares incidents survenus dans mes contacts avec la population ne m'ont jamais offensé. Je n'ai aucune rancune contre l'énervé qui à Sanaa (Nord-Yémen) m'a à moitié assommé en me frappant la tête avec un rouleau de tissu bien serré qu'il portait sur l'épaule; ni contre le paysan qui, à Kirunna en Suède, a braqué une lame de couteau ensanglantée vers ma gorge (il dépeçait une vache et n'avait nullement l'intention d'être filmé pendant cette pratique interdite...). Je n'ai pas protesté, ni insisté, je suis allé me renseigner ailleurs.

Ce jeu ne parvient pas toujours à faire oublier le contexte oppressant dans lequel il se déroule. Par exemple au Pérou, après la magnifique émission à Puno sur le lac Titicaca.

Notre pilote, soldat de l'armée péruvienne, nous a remerciés avec chaleur des bons moments passés avec nous. Puis, remettant son étui de revolver à la ceinture, il a ajouté : « Et maintenant je repars tout de suite dans le Nord... on a besoin de moi pour faire tenir tranquilles quelques révolutionnaires qui sèment la terreur... »

Il n'en a pas dit plus, mais avant de tourner les talons, il a par deux fois tapoté son arme. Son geste en disait long. Notre jeu sympathique était fini, il retournait au travail.

En URSS, à Samarkand (situé au nord de l'Afghanistan), j'ai vu déambuler dans les rues de jeunes soldats vêtus de gros drap de couleur vert olive. Ils profitaient de leur dernier soir. Le lendemain, décollant à bord de « mon » hélicoptère pour me mettre en place et commencer l'émission, j'ai survolé l'autre bout de la piste. Auprès de deux gros avions s'alignaient quelque deux cents soldats, le sac aux pieds, l'arme à la main. Des camions, par rotations successives, débarquaient des dizaines et des dizaines d'autres soldats.

Les marches de la passerelle qu'ils allaient gravir conduisaient en Afghanistan...

Au moment même où ces avions quittaient le sol russe, j'entrais en contact radio avec Didier Lecat : « Oui, bonjour Didier, il fait très beau ici, le décor est superbe, on va avoir de la belle image. Les fidèles de *la Chasse* seront contents. »

Notre rôle est de distraire les Français et non de faire le procès des États qui nous permettent de tourner sur leur sol. Tout ce que nous pouvons souhaiter est de laisser un bon souvenir de notre passage dans leur pays aux gens qui nous ont aidés, que nous avons dérangés, ou qui simplement nous ont regardés travailler.

J'ai été touché par une lettre d'une téléspectatrice de retour de Jaipour, aux Indes. « Nous avons visité l'observatoire avec M. Singh qui vous a aidé. Il était heureux comme un gosse à l'idée que je vous connaissais par l'intermédiaire du petit écran. Il m'appelait " Madame Trésors " et m'a chargé de vous transmettre son bonjour. "*Ah! my friend Philippe Ventilator* ", disait-il, tout le temps... » Eh oui, pour ce brave homme, l'équipe de *la Chasse aux trésors* et son hélicoptère représentaient la France qu'il ne verra jamais. Tant mieux, si nous lui en avons laissé une image magique.

Télé-Union, le courrier des téléspectateurs et un voyageur rentrant de Yougoslavie me confirment qu'à Dubrovnik les guides font visiter la vieille pharmacie qui a servi de cachette au deuxième trésor. Comme s'il s'agissait d'un monument historique... (*La Chasse aux trésors* est régulièrement diffusée en Yougoslavie avec des sous-titres en serbo-croate.)

Je m'attends aussi à ce que la légende s'empare de notre passage au Zaïre. René Denis avait appris l'existence d'un très vieil homme, fils de celui qui fut au siècle dernier le boy de Stanley. Henry Stanley (1841-1904), le journaliste qui explora le Congo et retrouva, dans ses profondeurs, son prédécesseur Samuel Livingstone qu'on croyait mort depuis des années... Denis imagina qu'une casquette ayant appartenu à Stanley aurait pu être retrouvée par le vieillard. Celui-ci accepta de jouer le jeu et promit de montrer la casquette fournie par mon producteur, à un homme habillé de rouge qui, un jour prochain, viendrait la lui demander.

Quelques jours s'écoulèrent. Denis s'inquiétait. L'homme serait-il naturel? Ne se troublerait-il pas? Quand je l'ai trouvé, il était assis devant sa case. A ma demande, il a hoché la tête. Il est rentré chez lui et est ressorti avec une vieille valise, qui contenait ses trésors personnels. Il l'a vidée lentement, et en a tiré la casquette qu'il avait enveloppée dans du plastique. Avant de me la tendre, il l'a dépliée avec respect.

En le regardant faire, je savais déjà que dans un an, dans un mois, demain peut-être, cette casquette deviendrait VRAIE. Stanley l'aurait VRAIMENT portée. Peut-être même dirait-on qu'il l'avait sur la tête le jour où, retrouvant le célèbre disparu, il l'avait salué : « *Mister Livingstone, I presume?* »

Un peu de rêve n'a jamais fait de mal...

Et comme dit un personnage du film de John Ford, *L'Homme qui tua Liberty Valance :* « Quand vous avez le choix entre la vérité et la légende, n'hésitez pas, choisissez la légende... »

3

BONJOUR, DIDIER! NOUS SOMMES PRÊTS...

Dans le silence feutré du poste de pilotage, éclairé seulement par la lueur des cadrans de contrôle, j'enjambe les fuseaux horaires et les frontières.

Assis à côté du pilote de l'avion privé qui transporte les chasseurs de trésors à l'autre bout du monde, je compare ma carte avec l'écran du radar. Quadrillant inlassablement l'espace, il m'annonce par ses taches mouvantes les lacs, les montagnes, les villages que j'identifie sur ma carte.

Bercé par les chiffres, les aiguilles, les cadrans, je vois dans une demi-somnolence la nuit succéder d'un coup au jour. Puis le soleil se lève sur la cordillère des Andes. Partis de Katmandou, nous longeons la frontière chinoise, rasant le toit du monde et les neiges étincelantes. La lune s'éloigne, nous approchons du Grand Canyon ou peut-être de Sydney.

Quel que soit le lieu, à chaque étape de notre merveilleux tour du monde le même scénario se déroule à l'arrivée. J'aide à débarquer nos vingt-six caisses, à installer la « station de base », à monter l'antenne. C'est ici que les difficultés commencent.

Généralement la « station de base » est située dans la tour de contrôle de l'aérodrome local, dans le répartiteur téléphonique de la bourgade. Parfois en pleine nature, si une ligne téléphonique va jusque-là. En Nouvelle-Écosse (Canada), nous nous sommes une fois installés dans une cabane de bûcherons, en pleine forêt, à côté d'un immense château d'eau sur lequel nous avons pu poser l'antenne.

Dans un petit village corse, notre station occupait la salle de mariage et de réunion de la mairie, sous le regard impassible des présidents Coty, de Gaulle, Pompidou, Giscard d'Estaing et Mitterrand. Nous étions venus là pour retrouver entre autres une « lettre adressée quatre siècles plus tard à l'amiral Andrea Doria ».

A Singapour, nous étions logés dans un camp militaire : une base aérienne où des dizaines d'hélicoptères se livraient à un ballet ininterrompu. Nous nous sentions en pays de connaissance. A l'écart de la tour de contrôle, sur le terrain de sport, une cabane sur pilotis nous était affectée : c'était tout simplement le vestiaire de l'équipe de rugby. Entre les douches et les toilettes, une petite pièce avait été débarrassée et nettoyée à notre intention par les soldats. Seul restait un tapis de gymnastique.

Presque par hasard, mes amis l'ont enlevé et ont eu la surprise d'apercevoir une belle vipère en pleine sieste!

Un des trois soldats qui avaient passé une nuit sur ce tapis changea de couleur, pris d'une peur rétrospective. Saisissant la petite bête par la queue, il la jeta par la fenêtre. Elle atterrit dans l'herbe à quelques centimètres de moi, alors que, pieds nus, je venais de descendre du toit où j'avais repéré un emplacement pour l'antenne. Je jetai au coupable un regard furieux; les deux autres soldats riaient aux éclats. Cet incident nous rendit prudents. Après de nombreux détours nous achevâmes la pose de l'antenne.

Le jeu se déroulant dans un rayon de dix à cinquante kilomètres, l'antenne doit être fixée le plus haut possible. Notre record d'altitude a été battu à Puget-Théniers au nord de Nice (où j'ai sauté sur un train traversant un viaduc). Nous avons profité d'un pylône haut de soixante-quinze mètres.

L'antenne de Kristianstad, en Suède, a battu, elle, le record de la difficulté. Un vent à décorner les bœufs, une pluie battante et la nuit qui tombait n'ont, malgré tout, pas eu raison de nous. Il fallait la fixer sur un vieux poteau rouillé de 10 mètres de haut. Montant comme à un mât de cocagne, l'antenne accrochée à sa taille par une corde, les clefs dans la poche, le fil de fer entre les dents, Patrick Fabry, le cameraman, finit par la fixer après trois tentatives malheureuses. A peine redescendu, il croisait Jean-Paul Le Fur, notre spécialiste radio, venu lui annoncer l'arrivée d'un camion-grue...

Un soir, en Espagne, on frappa à la porte de ma chambre d'hôtel vers 22 heures. « Bonsoir, je viens pour la radio... » J'avais devant moi un inconnu de trente-cinq ans, vêtu d'un blaser sur une chemise à col ouvert, et d'un pantalon gris aux plis impeccables. Il avait aux pieds des mocassins bleu marine, et à la main une malette renfermant des pinces, un fer à souder, tout le matériel du parfait bricoleur. Succédant à Marc Gurnaud, Bernard Dubois et Patrick Lucas, Jean-Paul Le Fur venait ce soir-là de rallier *la Chasse* en qualité de spécialiste radio; il ne l'a plus quittée. Avec nous, il a parcouru le globe, sans avoir le temps de le contempler. Ce Breton effacé, tranquille, vit tout entier pour son travail depuis qu'il a débuté à RTL à l'issue de son service militaire accompli en Allemagne.

A peine arrivé dans un pays lointain, Jean-Paul s'enferme dans la station de base, résistant à toute invitation de se balader ou de se détendre. « Impossible. La liaison est trop mauvaise. Si je ne réussis pas à l'améliorer d'ici demain, l'émission sera gâchée... Amusez-vous bien. A demain. »

Si le téléspectateur assis dans son fauteuil nous entend aussi distinctement que si nous étions dans son salon – alors que nous nous trouvons à des milliers de kilomètres et que je parle tout en plongeant à dix mètres sous l'eau, ou en traversant le ciel en chute libre –, c'est grâce à la compétence de Jean-Paul Le Fur et à son perfectionnisme.

Chaque émission est pour lui un combat, une source de difficultés nouvelles dont il triomphe parfois à la dernière minute. A Singapour, dans le vestiaire où nous avons troublé la sieste d'une vipère, Jean-Paul a vécu un cauchemar permanent. Il avait un mal fou à maintenir une liaison correcte compte tenu des bruits extérieurs : celui des douches, le vacarme provoqué par un match de rugby, les allées et venues des spectateurs. Les changements de joueurs étaient fréquents, les parasites aussi. Plus la fréquence de ceux-ci augmentait, plus Jean-Paul s'énervait, lui qui n'aime que le ballon rond.

En Corse, dans la salle des mariages d'une mairie, je l'ai vu désespéré. A 23 heures, après toute une journée d'efforts, la liaison radio restait obstinément muette. Il avait pourtant fait plusieurs voyages en hélicoptère jusqu'à Ajaccio pour vérifier l'équipement de l'avion relais. Cet avion relais rôde au-dessus de nous pendant toute la durée de l'émission et en renvoie le son et l'image vers un satellite. Celui-ci les répercute à Paris sur le central téléphonique de la rue des Archives. De là, ils parviennent enfin aux studios de Vidéo-Télé-France à Boulogne. Toute l'équipe faisait confiance à Jean-Paul et lui remontait le moral.

– Allez, viens te coucher, tu trouveras la solution dans ton sommeil. Tu verras, on la fera cette émission!

– Même si je trouve la panne, je n'aurai plus le temps d'éliminer les parasites... Philippe, ça va siffler dans ton casque...

– Je m'y ferai. On en a vu d'autres, rappelle-toi Katmandou, et le Nord-Yémen.

Levé à 6 heures le lendemain, Jean-Paul fit un nouveau voyage à Ajaccio, décisif cette fois. Je le devinai à son sourire timide mais confiant, quand j'arrivai à 8 h 30 dans mon costume framboise. A 9 h 15, en place sur le terrain, je pouvais appeler le plateau à Paris : « Bonjour, Didier! nous sommes prêts... » A 9 h 30 *la Chasse aux trésors* démarrait. Merci, Jean-Paul!

Quand tout va bien, une fois l'antenne montée, j'abandonne le reste de l'équipe. Les techniciens font leurs réglages, le producteur ou son assistant cache les trésors, le réalisateur étudie le parcours que j'aurai à faire, essayant de prévoir les difficultés. Pendant ce temps, je passe, en solitaire, une journée ou deux de détente.

Dans les pays tropicaux, torse nu et en short, je pars à petites foulées faire un long footing matinal avec un walkman à la ceinture et des écouteurs. Au rythme des Beatles, je parcours des kilomètres. A chaque entrée de village les gosses me rejoignent et m'accompagnent parfois pendant un kilomètre. A tour de rôle, je leur mets les écouteurs, leurs réactions m'amusent. Quand je suis dans une île, je loue chaque fois une moto pour en faire le tour.

On m'avait dit qu'en Russie je ne pourrais évoluer ni librement ni tout seul. Pourtant, à Samarkand, pendant l'émission, j'ai pu emprunter sans difficulté une voiture et atteindre la ville avec les quelques mots classiques notés sur ma carte : « Merci... Comment va-t-on à... Où se trouve...? »

A Leningrad (ex-Saint-Pétersbourg) nous n'avons pas eu l'autorisation de survoler la ville. Dommage, elle est superbe, comme je l'ai constaté en la visitant au sol, sous la conduite d'une guide-interprète mise à ma disposition. Elle m'a montré le célèbre quai Petrovski où est encore ancré le croiseur *Aurore* qui tira le coup de canon annonçant la troisième révolution russe. Comme il me restait du temps j'ai décidé d'aller me faire couper les cheveux.

Ayant admiré l'élégance de la ville, j'ai été surpris par l'aspect médiocre et même sinistre du salon de coiffure qu'on m'avait indiqué. J'ai rejoint trois personnes silencieuses et lugubres, qui attendaient leur tour dans un réduit sombre. Par une porte entrouverte, je voyais évoluer trois dames corpulentes et aux allures d'infirmières. En laissant passer mon tour j'ai pu me confier aux soins de la plus jeune.

J'ai essayé de demander une coupe classique, mais ma coiffeuse n'a rien voulu entendre. Un broc d'eau à la main, elle m'a plongé la tête dans un lavabo et l'a arrosée d'eau froide. D'une main toujours ferme, elle m'a vigoureusement frictionné le crâne avec une serviette. Tout ce que j'ai pu obtenir d'elle, c'est un shampooing... sans shampooing!

J'ai gardé un meilleur souvenir de Popayàn, la jolie petite ville de Colombie. Dès la fin de l'après-midi, je ne me lassais pas de flâner dans les rues bordées de maisons blanches aux toits coiffés de tuiles rondes, et dont l'unique étage s'ornait d'un balcon de style colonial. Dès qu'arrivait la fraîcheur, tout invitait aux rencontres, à l'amitié. Les portes s'ouvraient sur beaucoup de lieux publics où se donnaient des cours du soir.

Accueilli par des sourires et des signes de sympathie j'ai passé de bons moments assis à côté d'un élève en architecture, appliqué sur sa planche à dessin, ou au fond d'une classe d'anglais. Passant devant une magnifique façade, je demandai l'autorisation de visiter les jardins intérieurs. Comme j'admirais deux bustes sculptés émergeant d'un parterre de fleurs, une musique s'est élevée pendant quelques secondes. Le silence recouvrit le jardin, percé de temps à autre par quelques notes qui me guidèrent vers leur provenance.

Montant un escalier, je me retrouvai sur un petit balcon surplombant une grande salle. Sur la scène, une vingtaine d'enfants répétaient : piano, violon, violoncelle, contrebasse essayaient de s'accorder. C'était si gentil qu'au lieu de rester cinq minutes, j'ai assisté à toute la répétition.

A Sukhotai, en Thaïlande, je me suis également assis dans une « école de sagesse » parmi de jeunes garçons au crâne rasé, vêtus d'un sari orange. Je ne comprenais rien à la leçon, mais l'ambiance, les incantations psalmodiées par ces voix enfantines m'ont apaisé. J'étais venu là pour me calmer les nerfs, pour ne pas penser à autre chose. Le matin de l'enregistrement, l'hélicoptère que la police devait nous prêter n'était toujours pas arrivé : malgré tous les télex, lettres, et accords échangés depuis plusieurs semaines.

Le responsable de cette émission sur le terrain, René Denis, vivait un cauchemar. Nous attendions son retour de Bangkok où il était parti depuis deux jours, occupé à des palabres, démarches en tous sens. Nous l'avons vu enfin arriver, tout joyeux, à bord de l'hélicoptère promis. L'écrasement d'un hélicoptère et de son équipage, quelques jours plus tôt, était à l'origine des tergiversations du gouvernement thaïlandais.

Il m'arrive aussi de partager mes loisirs avec l'équipe. Quand nous partons tourner plusieurs émissions en deux ou trois semaines, par exemple en Amérique latine, nous passons ensemble le dimanche ou nos soirées libres. En Guyane, nous avons fait en pirogue une incursion dans la forêt amazonienne. En Colombie, à San Agustin, pays du cheval, nous avons sacrifié à la promenade équestre dans la montagne, accompagnés par les trois pilotes américains. Découvrant pour la première fois les joies du cheval, nos trois « cowboys » étaient moins à l'aise qu'aux commandes d'un avion. Nous avons bien ri...

Aux Indes, toute l'équipe s'est promenée à dos d'éléphant; aux Philippines, nous avons fait une partie de plongée sous-marine.

Une des soirées les plus insolites que nous ayons passées ensemble a eu pour cadre la boîte de nuit Chez Nana à Cayenne. Dans une immense salle, sans un centimètre de libre, nous étions des centaines, trempés de sueur, à danser n'importe quoi, à danser les uns contre les autres. Selon la règle de Chez Nana, les invitations à danser étaient faites par les femmes. Du moins, j'espère que c'étaient des femmes, comme leur habillement parfois le suggérait. Mais elles portaient toutes un déguisement ne laissant paraître ni un centimètre de peau, ni un cheveu, ni un regard.

Dans le choix du costume régnait la plus totale fantaisie : de Mickey au Martien, en passant par la reine Marie-Antoinette (avec sa tête encore sur les épaules). A 3 heures du matin, un camion arrivait devant la porte de la boîte de nuit. L'orchestre s'y installait, éclairé par des projecteurs de 20 000 watts et le bal continuait dans la rue...

Dans ce genre dément, j'ai vu pire au carnaval de La Nouvelle-Orléans [1], le jour de mardi gras 1984, dans l'ancien quartier français appelé le French Sector ou le Vieux Carré. Si pendant l'émission nous n'avons fait qu'effleurer le carnaval, le soir nous l'avons vécu au cœur de sa folie.

Musique et hurlements de joie dans toutes les rues, cohues, défilés, déguisements, euphorie partout. Les chars sillonnaient les rues en jetant par milliers colliers et doublons, ces anciennes pièces de monnaie. La foule déchaînée se disputait ces reproductions en matière plastique. J'ai vu des gens du troisième âge, très dignes et vêtus de leur plus beau complet-veston, rentrer chez eux avec des dizaines de colliers autour du cou, et à la main des sacs remplis de doublons en plastique.

Toute l'équipe était conviée à la grande soirée organisée en l'honneur de Kirk Douglas, sacré « roi Bacchus de l'année 1984 ». Devant les six mille invités dans un gigantesque hall se sont succédé des groupes plus colorés et plus bruyants les uns que les autres. L'immensité faisait écho à un vacarme étourdissant. Un grand nombre de pays étaient représentés dans cette parade. Kirk Douglas a pu saluer le Pérou, le Brésil, l'Indonésie, Israël, etc. Et, bien entendu, la France, dont le char représentait un immense buste du général de Gaulle en carton-pâte. Son nez dépassait la calandre!

Pour cette soirée de clôture, rassemblant la haute société locale, robes longues et smokings étaient de rigueur. L'équipe de *la Chasse aux trésors* n'a pas l'habitude de se munir de smokings. Pierre Ballian, l'assistant de Dominique Mézerette, fut chargé d'en louer. De retour à l'hôtel, il était désolé : « Voilà tout ce que j'ai trouvé. Il faudra vous débrouiller... » Quand nous nous sommes tous retrouvés habillés, nous avons cédé à une franche

1. Des téléspectateurs m'ont fait remarquer que, quand on s'appelle *Dieuleveult*, on ne doit pas dire comme je l'ai fait « New Orleans », mais « La Nouvelle-Orléans ». J'en prends acte et rectifie.

rigolade. Aucun smoking n'était à la bonne taille, la couleur du pantalon détonnait avec celle de la veste, la plus grande variété régnait dans les formes. Si mon pantalon était à deux places, mes chaussures en revanche étaient trop étroites. Nous ressemblions à des clowns. Le plus difficile fut de passer le contrôle en gardant notre sérieux. Nous savions qu'il suffisait de ne pas se faire remarquer pendant un quart d'heure, le champagne unifierait ensuite tous les costumes. Dommage que personne n'ait songé à faire un film sur les coulisses de *la Chasse aux trésors*, il intéresserait les téléspectateurs, j'en suis sûr!

A côté du carnaval de La Nouvelle-Orléans, celui de Puno, au Pérou, ressemble à une fête de famille. L'un des trésors consistait à retrouver au milieu des danseurs un *caporal del diablo*, reconnaissable à un masque cornu et orné de boules tarabiscotées : il représentait le visage du diable. En prenant congé à l'issue de l'émission, j'avais dit : « Je vous quitte, je vais à la fête. »

Je ne mentais pas. J'avais une revanche à prendre. J'étais arrivé à Puno par le train depuis Cusco, la capitale inca. Onze heures de voyage à travers les Andes, dans un paysage de montagnes enneigées coupées de rivières torrentueuses et parcourues par des troupeaux de lamas et d'alpagas. Dans le train, c'était déjà la fête; j'ai été littéralement attaqué par deux femmes qui nous ont aspergés de farine colorée, mon appareil et moi. J'ai ri de bon cœur avec tout le wagon.

Un peu plus tard, le train a ralenti pour traverser un village. De chaque côté des rails, les habitants semblaient nous attendre. J'ai compris pourquoi – lorsqu'ils ont profité de l'arrêt pour nous lancer par les fenêtres le contenu de leurs seaux d'eau. Pour eux aussi, c'était la fête!

Et ce fut la fête pour moi dès l'émission finie. Je suis allé me mêler, jusqu'à la nuit, aux danseurs que la caméra de Patrick Fabry avait montrés sur la grand-place. L'ambiance était telle que j'ai revêtu le masque et le costume du *caporal del diablo*. Dans cette tenue, entraînant ou suivant les autres, j'ai parcouru les rues de la ville au son de l'orchestre. On m'a fait cadeau du masque. Il repose aujourd'hui sur l'armoire ancienne dans laquelle je dissimule mon appareil téléphonique.

Grâce à *la Chasse aux trésors* j'ai pu prendre une seconde revanche. Une vraie, qui n'avait rien à voir avec les farces auxquelles je me suis prêté dans le train de Cusco ou dans les rues de Puno.

Je suis interdit de jeu dans tous les casinos de France et de Navarre : dans n'importe lequel d'entre eux on ne me laisserait même pas passer la porte si je me risquais à le faire (je m'en expliquerai plus loin). J'ai donc été ravi lorsque Dominique Mézerette s'est mis en tête d'organiser une *Chasse aux trésors* à Las Vegas, l'empire du jeu! C'est un Monte-Carlo multiplié par cent. On trouve des machines à sous dès la salle des bagages de l'aéroport et jusque dans l'antichambre des toilettes. Il n'y a pas un mais des dizaines de casinos, chaque hôtel possède le sien.

A la différence de Monte-Carlo qui offre de nombreux attraits (la mer, les musées, les jardins, un site admirable), Las Vegas ne vit que pour le jeu, n'offre qu'un seul dérivatif : le jeu. C'est une ville poussée en plein désert du Nevada. Au moindre souffle de vent, le sable envahit ses rues. Ou plutôt sa rue unique – on l'appelle le *strip* [1] – longue d'une dizaine de kilomètres et entièrement bordée de casinos-hôtels.

C'est l'univers concentrationnaire des nombres. Une ville qui ne s'endort jamais et sur laquelle plane la folie, d'autres diront : la chance... On vient de tous les États-Unis, des quatre coins de la terre – pour s'y ruiner ou faire fortune. Le mirage qui attire ces hommes et ces femmes dans le désert prend l'aspect d'une montagne de bank-notes : des coupures de mille. On gagne, on perd... mais comme les tables sont ouvertes vingt-quatre heures sur vingt-quatre, pourquoi ne pas continuer à jouer?

Entre les tapis verts circulent des serveuses, en minijupe collante et poitrine rehaussée. Elles offrent gratis sourire, bière et jus de fruits. Autour des tables, on s'énerve, on se fatigue, on fume cigarette sur cigarette (offertes gratis comme les boissons)... On perd encore, il faut rejouer et tenter de « se refaire ».

Après la nuit blanche et le café crème gratuit offert à la sortie de la salle, celui qui avait converti ses derniers dollars en un billet d'avion pour Las Vegas, celui qui a vu ses économies d'une année fondre en une nuit – auront-ils la force d'accepter leur infortune? Après avoir regagné leur chambre d'hôtel (payable d'avance!), ne vont-ils pas s'approcher de la fenêtre et du haut de leur dixième ou quinzième étage se jeter dans le vide?

Sûrement pas. Toutes les fenêtres sont verrouillées pour prévenir ce genre de tentations. Alors, tristement, ces joueurs malchanceux redescendent acheter, avec un dernier dollar, une pizza qui ressemble à une pizza, n'est pas une pizza et d'ailleurs n'a jamais eu le goût de la pizza.

Bien entendu, je n'ai pas misé un seul dollar à Las Vegas. Ce n'est pas mon genre d'aventures. Je suis prêt à jouer ma vie, ma situation professionnelle, mes économies. Non sur un tapis vert,

1. En français : le ruban, la bande.

mais par une lutte dont l'issue dépend de ma volonté, et non de chiffres sortis au hasard.

Mais je saluerai la folie, ou le courage de l'homme qui, un après-midi, est arrivé au Circus-Circus, a misé un million sur le rouge. Il a gagné, repartant aussitôt et discrètement avec son tas d'argent. D'après la police, il s'agissait d'un employé de banque, qui avait « emprunté » sa mise et qui l'a scrupuleusement remise dans la caisse.

Je n'aime pas le jeu (avec un grand J), mais ceux qu'il fascine, j'aime les observer. Et c'est ce qui m'a perdu.

Il y a quatre ans, la presse annonçait que le casino d'Enghien-les-Bains ouvrait des tables de roulette. Avec un ami journaliste, nous y avons vu le sujet d'un reportage – clandestin puisqu'il est interdit d'opérer des prises de vues dans un établissement de jeux.

Vêtus comme pour un mariage, nous avons franchi sans difficulté les contrôles. Ma caméra était dissimulée dans le sac en cuir d'une amie, percé d'un trou de trois centimètres de diamètre au niveau de l'objectif. Je le portais sur la poitrine comme s'il contenait le petit magot que je comptais miser. Il était masqué par une écharpe blanche que je portais au cou. Je m'étais entraîné, devant la glace, à écarter légèrement l'écharpe pour dégager l'objectif, et à déclencher le mécanisme tout en laissant glisser la main. Mais au vestiaire on m'avait invité à déposer l'écharpe, et je l'ai fait, ne voulant pas attirer l'attention. La disparition de mon camouflage ne m'a gêné que sur le plan psychologique; je masquais (ou démasquais) la lentille avec la main. Personne ne m'a prêté attention, j'ai pu filmer de table en table les mains, les cartes, les jetons, la roulette.

Seul inconvénient, le déclenchement du mécanisme faisait un bruit infernal – probablement exagéré par mon angoisse. Deux fois, je suis allé remonter le ressort dans les toilettes. J'aurais dû, comme un joueur qui gagne, savoir m'arrêter et me contenter des images déjà prises sur le vif.

Comme je prenais un dernier plan, le regard d'un joueur s'est attardé sur mon sac. Il est allé parler à l'oreille d'un croupier. Le moment était venu de prendre le chemin de repli que j'avais préparé. Trop tard : juste avant la sortie deux vigiles m'ont solidement empoigné chacun par un bras. On devine la suite. Interrogatoire par la brigade des jeux, dans un cliquetis de machine à écrire. Mes films ont été voilés, j'ai été fiché et « interdit de jeux » comme un escroc ou un tricheur.

Je pensais m'en être bien tiré : en Amérique on m'aurait sans doute jeté dehors à travers les battants d'une porte de saloon, et peut-être même recouvert de plumes et de goudron...

Je me trompais sur l'Amérique. Des années plus tard, *la Chasse aux trésors* à Las Vegas m'a révélé que l'hypocrisie européenne n'y avait pas cours. Douce revanche pour moi : certains établissements de jeu accueillaient volontiers les caméras, considérées par eux comme un instrument publicitaire.

Les téléspectateurs s'en doutent, chaque émission fait l'objet d'une préparation minutieuse. S'il suffit de quelques jours, voire de quelques coups de téléphone pour régler les choses en France, il faut parfois des mois d'efforts et de démarches dans certains pays étrangers. Chaque émission nécessite le concours d'une vingtaine de personnes qui n'apparaissent jamais à l'image. Parmi ces hommes de l'ombre, grâce auxquels une émission prend naissance puis consistance et parvient enfin jusqu'aux téléspectateurs, je citerai en premier les producteurs préparateurs. Ce furent d'abord Claude Savarit et Jean-Jacques Pasquier, auxquels ont succédé René Denis et Dominique Mézerette.

Claude Savarit, vétéran de la télévision, avec *Intervilles, Jeux sans frontières, Interneiges*, continue à superviser l'émission, tout en préparant d'autres programmes aussi passionnants. Jean-Jacques Pasquier ne savait jamais mieux se battre qu'en face des difficultés. Alors, il voulait régler tous les problèmes d'un seul coup. Impatient, explosif, il donnait toute son énergie à cette émission qu'il a perfectionnée.

René Denis (vingt-sept ans) et Dominique Mézerette (vingt-huit ans) ont des caractères et des goûts différents. Ils se complètent bien, préparant chacun une émission sur deux. Le premier s'intéresse beaucoup à l'histoire ancienne, le second est passionné par les aspects insolites de la réalité moderne. René Denis se délecte dans les méandres des dynasties de Ceylan, de l'Inde ou des rois maures espagnols. Dominique préfère affronter les difficultés d'utilisation du circuit automobile de Spa, la jungle du show-business de Las Vegas ou la folie du carnaval de La Nouvelle-Orléans. Par contre, René et Dominique ont en commun beaucoup d'humour et la volonté de me placer dans des situations délicates; et sur ce point je vous promets que leur imagination est inépuisable!

Leur travail commence par une prise de contact avec les ambassades et offices de tourisme des pays envisagés. Après s'être solidement documentés, ils se rendent sur place, sélectionnent des sites en fonction de l'utilisation du terrain et en pensant toujours à donner la plus grande qualité possible à l'image. Ils choisissent le trésor et l'endroit où il sera caché. Juste après avoir fait ce choix, Dominique Mézerette rédige à chaud et sur le terrain le texte des énigmes. René Denis attend son retour à Paris pour les écrire à froid dans son bureau, soumettant chaque phrase à l'avis critique de son assistant.

Mézerette et Denis partent chaque fois à la découverte d'un continent pour un voyage de plusieurs semaines. La tournée de repérage en Guyane, par exemple, se poursuit par la Colombie, le Pérou, etc. En vingt-trois jours de voyage, René Denis réussit à préparer dix-sept émissions d'une heure au Zaïre, Gabon, Cameroun, à Madère, etc. C'est un record : il faut en général passer quatre jours minimum dans chaque pays. Dans chacun d'eux le préparateur et ses assistants prennent environ deux cent cinquante diapositives. Elles sont destinées à la documentation d'Elsa Manet, au réalisateur, aux chaînes étrangères qui diffusent *la Chasse*, à la presse, etc.

Au retour, commence la ronde infernale des déceptions et promesses non tenues qui entraînent une profusion de télex, lettres et coups de téléphone pour obtenir les autorisations de tournage et de vol, le logement de l'équipe, l'hélicoptère, l'avion privé qui nous transportera tous. Le préparateur responsable nous précède sur chaque lieu de tournage deux ou trois jours à l'avance pour d'ultimes confirmations, vérifications, et chronométrer le chemin que je serai appelé à parcourir.

C'est alors qu'éclatent les difficultés imprévues. J'ai déjà parlé de l'hélicoptère que la police thaïlandaise avait promis à René Denis et qu'elle lui refusait la veille du tournage. Comme s'il n'avait pas assez enduré de malheurs quelques jours plus tôt aux Philippines!

A Cebu il m'avait fait retrouver un casque datant de la colonisation espagnole. Après l'émission, à l'aéroport, tous nos bagages furent soumis à une fouille minutieuse. Au moment d'embarquer, nous vîmes Denis se faire arrêter par deux policiers. Il nous cria : « Embarquez, j'arrive. » Mais notre avion décolla pour Manille sans lui. A Manille, nous attendîmes l'avion suivant en provenance de Cebu : toujours rien.

Le lendemain nous nous rendîmes à l'aéroport prendre l'avion à destination de Bangkok. Quelques minutes avant le décollage, surgit René Denis le sourire aux lèvres : « Ils croyaient que le deuxième trésor, le casque, c'était un original. Il m'a fallu leur prouver que c'était une reproduction apportée de Paris pour un jeu télévisé en liaison avec deux candidats restés en France... »

En Nouvelle-Calédonie, Dominique Mézerette a dû faire preuve d'une longue patience. Il s'agissait d'obtenir l'autorisation de poser notre hélicoptère sur le territoire de la tribu de Saint-Louis. La réponse dépendait du grand chef coutumier de la tribu. Pour parvenir jusqu'à lui, Dominique était tenu d'emprunter le « chemin coutumier », c'est-à-dire de passer par une foule d'intermédiaires et d'engager avec chacun d'eux des palabres. Ce « chemin » peut prendre plusieurs semaines, voire plusieurs mois.

Mais ce chemin, raccourci pour les métropolitains, doit être exécuté sans faute, l'omission d'un intermédiaire ou d'une démarche entraînant le retour à la case départ. Enfin, après quelques jours de visites et palabres, Dominique fut convié à une grande fête où l'autorisation lui fut accordée par le grand chef après remise des présents traditionnels : du tissu, du tabac, des allumettes. Ce grand chef n'avait rien d'un sorcier imbu de son autorité. Il était chef de service dans une banque de Nouméa, mais respectueux des traditions de son ethnie.

A Las Vegas, Mézerette dut parcourir un autre chemin coutumier, celui du capitalisme, autrement plus difficile que celui de Nouméa. A chaque étape il rencontrait les spécialistes souriants (mais organisés et inflexibles) du show-business. Il a ainsi découvert qu'en Amérique, on pouvait obtenir très facilement l'autorisation de tout faire, à condition de payer : mais pas avec une boîte d'allumettes et un morceau de tissu... Au cours de nos déplacements dans Las Vegas nous ne pouvions faire autrement qu'enregistrer au passage quelques notes des orchestres qui jouaient dans les hôtels-casinos : ce qui provoqua l'intervention et les exigences du syndicat des musiciens. Puis se manifesta le syndicat des machinistes, les croupiers, etc.

Le plus beau coup réussi par Dominique Mézerette restera sans doute *la Chasse* tournée à Cuba, pays très réticent envers les caméras occidentales... Après trois mois d'approches et de discussions, il réussit à obtenir ce que les Cubains avaient farouchement refusé jusqu'ici : le survol de La Havane par une équipe de télévision étrangère et notre atterrissage sur la grand-place de la capitale, presque sous les fenêtres du bureau de Fidel Castro.

Par souci de bien nous traiter, les Cubains mirent à notre disposition un hélicoptère de fabrication russe, superbe, immense : un autobus volant. Mais sa dimension l'empêchait de se poser rapidement là où nous voulions. Nous avons ainsi perdu beaucoup de temps et c'est seulement après le générique et très brièvement que les téléspectateurs purent voir le deuxième trésor, un cigare géant spécialement fabriqué à notre intention.

La recherche du premier trésor m'obligeait à plonger à vingt-cinq mètres sous l'eau du port de La Havane, à la rencontre d'une équipe d'archéologie sous-marine. Le bateau équipé du matériel de plongée et de liaison radio sous-marine entre Paris et moi n'avait reçu l'autorisation d'opérer que pour une durée limitée, dans une tranche horaire strictement définie par les autorités. Il était impossible de bloquer le trafic du port de La Havane pour une émission-jeu. Or le passage d'un pétrolier, pendant que j'opérais au fond, risquait de sectionner les câbles me reliant à la surface.

Nous avions pris, je l'ai dit, beaucoup de retard en début d'émission. Sur les quais du port, Yves Gladu, responsable de la partie sous-marine, et Dominique Mézerette guettaient avec une nervosité croissante l'arrivée tardive de mon hélicoptère, voyant se rétrécir le créneau horaire qui nous était accordé. Au moment où je m'apprêtais à plonger, Dominique observait avec inquiétude un pétrolier mettre en route ses machines pour se diriger vers le port. Heureusement, je suis ressorti à temps.

Il est miraculeux qu'en quatre années de *Chasse,* nous ayons dû renoncer à annuler une seule émission. C'était à San Christobal de Las Casas, dans le Chiapas, au Mexique. Le tournage a été interrompu par un orage violent et très long. Quand il a cessé, la nuit est arrivée. Le lendemain nous avons dû, comme convenu, rendre l'hélicoptère au gouverneur de la région qui en avait besoin. Aucun autre appareil n'étant disponible les jours suivants, il a fallu renoncer... Une autre émission, entièrement terminée et sans problèmes, n'a jamais été diffusée. C'était peu après nos débuts au Groenland. Nous tournions au Québec. La différence de température entre l'extérieur et l'intérieur a provoqué l'apparition d'une buée sur l'objectif de la caméra. Elle a rendu nos images floues, et donc inutilisables.

Ce rapide passage dans les coulisses de *la Chasse* est, je pense, révélateur. Quand je dis dans mon micro : « Bonjour Didier! nous sommes prêts », ces mots sont moins légers qu'on ne croit. Ils sont lourds d'incidents, de problèmes et d'incertitudes...

Présentateur attitré de *la Chasse* depuis plusieurs années, Didier Lecat a été précédé par Philippe Gildas pour les vingt-six premières émissions, suivi par Jean Lanzi (six émissions). On ne se doute pas que je connais mal les présentateurs du plateau à Paris. Mes longues absences et mes brefs passages à Paris nous laissent très peu d'occasions de nous voir.

Je parlais avec Philippe Gildas d'un bout à l'autre du monde, depuis plusieurs mois, quand j'ai fini par faire sa rencontre en chair et en os. Il travaillait à Europe 1 (dont il est aujourd'hui le directeur des programmes). Il m'avait donné rendez-vous à 9 heures du matin dans un café de la rue François-Ier où il était attablé devant une andouillette et un verre de rouge. (Présentant le journal de 8 heures, il était levé depuis 4 heures!) Je garde de lui le souvenir d'un personnage détendu, d'abords faciles, plein d'humour, et d'un professionnel éprouvé cherchant toujours à mettre à l'aise le débutant que j'étais.

Didier Lecat, aujourd'hui directeur de la communication à la FNAC, a été présentateur du journal télévisé d'Antenne 2 autour des années soixante-dix. Il présentait le journal parlé de France Inter quand j'ai voulu faire sa connaissance. Notre premier contact ressemblait à une scène tirée d'un film d'espionnage. Le cameraman Jean-Yves Le Mener et moi l'attendions à la sortie de Radio-France, assis sur le petit mur qui entoure la pelouse de la maison ronde. Nous savions par quelle porte Didier allait sortir, mais nous ne connaissions pas son visage. Chaque fois qu'un personnage apparaissait, je consultais la photo de Didier que j'avais à la main.

Enfin Didier s'est dirigé vers nous, souriant et élégant comme sur le plateau du studio de VTF, nous parlant avec gentillesse comme si nous étions deux candidats intimidés. J'apprécie beaucoup sa façon d'introduire l'émission, d'accrocher le téléspectateur dès les premiers mots par sa description du pays où je me trouve. Avec sa pratique du micro et son sens de l'enchaînement, Didier réussit toujours à faire oublier le cafouillage qui parfois règne sur le terrain. Tous les candidats doivent lui être reconnaissants pour sa façon de les mettre en confiance, et de voler à leur secours lorsqu'ils s'enlisent.

Pendant la première année de *la Chasse*, il n'y avait pas d'Elsa sur le plateau. Comment était-ce possible? Puis vint Marie-Thérèse Cuny et, après elle, s'installa Elsa Manet.

J'admire l'aisance avec laquelle Elsa réussit à rendre familières aux téléspectateurs la géographie et l'histoire de pays qu'elle semble connaître depuis toujours et où pourtant elle n'a jamais mis les pieds. Je n'écoute pas aussi attentivement que je le voudrais ses commentaires, car je dois profiter de sa présence à l'image pour rejoindre l'hélicoptère, remercier la personne qui vient de m'aider, changer la batterie de mon émetteur-récepteur, ou me déchausser pour enlever un caillou gênant.

Réconfortante et chaleureuse, Elsa est pleine d'attentions pour les candidats qui ont réussi et aussi pour ceux qui ont perdu. Elle me prodigue des louanges quand je me tire d'une situation difficile, et des consolations quand j'échoue à deux secondes près : « Vous avez été formidable. C'était très difficile, vous ne pouviez faire mieux. » J'apprécie la gentillesse avec laquelle elle s'efforce de me calmer quand je cède à la fébrilité ou à l'exaspération... Oui, comment avons-nous pu au début nous passer d'Elsa?

Les collaborateurs de l'émission dont je suis le plus proche sont, bien sûr, ces hommes de l'ombre qui me suivent... comme mon ombre sur le terrain. Les techniciens qui courent derrière moi, en portant en plus leur lourd matériel. Il leur arrive souvent d'escalader une butte, ou de descendre dans un gouffre derrière moi, sans jamais se plaindre.

Serge Beaupère est, avec ses vingt-trois ans, notre benjamin : peu expansif, timide même. Avec son short blanc, ses baskets et ses lunettes rondes, il me fait penser au Grand Duduche. Aussi méticuleux et consciencieux que Jean-Paul Le Fur, le responsable du son, il sacrifie souvent le tourisme (ou le sommeil) à son travail. Avec lui les couleurs sont toujours exactes et équilibrées; jamais l'image ne se dérègle. C'est le vidéoman. Il court derrière le cameraman, relié avec lui par son câble.

Jean-Yves Le Mener, diplômé de l'École technique de photographie et de cinéma de la rue de Vaugirard, a trente-trois ans. C'est un décontracté qui ne supporte ni veste ni cravate. Passionné de cinéma, il lui arrive de travailler pour des réalisateurs comme Claude Lelouch.

Jean-Yves alterne avec son aîné de deux ans, Patrick Fabry, diplômé comme lui (et la même année) de l'ETPC. Patrick est un casse-cou qui adore sortir de l'hélicoptère en plein vol pour filmer le pilote et le « chasseur ». Je suis impressionné par son approche dynamique de la vie et sa philosophie personnelle. Pour tous ceux qui l'entourent, il est en permanence un exemple réconfortant. Il est aussi la preuve vivante qu'on peut guérir d'un cancer puisqu'il a lutté contre cette maladie et en a triomphé.

Entre Jean-Yves, Patrick et moi, la complicité est totale. Je ne saurais trop insister sur ce point; une partie du succès de cette émission repose sur l'amitié et la passion qui nous unit, nous les hommes du terrain. Homme d'images moi-même, je suis avec eux sur la même longueur d'onde : jamais leur travail ne m'a déçu. Des risques, ils en prennent, eux aussi, en permanence. Souvent, ils partent au triple galop sur un sentier inconnu; ils montent les escaliers, passent sur des poutrelles, sautent sur une barque, guidés par Serge Beaupère qui les prévient de telle ou telle embûche. Parfois, ils tombent, se blessent – comme à la Martinique où l'image s'est mise à tournoyer. Mais l'émission doit continuer; ils repartent, serrant les dents. Une heure d'émission est pour eux une heure de passion et de patience, au milieu de mille difficultés pendant que la sueur perle sur leur visage crispé.

Leurs difficultés sont aggravées par la charge du matériel, et je peux en parler en connaissance de cause, car je les ai exactement éprouvées. Pour savoir ce que ressentent Patrick ou Jean-Yves lorsqu'ils courent derrière le « chasseur » – et pour satisfaire ma passion de l'image –, j'ai pris la caméra et filmé un certain nombre de *Chasses aux trésors*.

Comment peut-on être à la fois devant et derrière la caméra? C'est très simple. *La Chasse aux trésors* n'a pas tardé à rencontrer du succès hors de nos frontières. Elle est diffusée dans tous les pays francophones et – avec des sous-titres – en Grèce, en Yougoslavie, en Tunisie, à Formose, etc.

D'autres pays ont voulu également la diffuser mais dans leur langue et avec la participation d'un animateur local. Ainsi, d'autres reporters se sont lancés sur mes traces, équipés du même émetteur-récepteur et des mêmes écouteurs (mais pas du costume rouge!). Souvent même ils partent avec nous, résolvant sur les mêmes lieux les mêmes énigmes, dans leur propre langue.

Aujourd'hui, on peut dire que toute l'Europe connaît ou a connu *la Chasse aux trésors*. Elle a d'abord conquis les Allemands avec Gunther Jauch et Bernard Russi, l'Angleterre avec Annika Rice, la Hollande avec Jan De Vrice, l'Italie avec Jocelyn, les pays scandinaves (Norvège, Suède, Danemark) avec Johan Torén. Un Japonais, Sinji, est également venu nous retrouver en Afrique. Le dernier en date est Miguel de la Quadra pour le compte de l'Espagne. Tous ces présentateurs n'ont pas enregistré le même nombre d'émissions. Les différentes télévisions étrangères n'étant pas forcément intéressées par des sujets trop spécifiquement français comme le Vercors.

Mais il nous est arrivé de nous trouver à quatre « chasseurs de trésors » dans le même décor. Le tournage de la version française étant suivi dès le lendemain par celui des télévisions étrangères. De même, les candidats étrangers viennent à Paris dans le studio de VTF. Didier Lecat et Elsa Manet, tout comme moi, cèdent alors la place à leurs homologues étrangers.

La principale difficulté est de pouvoir rassembler la documentation adéquate dans les différentes langues. Un fait historique important pour la France ne l'est pas obligatoirement pour la Norvège, et les livres ne sont pas toujours traduits dans toutes les langues. Ce qui oblige parfois à changer certaines énigmes et trésors. Il arrive qu'on les change aussi pour tenir compte des talents particuliers de tel ou tel animateur... ou de sa maladresse.

Sur ce deuxième point, je m'accuse d'avoir cassé, à Saint-Malo, le sablier oublié dans les rochers par Jacques Cartier à son départ pour le Canada. On a donc remplacé cet instrument par une longue-vue, dans la version espagnole enregistrée dans le même décor le lendemain. Il avait déjà fallu changer le deuxième trésor qui obligeait à sauter en parachute. Mes homologues étrangers ne pratiquent pas le parachutisme, à l'exception du Suédois. Mais il s'était cassé la jambe une semaine auparavant et n'était donc pas venu à Saint-Malo.

Jocelyn, présentateur de la version italienne, sait jouer de la trompette. Un des trésors cachés à La Nouvelle-Orléans étant justement une trompette, on lui demanda de la retrouver et d'en jouer quelques instants en compagnie d'un orchestre célèbre. Quant à moi, on me demanda simplement de récupérer cet instrument et d'écouter sagement l'orchestre. C'était plus prudent.

Ce sont donc ces versions étrangères que j'ai eu l'occasion de filmer. Je l'ai fait quand par exemple la météo se dégradait et compromettait le tournage de l'émission étrangère prévue pour le lendemain. Il aurait été épuisant pour Jean-Yves ou Patrick de recommencer à nouveau le parcours avec leur lourde charge. Et pourtant il fut impératif de tourner immédiatement au Cameroun, un jour où l'armatan s'était levé, obscurcissant le ciel. J'ai donc repris la caméra, à peine terminée l'émission française. Une autre fois, l'hélicoptère devant nous quitter plus tôt que prévu, il a fallu encore enregistrer l'émission étrangère immédiatement après la française. En ces diverses occasions, j'ai couru, caméra à l'épaule, derrière le chasseur scandinave, hollandais, espagnol ou italien.

En Afrique, la population locale suivait toujours avec curiosité, et même avec beaucoup d'attention, le déroulement des versions successives. En Casamance, un villageois voyant le Suédois Torén hésiter sur la direction à suivre, la lui a indiquée d'un geste, en criant : « Tous les Blancs qui ont couru avant toi sont passés par là ! » Torén n'en a tiré aucun avantage car il ne comprend pas le français. Mais moi, j'avais bien du mal à garder mon sérieux!

Une autre fois, en Côte-d'Ivoire, Johan Torén a tendu le micro à un indigène qui, lui, ne comprenait rien de la langue scandinave. Alors il a pris l'initiative d'annoncer : « Je m'appelle Bernard et je vous dis à la semaine prochaine... » Pris de fou-rire je ne sais pas comment j'ai réussi à stabiliser l'image.

Ainsi j'ai découvert le travail de Jean-Yves et Patrick, pour mieux le comprendre et pour mieux les aider quand je serais à nouveau devant leur caméra. J'ai pu soupeser les quatorze kilos de matériel qu'il leur faut transporter, et subir la fatigue supplémentaire que cela entraîne.

Si j'ai ainsi éprouvé les difficultés et les risques qu'ils affrontent, j'ai aussi partagé leur joie d'assurer une heure d'images. Quelle ivresse que d'avoir la responsabilité d'un plan-séquence aussi long, et d'ailleurs impossible à réaliser en dehors de *la Chasse aux trésors*! Celui qui porte cette caméra à l'épaule réalise en grande partie l'émission, seul. C'est lui le maître de l'image que le téléspectateur recevra sur son écran.

Je suis fier d'avoir participé, devant et derrière la caméra, à l'émission qui restera comme une des plus grandes aventures de la télévision française.

Mais pour pouvoir filmer *la Chasse aux trésors*, même en version doublée, il faut être cameraman soi-même. Le moment est venu pour moi de dire comment j'ai appris ce métier, comment je me suis pris de passion pour lui, à travers mes voyages et aventures.

4

JE ME SUIS MIS NU ET J'AI INTERPELLÉ DIEU

Grâce à *la Chasse aux trésors* ou par mes propres moyens, j'ai visité quatre-vingt-quinze pays. On me demande souvent quels sont ceux que je préfère. Je réponds chaque fois : « Les déserts. » Et chaque fois cette réponse sincère provoque la surprise.

Dans les déserts d'Afrique, d'Amérique, d'Asie ou d'Australie, on peut rouler droit devant soi, pendant des journées entières, dans une totale solitude. Personne pour vous dicter une ligne de conduite. Personne pour contraindre, interdire ou contrôler. Mais personne non plus pour vous guider, vous protéger ou vous soigner.

Il est souvent difficile de trouver ou retrouver sa route, de se procurer de la nourriture ou de l'eau. La moindre erreur peut être fatale. Les déserts encouragent l'audace, ils ne pardonnent pas la faiblesse. En quelques heures dans le désert, on éprouve deux sentiments rares : la liberté et la responsabilité. Il faut se prendre en charge soi-même, en totalité.

Les déserts sont les seuls endroits du monde moderne où il est encore possible de connaître une aventure au sens véritable du terme.

C'est pourquoi depuis que j'ai eu la volonté de voyager, je tenais à commencer par les déserts, et d'abord par le désert des déserts : LE SAHARA!

A quinze ans, quand je dessinais la carte du monde, pays par pays, pour voyager en rêve, j'étais fasciné par ce désert large de 2 000 kilomètres, qui traverse l'Afrique de l'Atlantique à la vallée du Nil sur une longueur de 5 000 kilomètres.

Il me faisait rêver. Et à dix-sept ans, ce rêve je le partageais tous les soirs, devant la grille de nos jardins, avec mon « huitième frère », mon ami et voisin François Laurenceau surnommé Lorenzo. Tous les soirs après le dîner, même en plein hiver, devant la grille de son jardin ou du mien, nous faisions, refaisions et améliorions notre voyage au Sahara, nourri par les descriptions des livres de Roger Frison-Roche.

Qu'il était dur d'abandonner les rocs du Hoggar, les chameaux barraqués dans l'oued desséché quand, vers 22 heures, mon père sortant la poubelle me rappelait à l'ordre.

– Philippe, il est temps de rentrer. Tu as une composition dans deux jours, tu ferais bien de la préparer...

Et puis un jour, c'était le 3 novembre 1968, François et moi avons décidé que ce rêve deviendrait réalité : nous partirions pour le Sahara, « juré-craché », quand nous aurions vingt ans. Trois ans, ça nous laissait le temps de réunir l'argent nécessaire et de vaincre la résistance des parents que nos projets faisaient frémir... Avec un peu de chance, j'aurais d'ici là décroché le baccalauréat, moi qui n'avais jamais remporté que les prix de gymnastique et de dessin.

Que ces trois années ont été longues! Nos parents espéraient qu'elles nous feraient oublier notre projet. Au contraire. Nous les avons passées, François et moi, à nous répéter : « Surtout, tenir bon. Traiter par le mépris les moqueries de ceux qui ne nous prennent pas au sérieux. Approfondir le projet pour en résoudre toutes les difficultés. »

Grâce à nos cartes et à nos calculs, l'itinéraire se précisait. La liste du matériel s'allongeait : jerricanes, pneus, pièces mécaniques, outillage. Sans oublier l'indispensable voiture, une 4 L Renault d'occasion. Pour nous payer tout cela, nous devions réunir chacun 3 000 francs. J'exerçais quelques petits métiers assez inattendus [1] qui me permirent de me procurer cette somme.

Le 9 juillet 1971, je passe l'oral du baccalauréat. A 19 h 30 je cherche vainement mon nom sur la liste des reçus. En cas d'échec, j'ai pour principe de ne jamais m'abandonner à la déception. Mais au contraire de recommencer, de me lancer dans une autre direction, de contourner l'obstacle, de recommencer un essai, quitte à le rater encore – mais pour repartir encore – et choisir si possible le terrain où je me sens le plus sûr.

Surtout il ne faut jamais laisser son esprit se morfondre après un échec. J'ai raté le baccalauréat? Je le réussirai la prochaine fois. Et d'ailleurs c'est demain le 10 juillet, date de mon départ pour l'Afrique. Plusieurs copains voulaient se joindre à nous. Mais en trois années leur volonté s'était usée. A 15 h 30, nous sommes donc seuls, François et moi, à faire honneur au somptueux goûter que maman tenait absolument à faire avaler aux conquérants du désert. A 16 heures, bien lestés, nous claquons les portières de

1. Voir chapitre 19 : « Quand j'étais le Père Noël. »

notre 4 L. Le moteur ronfle, nous levons le bras pour saluer nos mères pas très rassurées...

C'est parti! j'ai vingt ans, j'ai rendez-vous avec l'aventure. Je la désirais, je l'aimais, elle est avec moi! Les vers d'un poète d'un autre continent, Abou'l Qassem Al Chabli, chantent dans ma tête :

Ma nuit ancestrale
s'est mise
à murmurer;
l'étoile lumineuse,
à briller.
O forêt enluminée
de rayons, de fleurs!
O lumière diaphane!
O toi, aube lointaine,
chanson d'éternité.

C'est sur la route de Tétouan, au Maroc, qu'a surgi notre première déception. Au risque de nous jeter dans le fossé, François a « pilé » la voiture, dans un miaulement de pneus.

– Philippe, un chameau!

Notre premier chameau! Comme je sortais l'appareil photographique pour immortaliser l'événement, un Marocain dévala des rochers en hurlant : « Quatre dirhams la balade, un dirham la photo... » Quelle déception! nous faire ça à nous! les aventuriers...

Plus loin, dans la montagne, des bandes de gamins attendaient les touristes pour quémander argent, cigarettes, nourriture. Ils n'hésitaient pas à lancer des pierres sur la voiture, à s'y accrocher, tentant d'ouvrir les portes et de passer les mains par les fenêtres pour chaparder... Ce n'est pas le genre de voyage que j'attendais.

Mais je découvrais que dans ces pays où nous venions affronter l'aventure, d'autres se battaient pour la survie. Comme cette gamine qui s'empara d'un bout de pain traînant à l'avant de notre voiture. Elle l'a littéralement dévoré devant nos yeux. Pourtant, nous n'étions qu'à quelques kilomètres du monde « civilisé ».

Après Oujda, Figuig, Beni-Ounif... nous voici sur la route de Béchar. Le thermomètre accroché au rétroviseur intérieur indique 45 °C. Nous faisons connaissance avec le sirocco; ce vent brûlant du désert souffle des grains de sable parfois jusque sur les cimes enneigées des Pyrénées.

A perte de vue, la route – encore goudronnée – est jonchée de vieux pneus. Ils fondent, lentement mais sûrement, pour ne laisser qu'un squelette de métal. On trouve un pneu tous les deux kilomètres. La route étant longue de 600 kilomètres, elle est parsemée de quelque trois cents pneus.

Nous ne manquons pas à la « tradition » en éclatant, nous aussi, à soixante-dix kilomètres à l'heure, sous cette chaleur torride dont le caoutchouc a horreur. Nous faisons rouler le cadavre une dernière fois en direction de ses frères. Le plus pénible ne fut pas de le quitter mais de le remplacer. Les mains enroulées dans des chiffons, pour éviter le contact des outils brûlants, nous avons sué et transpiré sous un soleil implacable.

A Beni-Abbès, plus une seule goutte d'essence dans les cuves. Nous avons filé vers Adrar, chassés par les menaces et les cris de plusieurs dames voilées, choquées par nos tenues légères. Pourtant, je portais mon plus beau slip de bain...

La mer de sable s'annonçait, le soleil se couchait, rouge comme le feu, éclairant des vagues comme je n'en avais jamais vu d'aussi hautes. C'étaient des dunes vivantes, et non plus celles des photographies inertes sur lesquelles nous avions rêvé durant trois ans.

Dans mon duvet, allongé sur le sable encore chaud, je ne m'endormais jamais sans avoir longtemps contemplé la Voie lactée. La crête des dunes bien dessinée se découpait dans le ciel dont le bleu passait à la nuit.

A chaque réveil, nous échangions, par manie, la même plaisanterie. J'attaquais le premier :

– Une belle journée en perspective, aujourd'hui.

– En effet, le ciel est bien dégagé.

A partir d'Adrar, nous dûmes quitter le goudron pour le sable. François avait prévu de gros pneus larges pour avoir une meilleure portance sur le sable. Mais une fois montés sur la 4 L, ils frottaient contre les ailes si l'on braquait les roues. Peu importe : « On va droit vers le sud! Pas besoin de braquer... »

J'ai été fasciné par Adrar, l'oasis au sous-sol parcouru par des kilomètres de foggaras. Le foggara est une conduite creusée par l'homme à quelques mètres sous terre. Elle descend en pente douce des plateaux pour venir alimenter les points d'eau de la cité.

Dans la ville, des centaines de puits sont creusés au-dessus de ces conduites. Ce sont les hommes du Sud, noirs de peau, jadis ramenés comme esclaves pour servir les hommes du désert, qui ont creusé ces foggaras. Aujourd'hui, beaucoup de leurs descendants peuplent les oasis. Ils nous racontaient avec fierté le travail de leurs ancêtres en nous offrant un peu de cette eau délicieuse. L'eau existe partout au Sahara; mais trop souvent à deux cents mètres et plus « sous sable ». Pour l'atteindre il faudrait des pompes trop coûteuses à entretenir.

Cette oasis de rêve nous a offert son eau, ses dattes, la fraîcheur de sa palmeraie, ses quelques légumes. Elle est réputée pour ses tomates cultivées dans le sable... La réussite d'Adrar laisse espérer qu'en y mettant les moyens on pourrait exploiter ces régions dites désertiques et improductives.

Et comme la végétation appelle les précipitations, on pourrait demain, au lieu de fabriquer des canons, ensemencer les abords du désert; et, petit à petit, gagner sur celui-ci. En le cultivant, on ferait vivre une partie de la population mondiale, celle qui ne mange pas à sa faim.

Je ne suis qu'une minuscule fourmi dans l'univers et tout ce que je viens de dire n'a aucune autorité. Alors j'arrêterai là ces considérations utopiques... mais qui un jour se réaliseront! Dans son roman *l'Invasion de la mer,* Jules Verne a rêvé pour le Sahara d'un destin grandiose. Il a imaginé un bouleversement du climat et du commerce de l'Afrique grâce à la transformation du Sahara en une mer intérieure. Il suffirait de déverser une partie de l'eau de la Méditerranée dans le Sahara!... Un canal pourrait relier entre eux les chotts (dépressions au-dessous de la mer) de Tharsa et Melrir, et le golfe de Gabès. Ce rêve apparemment fou a été jugé techniquement réalisable par des spécialistes.

Mais ce grand rêve n'était pas encore accompli ce mercredi 21 juillet 1971, quand nous avons découvert derrière une dune cinq voyageurs de notre âge : Pierre Cordier, Nelly et son frère Michel Poinet qui venaient d'Autun, et Gérard Décombes et Pierre Laroche, natifs de Lyon... Ils s'étaient rencontrés à Béchar et étaient ravis, eux aussi, de parcourir ces paysages splendides d'Afrique.

Ajoutant notre 4 L à leurs deux voitures, nous avons décidé de former ensemble une caravane pour la traversée du grand désert, de l'Algérie vers le Niger.

Avec eux nous avons flâné dans Adrar, véritable ville morte entre 10 et 17 heures, tellement la chaleur est insupportable. Le premier jour, j'avais cherché en vain un magasin... Rien! toutes les maisons étaient fermées, pas un seul magasin en vue... J'en avais conclu : « Ici, pas de crémerie. » Puis, la chaleur s'effaçant peu à peu, la nuit prenant place, les maisons se sont ouvertes les unes après les autres. Et, à ma grande surprise, chaque porte s'est ouverte sur une pièce où, sur de vieux étalages en bois, s'alignaient des boîtes de conserve. Sardines, thon, petits pois... Elles étaient anciennes ces boîtes! Certaines, gonflées, ressemblaient plus à un ballon de rugby qu'à un cylindre.

Le marché d'Adrar ne pouvait en aucun cas être comparé à celui d'Oujda ou de Béchar. On n'y trouvait qu'une dizaine de pastèques, quinze melons, quelques salades et des montagnes de dattes. Un peu de viande de chèvre provenait du Mali ou du Niger, en échange de dattes et de tabac. Nous verrions plus tard des quantités de squelettes de chèvres parsemer la « tôle ondulée ». Elles n'avaient pas supporté les cahots, le soleil et le manque d'eau, entassées pendant sept cents kilomètres dans la benne d'un camion.

Mon crâne rasé me joua un mauvais tour et nous retarda. Parti me promener à l'heure la plus chaude, j'attrapai une forte insolation. Pendant vingt-quatre heures, avec 40 °C de fièvre, j'ai transpiré toute mon eau, allongé sur le sable, un marteau-piqueur dans la tête...

Avec un jour de retard, par la faute de mon crâne, nous partîmes par Reggane, Bidon 5, Poste Weygand, Bordj-Moktar en direction du Tanezrouft, un de ces grands déserts perdus dans le plus grand des déserts : le Sahara.

Le Sahara n'est pas qu'une mer de sable. On y trouve des oasis, des regs (plateaux rocailleux), des ergs (vastes régions de dunes); et des massifs montagneux comme le Hoggar, le Tassili, l'Aïr, le Tibesti, l'Ennedi. C'est beau, très beau.

Notre 4 L à refroidissement par eau ne supportant pas les fortes chaleurs, nous quittâmes Reggane en fin d'après-midi pour rouler de nuit.

Au bout de cinq heures, nous n'avions parcouru que quarante kilomètres. Nos gardes au sol respectives étaient faibles. Il nous fallait rouler en dehors de la piste, des ornières et des traces trop profondément marquées dans le sable par le passage des lourds camions transsahariens. Tous les deux kilomètres, nous « plantions » les véhicules sur des plaques de sable profond. Alors la danse des pelles et des tôles commençait, les moteurs criaient, les roues patinaient, le sable collait à la peau. Bien souvent, il nous fallait partir, la torche à la main, sonder le terrain et trouver dans la nuit le passage « dur » sur lequel les voitures pourraient rouler sans s'enfoncer et s'ensabler à nouveau.

Ceux qui ont connu ces incidents en apprécieront les difficultés. On se bat. On s'énerve. On insulte le désert. Malgré la fatigue, il faut sans cesse renouveler l'opération; creuser sous les châssis, sous les roues, pour y glisser les lourdes plaques métalliques (celles qui servent aux militaires pour improviser une piste d'aviation). Il faut aider la mécanique et pousser de toutes ses forces, récupérer les plaques; et, en courant, dépasser la voiture pour les balancer à nouveau sous les pneus qui s'enfoncent une nouvelle fois.

Quand on entre dans le désert du Grand Sud, il faut avoir en tête une obsession : en sortir. Chaque ensablement peut avoir des conséquences redoutables. On se brûle au pot d'échappement, on se fait piquer par un scorpion, on se fait écraser un pied, une main, on se blesse sur un bout de tôle. Loin de toute civilisation, le moindre mal prend des proportions inquiétantes. Il faut se donner à fond tout en sachant se retenir, se contrôler.

Nos efforts épuisants et répétés en marge de la piste – nous l'avions laissée sur notre gauche – nous ont fait commettre une faute grave. Nous avons traversé cette même piste, la laissant cette fois-ci à droite. Et, lorsque le terrain est devenu plus « roulant », nous nous sommes éloignés des balises, croyant au contraire nous en rapprocher.

Dans les trois voitures, l'angoisse montait. On roulait, roulait... sans apercevoir un seul bidon matérialisant l'axe emprunté. La nuit étoilée restait sombre, la fraîcheur (30°) nous aurait apaisés sans l'inquiétude qui grandissait! Nous nous sommes arrêtés et nous sommes demandé comment retrouver la piste.

Assis sur le sable, Gérard proposa : « Je connais les étoiles. Puisqu'on ne retrouve pas la boussole, je propose de nous guider sur le ciel. »

Ça, c'est de l'aventure! J'acquiesçai aussitôt. Perdu pour perdu, autant tenter quelque chose de grand. Les étoiles!

Gérard grimpa sur la galerie de sa fourgonnette, la carte du ciel dans une main, une torche électrique dans l'autre. Et, le chèche dans le vent, il prit la tête du convoi. Nous roulâmes pendant deux heures. Les premières lueurs de l'aube firent leur apparition – à notre grande surprise – sur notre droite! Descendant vers le sud et le soleil se levant à l'est, nous aurions dû voir la lueur du jour sur notre gauche! La réalité, désagréable, s'imposait : nous étions en train de remonter plein nord!

Il fallait tirer un trait sur l'essai manqué de Gérard et prendre une décision. Nous avions tourné en rond. La lumière augmentant, nous pouvions voir autour de nous des traces dans tous les sens. Peut-être n'étions-nous pas les seuls à nous être perdus à cet endroit? Ou alors étions-nous passés plusieurs fois par ici? Mystère!

On décida calmement de repartir plein sud et de s'orienter avec le soleil. Lui, au moins, ne nous trahirait pas! Six heures plus tard, le soleil était déjà haut dans le ciel, notre cap devenait de plus en plus difficile à tenir. Miracle! une balise apparut. Nous avions enfin retrouvé la piste.

Mais il fallait s'arrêter : notre 4 L bouillait. Allongés sous les véhicules nous avons attendu la fin de la journée. Toutes les demi-heures, nous allions goûter l'eau fraîche de notre guerba.

La guerba, c'est une outre en peau de chèvre. Après avoir égorgé l'animal, les bédouins soufflent entre la peau et la chair pour les décoller et ne garder que la peau. Ils suturent alors ce qui reste des pattes, et enduisent l'intérieur avec une sorte de goudron : une pâte fabriquée avec des grains de coloquinte. Il faut rincer cet enduit un nombre incalculable de fois pour lui enlever son amertume. La guerba emplie d'eau va légèrement suinter, et c'est le phénomène d'évaporation qui rafraîchira l'eau contenue. Cette eau est un délice. A condition de se résigner à avaler quelques poils de chèvre; mais on s'y habitue...

Repartis à la tombée de la nuit, nous nous sommes ensablés encore et encore, mais cette fois sur la piste. Vers 4 heures du matin, l'aube s'est mise à éclairer un spectacle étrange. Nous nous trouvions sur un grand boulevard où chacun d'entre nous fut pris d'hallucinations. François et Michel n'étaient pourtant pas dans la même voiture. Ils aperçurent l'un et l'autre des auto-stoppeurs! Pierre vit se dresser un immense mur devant lui. Il descendit de sa voiture, et, l'air égaré, contempla quelque chose d'invisible. Je m'arrêtai pour savoir ce qui lui arrivait.

– C'est dingue, Philippe, j'ai vu un mur, un grand mur devant mon capot!

Tous rassemblés nous nous sommes raconté nos hallucinations respectives.

Pour ma part, j'avais vu des pylônes électriques et des courts de tennis... François et moi, dans la même voiture, avions vu également des bosquets et des fossés... N'y croyant pas, nous nous étions amusés à foncer sur eux.

Au même endroit, au même moment, nous avons tous été le jouet du mirage. Pas l'image classique du palmier au pied d'un plan d'eau. Mais quand même le phénomène optique bien connu. Il faut l'avoir subi pour en apprécier l'étrangeté. La fatigue aidant, notre imagination a fait le reste. Mais coïncidence étonnante, le phénomène nous a surpris tous les sept au même moment et pendant dix minutes.

Le Tanezrouft nous accueillait par un boulevard splendide, plat à perte de vue. Rien n'existait. Pas un brin d'herbe, pas une mouche : nature morte...

Je profitai d'une pause pour prendre du recul. La gandoura sur le dos, les sandales aux pieds, le chèche autour du cou et la gourde à la main, j'ai marché pendant près de trois kilomètres. Quand le groupe de véhicules ne fut plus qu'un point à l'horizon, je me suis arrêté. Allongé sur le sable, j'ai tenté de réfléchir. J'étais seul, seul sur la terre. Autour de moi, pas un bruit, pas une présence, rien que le sable, le ciel et le soleil.

J'étais né un jour sur une planète. Je la quitterais un autre jour. Entre ces deux jours il me fallait remplir le vide. Ce vide, je l'avais autour de moi. Si j'y restais, rien ne se passerait. Si je le quittais, tout m'appartiendrait. Alors j'ai voulu repartir vers le petit point noir à l'horizon. Mais d'abord j'ai voulu crier le plus fort possible, sachant que personne ne m'entendrait, sachant que personne ne s'intéresserait à moi. Je me suis mis nu et j'ai crié, crié, crié tout ce qui me passait par la tête. Puis j'ai crié vers Dieu, le seul qui pût m'entendre : je n'étais donc plus seul.

Je me suis rhabillé, j'ai bu l'eau de ma gourde. Mon excitation calmée, je suis retourné vers mes amis. Ils dormaient sous les voitures. Le thermomètre indiquait cinquante-six degrés.

Un avion est passé dans le ciel à 10 000 mètres au-dessus de ma tête. Dans cette carlingue, des gens, des êtres humains dormaient, mangeaient, écoutaient de la musique, discutaient entre eux. Une hôtesse souriante leur proposait une boisson fraîche...

Folie! déséquilibre! je pouvais crever de soif ici, sous les rires de deux cents personnes, les yeux rivés sur un écran de cinéma qui déroule un film comique à plus de 900 kilomètres à l'heure. J'en riais moi aussi. Dans mon duvet, face aux étoiles, je réfléchissais sans pouvoir dormir. Cette nuit-là je décidai, pour toujours, de vivre à ma guise, à ma manière, de faire tout ce dont j'avais envie, sans tenir compte de l'avis des autres. Car finalement, ils ne peuvent et ne pourront jamais être à ma place tout au long de ma vie. Non, je n'étais pas devenu fou, je n'étais pas illuminé, j'avais envie de vivre.

Le lendemain, nous avons atteint PK 200 (poste kilométrique 200). Un simple point d'eau en plein désert, sur cet axe transsaharien. La nappe est à 104 mètres sous terre. De temps en temps, avec une pompe électrique, apportée sur un camion, les Algériens remontent quelques mètres cubes dans une citerne. Elle était pleine quand nous nous y sommes arrêtés pour nous y reposer, manger quelques rondelles de concombres rabougris, des lamelles d'oignons, une sardine. Mon chapeau aspergé d'eau reprenait place sur mon crâne rasé : une sensation merveilleuse et sans égale.

Après une nouvelle halte à Bidon 5 (quelques baraques, des tôles éparpillées, des boîtes de conserve noircies au soleil), nous sommes sortis du désert. Une piste infernale nous a conduits de Bordj-Moktar, dernier poste algérien, à Tessalit, premier poste nigérien. Devant nous, une tôle ondulée insupportable, faite de cailloux, d'ornières, de trous et d'épineux. Et par-dessus le marché, il fallait éviter les dromadaires distraits, les ânes indisciplinés... Nos amortisseurs ont lâché... alors il nous fallut voler sur les ondulations de la piste. A 70 kilomètres à l'heure, la 4 L n'était plus contrôlable. Ainsi nous complétions notre formation de pilotage en milieu désertique.

A Tessalit, ce fut la fête : nous eûmes droit à une douche... une vraie douche, dans une vraie salle de bains... enfin, une pièce cimentée avec un tuyau au plafond.

Agnelok, Aneffis, Bourem, Gao. Vents de sable, crevaisons, embourbements dans des zones entièrement inondées par des pluies violentes... Des villages accueillants, rieurs. Des femmes splendides, d'une rare beauté, ornées de colliers et de bracelets, des pêcheurs, des chasseurs, des éleveurs, des cultivateurs. Toujours prêts à engager la conversation et à troquer leurs objets contre n'importe quoi portant la marque de la « civilisation ». J'ai obtenu un très beau poignard de bras contre un de mes vieux slips de bain. C'était un marché sérieux. Je te donne ça, tu me donnes ça. Simple, net, honnête!

Après de nouvelles crevaisons (la 2 CV immatriculée 71 fêtait sa trente-deuxième crevaison sur les six cents derniers kilomètres...), nous avons rencontré un de ces majestueux Touareg. Du haut de son chameau, il surveillait un troupeau de vaches maigres. Nous désirions lui acheter du lait. Descendu de sa monture, il n'était plus qu'un brave homme de berger, mal obéi par son troupeau. Il a replié un des membres antérieurs de l'animal pour le ficeler (un dromadaire sur trois pattes n'est pas très à l'aise : nous appelions cette opération « mettre le frein à main »). Puis, il s'en alla lutter avec ses vaches. Il réussit à en attraper une par la queue et revint nous apporter un bol à moitié plein.

Nous avons bu avec délices ce liquide blanc, je dis liquide blanc car nous avions oublié ce qu'était le lait. L'homme du désert n'a pas voulu de notre argent : il jugeait que le bol n'était pas assez plein pour se faire payer.

Après le désert, la savane. Nous avons longé le fleuve Niger jusqu'à Niamey, admirant les girafes, les oiseaux multicolores. Et puis, la forêt est arrivée. Nous avons descendu le Dahomey (aujourd'hui Bénin), traversé le Togo, le Ghana et atteint Abidjan.

Le soir, nous nous arrêtions dans de petits restaurants. Dans l'un d'eux, à Parakou, un orchestre jouait. Avec Pierre et François, nous sommes allés danser. Cela devait être comique, toute l'assemblée se tordait de rire. Une femme de forte corpulence est venue nous encourager; avec elle, au milieu de la piste, nous nous sommes « éclatés » pendant près de deux heures. Jusqu'au moment où le patron, agacé par notre succès, est venu nous dire : « Si vous voulez continuer, il faut payer... »

Pas question de payer quand on distrait tout le monde, quand on donne un spectacle! Faire payer des artistes comme nous!... Nous sommes sortis très dignes, quoique titubants. Revenus à nos voitures, nous avons décidé de continuer la fête. Sortant casseroles et cuillères, frappant sur nos jerricanes et sur le capot des voitures, et les quelques amis africains rencontrés ce soir-là nous donnant le rythme, nous avons continué de danser jusqu'au petit jour. Tous les clients du restaurant l'ont quitté pour se joindre à nous. Le patron n'avait pas l'air content!...

Nous avons poursuivi vers Cotonou, visité le village lacustre de Ganvie, et assisté à une très belle cérémonie à Abomey, la ville royale. Nous y avons vu des centaines de femmes défiler les unes derrière les autres. Chacune portait un petit pot sur la tête, leurs boubous aux couleurs vives formaient un long serpent de toute beauté.

D'arbre en arbre, des singes curieux nous ont accompagnés jusque sur le barrage d'Akosombo qui retient les eaux du lac Volta. Une grande partie de l'électricité qu'il permet de produire est destinée à Accra, capitale du Ghana. Nous l'avons atteinte après quelques frayeurs : nous avions oublié que dans cette ancienne colonie anglaise, on conduit à gauche.

Il suffit d'une courte promenade dans l'un des marchés de la capitale pour en revenir imprégné d'odeurs fortes. Les trottoirs sont envahis d'étalages, des lampes à huile dégagent une épaisse fumée sous prétexte d'éclairer les marchandises : viandes fraîches (elles n'avaient passé qu'une seule journée au soleil), poissons séchés (puants), des mètres cubes de sauce pimentée, des montagnes de boules de mil.

Nous commencions nos emplettes, quand un Ghanéen grand et fort nous aborda et nous invita tous les sept à dîner chez lui. Avec toute sa famille : son père, sa femme, ses enfants (une dizaine), sa sœur, son frère, sa belle-sœur, son beau-frère, ses nièces, ses neveux, sans oublier ses petites-filles, ses petits-fils et quelques amis...

La soirée commença par un repas classique : poissons et viandes dans des cuvettes de sauce, boules de riz... Elle se termina par une bacchanale, l'alcool aidant.

François était allé chercher nos tam-tams achetés en forêt. Je l'accompagnais en tapant dans mes mains et sur la table. Le concert prit son rythme, les voisins nous ont rejoints et tout le monde s'est contorsionné au son de notre musique hystérique. L'excitation montait, envahissant tout le quartier. Et d'une ampleur telle que François ne put contenir sa force de frappe, il creva le tam-tam du grand-père... Ce fut la fin du spectacle. Les bouteilles étaient vides et les regards tristes.

Une voisine nous logea tous les sept dans une pièce. C'était une femme exquise, ayant vécu longtemps à Londres. Une tasse de thé à la main, son chat sur les genoux, elle nous raconta sa vie. La lumière s'éteignit. J'en profitai pour m'éclipser, bien que la logeuse m'ait mis en garde contre les dangers d'Accra : la nuit, les meurtres ne s'y comptent plus. Je me suis retrouvé seul dans la pénombre, au cœur de la ville. D'une maison, une musique me parvenait. Enfin un lieu où l'on pourrait danser! sans doute une boîte de nuit? J'essayai d'entrer, mais on m'en refusa l'entrée! J'allais m'énerver sérieusement lorsqu'on me fit comprendre qu'il s'agissait d'une cérémonie funèbre...

Le lendemain, après avoir pris congé de nos amis, François et moi prîmes la direction de la Côte-d'Ivoire, sur une piste détrempée. Les orages avaient éclaté avec violence. Des arbres s'étaient abattus, nous obligeant à les contourner par des itinéraires peu fréquentés mais, ô combien, folkloriques.

En Côte-d'Ivoire, nous avons fait halte à Bianovan, un petit village situé sur la Bia. C'est une rivière à fort courant, large de cinquante mètres et dans laquelle une colonie de crocodiles vit à moins de cinq cents mètres du village. François et moi, pris par l'envie de faire une promenade en pirogue, louons deux troncs d'arbres creusés et effilés. Des enfants se proposent pour nous donner des cours... A nous qui venons de traverser le Sahara! Tas de galopins!

Les fines pagaies en main, nous embarquons sur les deux pirogues, soixante-dix centimètres de large, quatre mètres de long. En avant vers les crocodiles...

L'équilibre est difficile à tenir, le courant nous emporte, la pirogue prend l'eau... La panique monte. François pagaie comme il peut, moi j'écope comme je peux. Cela fait maintenant dix minutes que nous nous battons contre la Bia. Rien n'y fait, nous perdons du terrain, impossible de lutter contre le courant qui nous entraîne vers les crocodiles. Je n'arrive plus à écoper, l'eau monte dans la pirogue. François et moi, nous nous regardons, démoralisés. « C'est foutu, François! J'peux plus. » Lentement, la pirogue s'enfonce dans l'eau. Accrochés à notre coque, nous dérivons à grande vitesse...

– Tant pis pour la pirogue! Tirons-nous!

On s'est mis à nager comme des fous, essayant de toutes nos forces de rejoindre la rive avant qu'il ne soit trop tard. Le courant éloignait François de moi. Je l'ai entendu crier :

– Fais gaffe, j'ai entendu un plouf!

Ce que je traduisis par : « Un crocodile vient de quitter la berge et s'est mis à l'eau. » Une peur panique m'a saisi. Tout en nageant avec rage, j'encourageais François de la voix.

Nous réussîmes à atteindre tous deux la berge en nous accrochant à une branche d'arbre pendant au-dessus de l'eau. Au milieu des insectes, des araignées, dans une végétation confuse, nous pûmes rejoindre un sentier conduisant au village qui avait assisté à nos exploits. La population entière se contorsionnait de rire. Alors, nous aussi, nous avons ri... jaune.

Une heure plus tard, j'apprenais sagement le maniement de

la pagaie sous la direction d'un gamin d'une dizaine d'années...

A travers ce voyage, je cherchais l'aventure. Je l'avais trouvée, mais à Abidjan elle finit en loques. Dans le quartier de Treichville, la rue 12 était accueillante avec des bars, des boîtes de nuit... et des voleurs sans scrupules. Ils découpèrent le caoutchouc de la vitre arrière, et enlevèrent celle-ci pour s'emparer de toutes nos affaires, notre argent, nos papiers et... nos diapositives. Tout notre voyage en images s'était envolé. J'étais écœuré. Au milieu de la rue, je criais. Je me fichais de l'argent, de mon duvet ou de ma paire de bottes! Mais mes souvenirs, mes photos...

Pour subsister nous avons vendu la voiture (en pièces détachées), un pantalon, un pull-over, une paire de chaussures : tout ce qui nous restait après le vol. Des amis de rencontre nous ont charitablement offert un duvet et un sac marin. Nous avons acheté deux brosses à dents, du savon, du dentifrice et des boîtes de lait concentré. Il ne nous restait plus qu'à partir en stop, levant le pouce avec une pancarte portant le mot : Paris. Ce fut difficile et physiquement pénible.

François était déjà tombé plusieurs fois malade au cours de ce périple. Chaque fois, par discrétion, il se renfermait en lui-même et supportait seul ses fièvres. Le soir, souvent, il partait, son duvet sous le bras, pour ne réapparaître que le matin. Si la pluie tombait pendant la nuit, il revenait trempé. Si le vent se levait, il revenait couvert de sable. Malade, ou mort de fatigue, il ouvrait le capot de la voiture, inspectait le moteur, le réparait comme si de rien n'était. Nous n'avions pas besoin de parler pour nous comprendre.

Par la piste, nous avons emprunté les taxis-brousse, les grumiers, le train Bamako-Dakar, passant des nuits à la belle étoile, sous la pluie, au milieu des moustiques. Nous avons retrouvé le Sahara au nord du Sénégal. Sur les camions, nous avons voyagé dans les bennes, ou accrochés aux ridelles. Plus loin un taxi-brousse nous a acceptés. C'était une 404 à plateau, j'ai compté le nombre de personnes entassées avec nous : vingt et une. D'accord, il y avait des enfants... mais vingt et une personnes dans une voiture qui file à 80 kilomètres à l'heure sur la tôle ondulée; et qui, parfois, s'ensable dans les oueds...

En Mauritanie, nous sommes montés en douce dans le train de l'ex- « Miferma », chargé de minerai de fer mauritanien. Ce train, long de deux kilomètres, était composé de deux cents wagons. Il transportait à chaque fois vingt mille tonnes de minerai. Il était 23 heures quand nous nous sommes glissés dans une des bennes du train qui, à vide, s'ébranlait vers Zouérate, le lieu d'exploitation.

Au fond de notre benne, François et moi n'en menions pas large, car dans ce genre de train, les agressions étaient paraît-il nombreuses. Beaucoup de pauvres gens ne se gênaient pas pour emprunter ce moyen de locomotion tout au long des six cents kilomètres de voie ferrée traversant une immensité désertique. Les voleurs, se déplaçant de wagon en wagon, agressaient parfois des familles entières.

Les autorités du Sahara espagnol de l'époque avaient interdit la traversée de ce territoire, contraignant les constructeurs à percer un tunnel au travers d'une montagne de dunes. C'est le tunnel de Choum. Creusé à l'économie, il est à une seule voie et à peine assez haut et large pour laisser passer un wagon bourré de blocs de minerai.

Sous ce tunnel l'air était irrespirable. Notre convoi remontant à vide, la poussière de minerai de fer dansait et voletait sans cesse sous l'effet des vibrations. Le halètement des quatre locomotives résonnait effroyablement sur les deux kilomètres couverts par le tunnel. Ce fut une véritable marche en enfer.

Arrivés à Zouérate au petit matin, nous avons eu tout le temps de visiter l'exploitation : grandiose, étonnante.

Dans la carrière de Tazadit, le silence planait, rompu soudain par une explosion. Un énorme champignon s'éleva dans le ciel, et quelques milliers de tonnes de minerai s'éparpillèrent en une pluie bruyante. Aussitôt commença la ronde des pelles mécaniques et des camions qui peuvent charger jusqu'à cent trente tonnes de minerai. Les pneus, énormes, ont un diamètre de deux mètres quatre-vingts.

De Zouérate, il nous fut impossible de passer au Sahara espagnol, la frontière étant fermée. Nous avons repris le train jusqu'à Nouadhibou (ex-Port-Étienne) en Mauritanie. Arrivés là, nous avons cherché en vain un bateau pour l'Espagne ou la France. Dans le port, seuls flottaient des pavillons japonais et russes...

Nos derniers billets de banque (vraiment les derniers) se sont transformés en deux billets d'avion. Adieu l'Afrique, adieu Sahara. Le lendemain soir, nous atterrissions à Las Palmas, aux îles Canaries, sans un sou en poche. Après une nuit passée dans un terrain vague, nous retournâmes au port dans l'espoir de trouver un bateau. Partout on nous éconduisait. Il faut bien l'avouer, nous ressemblions à de véritables clochards. Nous étions sales, fatigués. Mon pantalon était déchiré à plusieurs endroits. Depuis plusieurs jours, je marchais pieds nus, mes chaussures ayant rendu l'âme. Nous avions faim. La dernière boîte de lait concentré gardée en réserve s'était percée dans notre sac, transformant nos affaires en un bloc de colle.

Nous passions nos journées à errer, à chaparder un peu de nourriture, par-ci, par-là. Je me souviendrai toujours de cet hôtel de vacances bourré d'Allemands. Dehors, sur la terrasse, les tables étaient dressées pour le dîner. Avec François, nous nous sommes faufilés entre les haies. Sur les tables, réservées, les hors-d'œuvre étaient prêts. Seuls quelques couples étaient installés. Discrètement nous nous sommes attablés pour avaler rapidement le contenu de huit assiettes... avant de nous enfuir, non moins rapidement!

Après avoir résisté pendant quatre jours à ce déshonneur, nous avons, à contrecœur, appelé nos parents en PCV : « Bonjour! heu! oui, tout va bien, mais on est coincés, on n'a plus d'argent et... »

Le surlendemain, nous recevions de quoi acheter un billet d'avion pour le sud de l'Espagne. Arrivés à la gare de Malaga, écrasés de fatigue, nous nous sommes endormis contre un mur. Nous avons été réveillés par la police espagnole, un revolver braqué sur le ventre. C'était l'époque du franquisme et notre aspect nous rendait suspects. Sans nous attarder, nous sommes repartis en stop. Notre dernière étape, très insolite, se passa dans une voiture qui, à 30 kilomètres à l'heure, suivait un cyliste de Bordeaux à Paris.

Ce cycliste, âgé de quarante-deux ans, protestait contre l'annulation de la célèbre course Bordeaux-Paris 1971, en prenant le départ tout seul. (Cette année-là, huit partants seulement s'étaient inscrits.) Il voulait démontrer que les passionnés de vélo n'étaient pas que des professionnels. Sous la pluie, il a roulé toute la nuit, et nous, à sa vitesse derrière lui. Ainsi finissait de façon pépère cette aventure que nous avions commencée en conquérants.

En région parisienne, nous avons quitté notre cycliste solitaire pour regagner tranquillement notre village. Arrivés devant la pancarte, François et moi l'avons embrassée! Au moment d'une dernière poignée de main devant nos maisons respectives, nous nous sommes regardés, et ensemble nous avons dit : « Il y a trois ans, tu te souviens? On voulait déjà aller en Afrique! Maintenant, c'est fait. »

Aujourd'hui François Laurenceau est installé dans le Sud de la France où il pratique un peu la médecine et beaucoup l'archéologie. C'était notre premier voyage au Sahara : il a duré trois mois. Ce ne devait pas être le dernier. Il y en aurait un deuxième, un troisième et – quand tu voudras, mon cher François – nous en ferons un quatrième...

5

TROIS ROUES SUR LE SABLE

On se rappelle qu'en 1984, les producteurs de *la Chasse aux trésors*, jamais à court d'imagination, m'ont fait sauter de l'hélicoptère en chute libre pendant mille sept cents mètres, dans le ciel de Saint-Malo. A la faveur de cette chute libre, un autre parachutiste, « volant » vers moi, m'a remis un relais : le deuxième « trésor ».

Dès que j'ai aperçu les traits de ce partenaire inattendu, l'angoisse qu'on pouvait lire jusque-là sur mon visage a fait place à la joie. J'étais heureux de la bonne surprise que les producteurs m'avaient réservée. L'homme qui accomplit l'exploit auquel j'ai participé de façon passive était mon ami Benoît Claire. Je ne m'attendais pas à le trouver là; mais les producteurs ne pouvaient faire de meilleur choix.

J'avais fait la connaissance de Benoît, douze ans plus tôt à Bergerac, dans un centre-école de parachutisme sportif. Entre lui et moi, il existait plus que de la sympathie. Nous étions soudés par le souvenir d'une rude épreuve dont nous avions triomphé ensemble. A Bergerac, nous avions accompli à partir du même avion et à quelques secondes de distance notre première (et impressionnante) chute libre.

Benoît a persévéré dans le parachutisme, devenant un spécialiste émérite de la chute libre. Il est l'un des responsables de la Fédération française. Enfin et surtout, il fut pour moi, en 1973, le compagnon de mon second voyage au Sahara. Le retrouver, en plein ciel, au cours d'une *Chasse aux trésors*, me rendit fou de joie.

Cela devait se sentir dans le vibrant « Merci, monsieur le parachutiste! » que je répétais faute de pouvoir dire tout ce que je viens d'écrire. Un journaliste ou présentateur n'est pas propriétaire de l'antenne : il ne doit pas la détourner à son profit pour raconter sa vie ou ses états d'âme. Il doit même garder la distance et dire « vous » à des amis ou collègues de travail qu'il tutoyait juste avant l'émission.

Benoît Claire avait été impressionné par le récit de mon premier voyage au Sahara. Et il avait manifesté le désir de participer au second voyage auquel je pensais déjà. Car le Sahara, lorsqu'on l'a vu, on ne l'oublie plus et on n'a qu'un désir : y retourner.

Dès la fin de notre première équipée saharienne, François Laurenceau et moi avions décidé de repartir le plus tôt possible. Mais il lui fallait d'abord commencer des études de médecine; et moi, j'étais – comme on dit – appelé sous les drapeaux.

J'ai terminé mon service militaire fin juillet 1973. Le 4 août suivant, François, Benoît et moi, nous prenions à nouveau la route du Grand Sud, au volant d'une vieille fourgonnette 2 CV achetée 1 200 francs.

La préparation de ce second voyage n'avait pas traîné trois ans, comme pour le premier, mais quatre jours. Cette fois notre objectif n'était plus un raid automobile mais une méharée (un voyage à dos de chameau) à travers le magnifique massif montagneux de l'Aïr.

Passant en voiture le grand Erg oriental, nous avons dévalé la route des oasis algériennes : Ghardaïa, El-Goléa, In-Salah pour atteindre Tamanrasset aux confins du Hoggar. Le nom de Tamanrasset, pendant des années, avait hanté mes nuits, mes moments de loisirs... et mes heures de cours. Nous nous sommes arrêtés à Tamanrasset le temps d'ajuster la réalité à mon rêve; et nous avons filé vers le Niger par Assamaka et Arlith.

Nous guidant à la boussole, nous avons atteint au nord-est du Niger le petit village d'Iferouane. Un poste douanier où rien ne se passe. Ce village nous a plu et nous avons décidé d'en faire notre base arrière. Il fallait maintenant que nous pensions sérieusement à nous équiper. Nous avons trouvé sans difficulté des dromadaires mais pas de nourriture, excepté quelques morceaux de viande séchée et du mil que nous pûmes ajouter aux réserves que nous avions apportées avec nous. La sécheresse qui ravageait le Sahel se répercutait jusqu'ici; l'apparence famélique de nos bêtes montrait qu'elles avaient souffert.

Escortés d'un guide et d'un bella (le palefrenier du désert), nous avons formé une petite caravane de cinq dromadaires. Nous leur avons donné un nom à chacun : 404, Simca 1100, R 10 Gordini, Achbad (l'animal chargé de bagages). Ma monture s'appelait Dyane 6 : c'était également le prénom de ma future épouse.

Pendant une semaine, nous avons parcouru le paysage splendide et sauvage des monts Tamgak, dormant à même le sable autour du feu. Des bandes de cynocéphales (grands singes à museau de chien) nous escortaient de temps à autre tenant entre eux et nous une distance prudente. Nos plus fidèles compagnons étaient les mouches et, naturellement, les moustiques.

Nous trouvions assez facilement de l'eau, buvant à même les gueltas, cuvettes naturelles formées par les rochers où se conserve l'eau de pluie. Mais dès le troisième jour, nous n'avions plus ni sel, ni sucre, ni lait. Il ne nous restait que des nouilles. Nouilles sans sel, le matin, à midi et le soir : c'était fade et lassant. Nous conservions précieusement quelques dattes séchées, en croquant une par jour. Comme nous l'avaient appris les Touareg, nous gardions le noyau longtemps dans la bouche.

Le quatrième jour, fin des nouilles. Plus de nourriture du tout. Le guide et son bella avaient emporté leur propre subsistance, mais elle leur suffisait tout juste. Ils nous ont cependant offert, les jours suivants, quelques cuillerées de la mixture qu'ils préparaient avec soin chaque soir, à la lueur du feu de bois. C'était une sorte de bouillie à base de mil additionné de dattes écrasées.

Dès le cinquième jour, la tête me tournait. Au moindre effort – sangler ma monture par exemple – j'étais pris de vertiges. Nous avions faim et cela dura sept jours. Sept très longs jours. Le soir, allongés auprès du feu, François et moi imaginions les plats que nos mères auraient pu nous servir. Nous composions même les menus... pour Gargantua.

Un après-midi, comme nous remontions une gorge aride parmi les blocs de rochers, notre guide salua un Targui dressé au sommet d'un roc. Sa gandoura bleu azur claquait au soleil. Il ne bougeait pas, semblait nous observer. A travers les branches des palmiers, il disparaissait parfois pour réapparaître : toujours immobile. N'y tenant plus, je priai le guide d'interpeller cet homme pour savoir s'il aurait un peu de nourriture à vendre. Il en avait. C'est avec joie que François et moi avons abandonné notre caravane pour suivre le Targui dans la montagne jusqu'à son repaire. Une petite cabane coincée entre le roc et le tronc énorme d'un arbre centenaire. Cet homme vivait seul... De quoi?

Son turban ne laissait apparaître que des yeux noirs qui semblaient nous sourire. Un lit de rondins surélevé le protégeait des rampants : serpents, scorpions... Deux couvertures aux couleurs vives lui servaient de matelas. Quelques sacs de peau suspendus devaient renfermer ses richesses. Dans le fond, un petit coin était réservé à la cuisine... Sûrement frugale. Une vieille bouilloire, posée sur des braises froides, attendait la nuit pour revivre. Les vêtements de l'homme étaient propres, ses affaires bien rangées. Puisant dans son outre une calebasse, il nous offrit une eau délicieuse.

La viande qu'il acceptait de nous vendre séchait au soleil depuis déjà plusieurs semaines; les vers l'avaient attaquée et percée de galeries. Ainsi desséchée, cette viande de mouflon peut être conservée longtemps. Le Targui avait tué lui-même l'animal, à l'aide d'un vieux fusil aperçu à l'entrée de sa cabane.

Nous étions ravis de redescendre avec un beau morceau de cette viande. Vingt minutes plus tard, j'en retirais quelques carrés, trempés dans une gamelle d'eau bouillie et nous nous mettions à table. A la première bouchée, j'eus un haut-le-cœur... Je me suis forcé à avaler, préférant le goût atroce aux vertiges de la faim. La nuit fut difficile, le sommeil perturbé. Me levant plusieurs fois, je m'éloignais du feu pour revenir soulagé.

Le feu! quel compagnon. Sa faible lueur nous gardait toute la nuit, nous protégeait. Si l'un d'entre nous se réveillait quelques instants, il se préoccupait aussitôt d'alimenter le feu. Lorsqu'un bruit ou l'indiscrétion d'un insecte me faisaient entrouvrir l'œil, j'apercevais le bella accroupi près du foyer. Ne dormait-il jamais? Soufflant sur les braises, il les rassemblait de ses mains insensibles aux brûlures. De petites flammèches volaient vers le ciel étoilé. Rassuré, je replongeais dans le sommeil.

Les dromadaires avaient été très éprouvés par la sécheresse. Leurs bosses étaient flasques. L'un d'entre eux était malade; de temps à autre pour l'exciter un peu et lui redonner du nerf, le guide le faisait baraquer, c'est-à-dire s'accroupir. Il lui prenait la gueule, ses deux mains puissantes écartant les mâchoires. Alors il lui crachait sa chique de tabac dans la gueule. Le chameau déblatérait tout ce qu'il pouvait. Son cri résonnait dans la vallée entre les rocs posés là depuis des éternités.

Et nous repartions sous le soleil implacable.

Le « vaisseau du désert » est un moyen de transport assez agréable. On s'accoutume à son balancement. Les pieds nus croisés sur l'encolure, on oublie vite l'inconfortable râhla (nom donné à la selle). J'ai rapporté la mienne en France, elle est dans ma maison, posée sur le parquet. Quand je la regarde, ou quand un de mes deux fils monte dessus, je me dis : « Un jour, tu repartiras avec elle sous le bras, elle s'ennuie ici... »

Ce jour-là, je n'oublierai pas d'enfiler à mon biceps l'énigmatique bracelet que j'avais trouvé dans le sable des monts Tamgak. C'était en faisant baraquer mon dromadaire pour la pause de midi, avant d'avaler notre ration de nouilles sans sel.

Quel mystérieux prince du désert l'avait perdu?

Tout autour de ce bracelet de pierre s'alignaient des signes gravés, dans lesquels je crus reconnaître du tifinagh, l'écriture des Touareg. Au retour vers Alger, en passant par l'Assekrem (refuge du père de Foucauld), j'ai pu consulter des livres et des dictionnaires tifinaghs, avec l'espoir bien vain de parvenir à une traduction. Car cette écriture peut tout aussi bien se lire de droite à gauche que de gauche à droite, de bas en haut que de haut en bas. Et chaque signe ne représente pas une lettre, mais une syllabe.

Devant l'inutilité de mes efforts, j'allai regarder le soleil disparaître peu à peu derrière les montagnes du Hoggar.

Mais quelques jours plus tard, redescendant sur Tamanrasset, j'ai repris mon enquête, présentant mon bracelet à chacun des Touareg que nous rencontrions. Chacun d'eux le tournait et le retournait dans sa main, cherchant le sens de la lecture. Il fallait les entendre prononcer, en chantonnant, les syllabes les unes après les autres :

– *A taa –A raa – Ti A!*

– *Ti A –A raa –A taa!*

Leurs mimiques m'amusaient. Un jour, ils étaient une dizaine à se repasser le bracelet et à chanter les uns après les autres. Certains signes effacés par le temps compliquaient la traduction. Aucun de ces traducteurs bénévoles n'a pu en tirer une phrase cohérente ou complète.

Le lendemain, à Tamanrasset, on m'a adressé à un directeur de banque, réputé comme le meilleur spécialiste tifinagh de toute la région. Après m'avoir affirmé que je possédais là un magnifique objet, le banquier passa la matinée à l'étudier. Il me proposa enfin une traduction satisfaisante. Mais il m'invita à la faire vérifier par une vieille religieuse appartenant à l'ordre des petites sœurs de l'Enfant-Jésus.

Après avoir passé la nuit chez l'aimable religieuse, le bracelet me livra enfin son secret : « L'homme face à son destin ne peut compter que sur lui-même et sur son arme. »

Cette phrase me plaisait et recoupait l'interprétation donnée par le banquier : « L'homme face à l'éternité ne craint rien s'il est fort. »

Je préférais les mots destin et arme. La bonne sœur ajouta :

– Les Touareg étaient des guerriers, vous les voyez encore se promener avec leur takouba en bandoulière (la takouba est une épée dans un fourreau de cuir). Si, pour le Targui, l'arme est la seule protection, n'oubliez pas, jeune homme, que notre civilisation en a une autre : la protection de Dieu.

Je m'en allai en méditant ces pieuses paroles.

Fin septembre 1973, ce voyage placé sous le signe du dromadaire prit fin. A la mi-octobre commença sans plus tarder la préparation d'un troisième voyage. Et nous allions l'accomplir à l'aide du SEM : le « Sahara Exploration Module »... digne rival du LEM lancé par la NASA!

Le frère aîné de François, Alain Laurenceau, ne se consolait pas d'avoir manqué notre première traversée du Sahara : un peu avant le départ il avait perdu une jambe dans un accident de moto. François et moi étions d'accord pour lui offrir une revanche... et nous offrir une autre grande traversée suivant un axe différent de la première.

Au rendez-vous de chaque soir, devant nos grilles de jardin, François et moi discutions sur le choix de l'itinéraire. Après une étude approfondie de la carte Michelin 153, nous avons décidé de passer par le Ténéré, le plus vaste des déserts du Sahara. Une mission Berliet l'avait traversé en 1961, posant quelques balises : aurions-nous la chance d'en retrouver certaines?

C'était une région difficile d'accès, n'offrant pratiquement aucune possibilité de ravitaillement en essence ou de réparations mécaniques. Nos calculs donnaient des chiffres inquiétants : il était indispensable de transporter avec nous 350 litres d'eau et 550 litres d'essence. C'était plus que le châssis de notre vieille 2 CV fourgonnette pouvait en supporter. Sûr de lui François trancha :

– Il faut prévoir une remorque...

– Mais oui, une remorque pour aller vendre notre vannerie aux Touareg!

– Ne rigole pas, crétin! cette remorque soulagera la 2 CV. J'ai de quoi en construire une avec le châssis de la Dyane 6 qui traîne dans mon jardin.

– Quoi? ce tas de ferraille sur lequel s'entassent la vieille patinette de ta petite sœur, la machine à laver récupérée chez ta tante, le vieux poste de radio à lampes, les moteurs de mobylette, de voiture, les vieux pneus...

– Exactement! je coupe le châssis en deux, et j'attache au véhicule la partie avant par un système de cardan, au véhicule de trait. Ça nous donnera une remorque avec amortisseurs. Et je lui mettrai des pneus de DS dégonflés à trois cents grammes; même si on la charge avec un fût de deux cent quinze litres, elle ne s'enfoncera pas dans le sable.

Selon Alain, le chargement serait trop lourd, et le moteur lâcherait. Il croyait plus prudent d'emporter un moteur complet de rechange.

– Mais, bon sang! répliqua François, j'ai prévu de laisser le moteur à son emplacement! Tu ne comprends rien!

– Je reste persuadé, insistait Alain, qu'il nous faudra une puissance supplémentaire.

– T'en fais pas, je prévois une partie électrique pour démarrer ce moteur supplémentaire. Nous disposerons de quatre roues motrices pour six roues portantes.

– Et quand on grimpera dans les dunes, on s'y ensablera!

– Pas du tout! on détachera la remorque. Je vais lui ajouter une troisième roue que je bricolerai et que j'adapterai comme une roue de vélo. Avec cette troisième roue, la remorque sera autonome. On aura un engin léger, puissant, maniable.

De cette discussion venait de naître ce que nous avons appelé le « SEM ». Il ne restait plus à Alain et à François qu'à lui donner vie à grand renfort de coups de scie et de soudures. Nous étions en plein Jules Verne!

Ce tricycle « révolutionnaire » nous emmènera sur les dunes, portera nos réserves d'essence, nous désensablera. Il sera notre réservoir de pièces détachées. A nous, le sable pourri, les ornières gluantes de la piste, les fonds d'oueds et les passages de gués!

Pendant mes heures de cours, sagement assis au fond de la classe, je rédigeais une présentation flatteuse de notre projet et du prototype, afin d'obtenir à droite et à gauche quelques subventions nécessaires : matériel, argent, pellicules... La Guilde européenne du Raid [1] nous encouragea par une bourse de 2000 francs. Des spécialistes du voyage et de l'expédition nous prenaient au sérieux!

Le Jour de l'An 1974, à l'occasion d'une fête donnée chez eux par François et Alain, je leur annonçai que les trois mousquetaires seraient, comme il se doit, quatre : je voulais emmener avec nous Diane, une « vieille » amie d'enfance. Les frères Laurenceau y consentirent à condition que nous l'appelions « Dian ». Pour la mettre sur un pied d'égalité avec nous, tout en lui rappelant que sa féminité ne devrait jamais compromettre la réussite de l'expédition. « Dian » accepta de jouer le jeu. Elle présenta sa démission à son employeur et apporta une contribution financière égale à la nôtre.

Quinze jours avant le départ, nous achetions un autre véhicule, une AMI 6 Citroën. Alain eut le temps d'y adapter un débrayage à main de façon à pouvoir la conduire [2]. Sur mon insistance, nous avons acheté aussi une caméra super 8 : ramener un reportage filmé était pour moi plus important qu'un diplôme.

Le 28 juin 1974, nous passons enfin en revue nos trois engins fièrement repeints en blanc. La galerie supporte vaillamment neuf pneus de rechange et vingt chambres à air récupérées dans une casse et soigneusement réparées. Les deux plaques de désensablage accrochées sur les flancs semblent la protéger contre toutes attaques. Le break 3 CV et le SEM sont chargés des fûts et bidons prévus pour l'eau et l'essence.

1. Avec la Guilde européenne du Raid, j'ai accompli deux ans plus tard (1976) une traversée à moto de l'Amérique du Sud. Voir chapitre 6 : « Un air de piano très doux dans une ville morte ».

2. Ainsi que je l'ai dit, Alain avait perdu une jambe dans un accident de moto.

Et c'est le départ pour un voyage hors piste, à la carte et à la boussole. Le royaume de silice acceptera-t-il notre venue? Sera-t-il prêt à nous donner ce qu'il a de plus beau? Oui, mais à la moindre faute, il nous engloutira! Il est sournois et ne pardonne pas.

Après l'Espagne, le Maroc et la route du pétrole, nous attaquons les sept cents kilomètres de « tôle ondulée » qui, à travers le Tassili et les Ajjer, nous mèneront jusqu'à Djanet.

Le Tassili des Ajjer est un immense plateau gréseux d'une altitude moyenne de 1 200 à 1 500 mètres. Il est traversé du sud au nord par des oueds profondément taillés dans la roche. De petits lacs font vivre quelques palmiers et donnent parfois asile à des poissons vieux comme le monde. Peu de voies de pénétration sillonnent le plateau, à part quelques sentiers animaliers empruntant des cols difficiles.

Pour ne pas abîmer nos « torpédos du désert », nous roulons à quinze kilomètres à l'heure. C'est long, pendant sept cents kilomètres! Si nous supportons la chaleur, il n'en est pas de même des moteurs qui subissent le *vaporlock :* dans la fournaise, l'essence s'évapore dans les durits avant d'atteindre le carburateur.

Pendant les heures chaudes, nous nous arrêtons toutes les cinq minutes pour refroidir la pompe à essence en l'aspergeant d'un mince filet d'eau.

Notre faible vitesse avait au moins l'avantage de nous permettre d'admirer le moindre caillou, un paysage, un animal : des gazelles dorcas, par exemple, dont les petits derrières blancs se dandinaient sur des pattes fragiles mais sûres. A notre approche, elles s'éloignaient tranquillement, se retournant de temps à autre comme pour nous faire un clin d'œil. Nous pouvions aussi aisément nous arrêter pour prendre une photo, sans pour cela faire baisser notre moyenne horaire.

Le soir, nous partions à la recherche des gueltas, ces cuvettes rocheuses garnies d'eau de pluie. Certaines, d'un calme inaltérable, reflétaient les détails d'un rocher ou même d'un nuage égaré. D'autres, sales, étaient emplies d'énormes sangsues. J'en pris deux que j'enfermai dans un bocal. Deux jours plus tard la grosse avait sucé la petite, devenue transparente.

Enfin, ce fut Djanet, capitale du Tassili! A 1 100 mètres d'altitude, cette petite localité ne manque pas de charme. Elle compte soixante mille palmiers, arrosés par les sources issues de rochers voisins. L'agglomération comprend plusieurs villages, échelonnés les uns au-dessus des autres, sur la berge rocheuse de l'oued Edjariou.

Djanet, c'est aussi un véritable musée de peintures et gravures rupestres. Jabbaren (« les géants ») et ses cinq mille figures, témoins d'une douzaine d'époques successives, font de Djanet un des centres préhistoriques les plus riches du monde.

C'est dans cette oasis reposante que « Dian » s'est effondrée, victime d'une intoxication alimentaire. Impressionnés par son délire, François et moi l'avons emmenée à l'hôpital. Nous n'étions pas très enthousiastes à l'idée de nous séparer d'elle.

Dans la cour de l'hôpital, des familles entières reposaient sur des matelas. Elles préféraient le simple toit de la Voie lactée, et les désagréments d'un léger vent de sable, aux chambres étouffantes où le moustique est roi. Toute cette foule d'allongés papotait en buvant le thé : certains prenaient déjà leur repas.

Nous avons interrompu celui de l'infirmier de garde, tellement surpris par notre intrusion que le bout de viande qu'il portait à sa bouche retomba dans l'assiette. La sauce nous éclaboussa. Il s'essuya longuement les mains à son chèche, à moitié défait. Malgré la gentillesse avec laquelle il s'occupa de « Dian », elle aurait préféré s'enfuir en courant dans le désert à la recherche d'une voiture de SOS Médecins...

François, alors étudiant en cinquième année de médecine, surveillait le diagnostic; il approuva le traitement ordonné. Nous sommes repartis avec quelques comprimés de Ganidan, soigneusement enveloppés dans un papier journal jauni qui semblait avoir été imprimé par Gutenberg lui-même...

Dans la nuit noire, nous n'avons pu retrouver notre camp. Alain s'était assoupi, laissant mourir les dernières lueurs du feu de bois qui aurait pu nous guider vers lui. Résignés et fatigués, nous nous sommes endormis à même le sable, sans savoir où nous nous trouvions. A l'aube nous l'aperçûmes à quelques centaines de mètres de nous.

Quelques jours de repos s'imposaient dans la demi-fraîcheur de Djanet, avant d'affronter la partie la plus difficile de la route. François en profita pour ressouder le châssis du SEM, expliquant aux Algériens que ce n'était ni un groupe électrogène, ni un motoculteur. A peine rétablie, « Dian » lavait, recousait et s'en allait cueillir les premières dattes de la saison.

Pendant ce temps, Alain et moi partions en reconnaissance vers le sud. Nous parcourions une cinquantaine de kilomètres, notant tous les repères possibles. Les cartes dont nous disposions étaient imprécises et la piste s'évanouissait par endroits.

Le soir, à nouveau réunis autour d'une table du petit restaurant le Gargotier, nous savourions le thé à la menthe, le plat de lentilles, le morceau de chèvre (ce n'était pas du fromage) et une tranche de melon blanc. Chacun avait envie de parler mais restait silencieux, retenu par une légère angoisse.

Le dernier soir de cette étape, c'est une fois rentrés « chez nous » – dans nos duvets posés dans le lit d'un oued sans eau – que nous avons échangé nos impressions – nos appréhensions avant de nous attaquer à la plus grande plage de sable que la terre ait jamais portée.

En sortant du Gargotier, un enfant nous avait appris qu'un scorpion venait de faire une nouvelle victime. Ils foisonnaient.

– Ah oui! m'sieur, y en a partout autour des zeribas (maisons de palmes). Même dedans, ma mère s'est fait piquer hier!

– Qu'est-ce qu'ils mangent, les scorpions?

– Du papier journal, m'sieur.

Je ne sais pas si le scorpion est un grand amateur de feuilles de chou, mais ceux que j'ai attrapés avant de nous mettre au lit ont vécu quatre mois dans une boîte hermétique. J'ai transporté ces démons à huit pattes jusqu'à Paris, pour les naturaliser.

L'aube s'est levée, précédant le départ. « Dian » passa d'abord au marché de l'oasis. François et Alain remplirent les réservoirs et les fûts : 550 litres pompés à la main! L'électricité ne fonctionnait pas à la station d'essence...

Moi, j'avais pour tâche d'alléger les véhicules au maximum. J'ai donné au Gargotier tout ce qui n'était pas indispensable : depuis les pneus trop usés jusqu'aux sièges avant... Désormais les passagers seraient assis sur un jerricane plein, recouvert d'un duvet...

Depuis la veille, nous répandions à voix haute l'annonce de notre départ pour Tamanrasset; un mensonge destiné à tromper la police algérienne. A la vue de nos véhicules, elle ne voulait pas prendre la responsabilité de nous laisser partir pour le Ténéré. De plus, la piste que nous avions choisie était strictement interdite, sauf dérogation accordée par la police de Ouargla, mais nous n'en possédions pas. Le cachet algérien manquant à nos passeports, il nous faudrait aussi batailler à notre entrée au Niger. Mais nous comptions y pénétrer par Iférouane, munis d'un petit cadeau pour le douanier que j'avais connu là, l'année précédente...

Pour nous « évader » de Djanet, nous avons attendu avec prudence l'heure brûlante de la sieste. Le Gargotier est alors hermétiquement clos. Pas un pied, pas une patte ne soulèvent la poussière des ruelles. Le forgeron dort sur sa natte, au pied de son soufflet. Il semble avoir emporté dans ses rêves bijoux, bracelets, serrures et armes blanches. Djanet s'endort, Djanet est morte...

Furtivement, par le fond de l'oued, nous contournons le poste douanier, pour rouler sans bruit et nous éloigner. A la sortie d'un virage, Djanet disparaît. Personne ne saura où nous nous sommes enfuis.

Il est 12 heures et le soleil cogne si fort que nos moteurs semblent en feu; nous sommes en surcharge. La prudence commande d'attendre une heure ou deux avant de poursuivre. Adossé à un éthel chacun se repose ou médite. François joue avec trois cailloux, « Dian » se coupe les ongles. Alain et moi partageons une cigarette. Je suis pensif et même inquiet. Amolli par la fatigue, je prends conscience de notre folie. Mais nous sommes au pied du mur, il est trop tard pour reculer. Je regarde « Dian ». Confiante en moi, en nous; son attitude me rassure. Elle deviendra ma femme, la mère de mes enfants, je veux qu'elle puisse un jour leur dire que nous nous sommes livrés à une tentative folle, mais que nous avons réussi.

Il est l'heure, nous sommes prêts. Pas de fanfare, pas de drapeaux, pas de témoins... C'est dur de partir sans laisser d'adresse. Nous allons nous lancer, nous battre, nous surpasser, nous contenir, nous observer, nous aimer pour gagner.

J'ai envie de parler à mes compagnons, de leur dire que je suis heureux, que j'ai peur, qu'ils peuvent compter sur moi, que je compte sur eux, que cela va être chouette, qu'il y aura du soleil... que les mécaniques vont tenir. Mais qu'il faudra faire attention à l'essence, à l'eau, à la nourriture, prendre soin de la boussole... Et puis, zut! ils pensent sûrement comme moi...

Alain et François sont au volant, les moteurs tournent, les vitesses sont embrayées, les pneus accrochent le sable, un tour de roues, deux tours de roues, trois tours de roues... notre énergie fera le reste.

Empruntant les couloirs de sable entre les rochers, nous avançons sud-est sur le tronçon commun des pistes d'In-Ezzane et de Ghat. A l'endroit où surgit du sable un immense piton rocheux, nous prenons lentement la direction du sud.

Affleurements rocheux et pitons se succèdent. Sur notre carte au 1/200 000e, il est difficile de repérer précisément notre progression. Autant se fier à la boussole et aux compteurs plutôt que de déchiffrer des traces parfois imaginaires sur une piste hypothétique. Ici chacun fait sa propre piste.

Après le contour des monts Teska, bien détachés et reconnaissables, le terrain nous oblige à prendre plus à l'est que prévu.

La végétation a définitivement disparu dans ce paysage lunaire si étrange dans son aspect... et pourtant simple dans ses éléments : du sable, du roc, du ciel! Malgré dix ensablements (dont nous nous sommes sortis grâce au SEM) nous avons eu le courage de ne pas boire une seule goutte d'eau. Enfin, à la halte prévue, chacun prend sa ration d'eau à la guerba et la savoure égoïstement.

Nous repartons, toujours tenus de rouler est-sud-est. Impossible de nous repérer sur la carte. Dans les voitures, l'angoisse s'installe comme si elle avait couru derrière nous pour se glisser à nos côtés à un moment d'inattention de notre part.

Dix-sept heures : on s'arrête. Nous sommes complètement perdus, sans rien pour nous repérer : autour de nous trois couleurs immuables : sable, roc, ciel. On étale la carte sur le capot de la 2 CV et quatre paires d'yeux se penchent sur elle. Quatre aventuriers perdus dans le désert égalent quatre solutions : trois de trop! Le doigt posé sur des courbes de niveaux rapprochées, je demande à François :

– Ça, à ton avis, qu'est-ce que c'est?...

– L'Adrar Mariaou!

– Tu en es sûr?

– Non! et toi, Alain?

– L'Adrar Mariaou, on l'a déjà passé!

– Impossible, répond « Dian », on a pas assez de kilomètres au compteur!

Nous n'arrivons à tirer aucun renseignement de la carte, mais nous sommes tous d'accord pour une décision : changer de cap. Nous obliquons vers l'ouest à la recherche d'un passage entre les rochers.

Nous suivons le soleil : sa descente met fin à notre première journée de solitude. Tandis que l'huile des moteurs se dépose lentement au fond des carters, la poêle en remue une autre sur le petit réchaud allumé : « Dian » prépare une magnifique omelette; et Alain une énorme mayonnaise. L'un et l'autre sont ravis de leur premier voyage au Sahara. Les difficultés matérielles, les incertitudes ne parviennent pas à gâcher ce qui reste pour eux une équipée sans pareille. Rien de commun avec la balade des voyageurs pressés qui, à bord de Land Rover super équipées, foncent sur la tôle ondulée, sans jamais s'écarter des puits aménagés. Comparé à Alain et à « Dian », je suis un vieux de la vieille; et moi, je m'inquiète. François aussi. Il vient à nouveau me montrer la carte; sous un vent léger elle volette, colle à son bras, il s'énerve :

– Une vraie saloperie, cette carte! comment veux-tu t'y retrouver!

– Pas de panique, François! De toute façon, on n'a aucun moyen d'évaluer la hauteur précise des rochers qui nous entourent, alors on ne saura jamais notre position exacte! Le mieux c'est de...

– A table! nous crie « Dian ».

En slip de bain, la taille entourée d'un petit tablier, elle fait très serveuse sexy de bar pour messieurs seuls. Avec courtoisie, elle nous indique la salle à manger. Posées sur un duvet (le mien, comme par hasard...) quatre gamelles de fer-blanc nous attendent. Chacun avale son repas et tente une explication des « erreurs de la carte ».

Anxieux, fatigués, nous regagnons nos duvets dans la brusque fraîcheur du soir. Nous regardons la nuit recouvrir la mer du silence. Tous ceux qui ont vécu au Sahara le savent : on y passe beaucoup de temps à observer la nuit ou à contempler le ciel.

La lune, à peine levée, donne déjà naissance au jeu des ombres. Chaque piton participe à une sorte de danse; et un nuage qui passe devant la boule blanche l'endiable. Le vent se lève et fait chanter les rochers. Leurs chants, de plus en plus forts, deviennent des cris; ils se mettent à rire, ils me narguent, ils se resserrent... J'ai peur, ils bougent, ils basculent, ils vont tomber!

– François!

J'ai hurlé dans mon sommeil... François, penché sur moi, est venu me réveiller. « Dian » et Alain, déjà debout, s'activent avec fébrilité. Un vent violent s'est abattu sur notre campement, dans un tintamarre infernal.

Alain s'affaire auprès des voitures, amarrant les sacs sur les toits. « Dian » plie les duvets, François bouche les filtres à air avec nos chemises. Le sable s'élève, vole, frappe, cingle, tourbillonne.

Le vent se déchaîne. Sa puissance devient terrifiante. Il ouvre les portes des véhicules et les fait battre avec violence. Il s'engouffre à l'intérieur et emporte avec fureur tout ce qu'il peut. Affolé, fouetté par le sable, je veux l'empêcher de commettre des désastres. Je me rue vers la 2 CV, pour tenter d'en refermer la porte; j'aperçois le couvercle jaune de notre boîte à cartes qui s'envole.

– La boussole!

J'ai hurlé de toutes mes forces. Je fonce dans la nuit, emporté moi aussi par le vent. Je heurte des cailloux, tombe, et me relève pour reprendre ma course enragée. Le couvercle de polyester, léger comme tout, monte dans le ciel sans trajectoire cohérente. A ce couvercle fou est accrochée la boussole : c'est notre espoir de survie, dont j'observe dans le ciel la course irréelle. Le couvercle retombe, plaqué au sol, contre une pierre.

Je serre la boussole avec force dans ma main. Privés de cette boîte de métal, nous n'étions plus que des morts en sursis. J'oublie le vent de sable qui me cingle le visage, je reviens joyeux vers mes amis. Collés face aux parois des voitures pour se protéger, ils n'ont rien vu, préservés de la peur atroce qui, un moment, m'a broyé. Sur une dernière bourrasque, le vent s'éteint d'un seul coup. Le sable en suspens retombe en pluie fine pour reprendre avec fatalisme la place que la nature lui a fixée depuis des siècles. Bientôt, plus rien ne bouge. Le Sahara tout entier reprend son calme.

Nous voici à nouveau allongés, et chacun s'enferme dans ses pensées. Devant la lune, de gros nuages blancs recommencent à filer comme des spinnakers sans voiliers. Le Ténéré nous a-t-il mis en garde? Où est-il décidé à nous livrer ses secrets?...

Le voyage se poursuit – accompagné d'une succession d'incidents mécaniques – à travers les dunes de l'erg Capot Rey, puis vers le massif de l'Aïr. Seule une tige métallique fixée verticalement sur le capot projette l'ombre du soleil pour nous indiquer la direction à suivre.

Par le nord du lac Tchad, nous avons atteint N'Djamena (ex-Fort-Lamy) et descendu le Cameroun du nord au sud, en pleine saison des pluies.

A chaque tour de roues nos véhicules poursuivent leur agonie. Nous avons dû renoncer au Kenya et aux grands animaux que nous espérions approcher. Épuisés autant que nos véhicules, après trois mois d'efforts, nous étions tendus vers un seul but : atteindre Douala, le grand port du Cameroun.

C'est là que notre voyage a pris fin. Il m'est impossible de raconter dans le détail les incidents, les angoisses, les émerveillements qui en ont fait la plus belle de mes aventures. La plus belle, car je l'ai partagée avec les trois amis que j'aimais le plus.

Je dirai simplement que nous sommes revenus en France sans nos véhicules (dont les performances enthousiasmèrent pourtant la société Citroën). Nous en avons abandonné et distribué les débris ou pièces détachées à des Camerounais qui nous les demandèrent.

Le SEM avait rendu l'âme dans les dunes de la région du lac Tchad. Je regrette que l'absence de moyens financiers nous ait empêchés de ramener la dépouille de ce prototype. Sans le « Sahara Exploration Module », nous aurions rendu l'âme nous aussi. Il ne reste plus de cette 2 CV à trois roues que quelques images du film que nous avons tourné et de merveilleux souvenirs. Mais c'est bien comme ça.

6

UN AIR DE PIANO TRÈS DOUX DANS UNE VILLE MORTE

Un jour de juin 1980, je me trouvais, caméra à la main, à la frontière de la Thaïlande et du Cambodge. Dans un de ces espaces disputés à la boue et à la jungle où s'entassaient des milliers de réfugiés apeurés par la folie génocide des Khmers rouges. Médecins sans Frontières m'avaient envoyé filmer, pour leurs archives, une distribution de riz faite sous les auspices de la FAO [1] et de diverses organisations humanitaires.

L'un de ces camps abritait l'école la plus pitoyable que j'aie jamais vue. Ouverte à tout vent, avec un toit laissant passer la pluie, un tableau noir fait de planches mal peintes, cette école déglinguée avait le mérite, quelques heures par jour, de faire retrouver leur enfance à de petits êtres que la guerre et la faim n'avaient pas réussi à exterminer.

Cette école, je l'ai « entendue » avant de la voir. Des voix enfantines psalmodiaient en français un poème qui me parvenait par lambeaux. Il me paraissait naïf et beau. J'ai voulu l'entendre en entier. En approchant, mon regard a rencontré celui d'une fillette. Elle m'a souri. Je lui ai demandé de me réciter le poème. Lentement, elle m'a répété des vers qu'elle ne comprenait peut-être pas très bien.

Je les ai retranscrits dans mon carnet de baroudeur. Ce poème, touchant et approprié à la situation, le voici :

S'il était le plus laid de tous les chiens du monde,
Je l'aimerais encore à cause de ses yeux.
Si j'étais le plus vieux de tous les vieux du monde,
L'amour luirait encore dans le fond de mes yeux.
Et nous serions tous deux, lui si laid, moi si vieux,
Un peu moins seuls au monde à cause de nos yeux.

1. *Food and Agricultural Organization* : institution de l'ONU destinée à améliorer l'alimentation et l'agriculture des pays en voie de développement.

J'ignorais à l'époque que c'était un extrait de *Ce que dit l'alouette* de Paul Menanteau. Mais par contre j'en connaissais les deux personnages. Le vieux et le chien, je les ai rencontrés. Pas dans ce camp (s'il avait contenu un chien on l'aurait mangé), mais en Amérique du Sud, quatre ans avant d'entendre le poème qui les évoquait.

C'était en 1976, au Pérou, dans un de ces villages accrochés aux Andes. Le grondement des motos qui m'escortaient s'était tu d'un seul coup. L'expédition lancée par la Guilde européenne du raid en direction de Rio de Janeiro faisait une pause. J'en profitai pour flâner sur le marché où les Indiens venaient de très loin pour vendre leurs produits, le dos ployé sous le poids de leur charge. Puis j'allai déambuler dans les ruelles vides, tous les habitants étant au marché. J'admirai certaines architectures de maisons marquées encore de l'empreinte espagnole.

Le soleil, les couleurs vives des murs me faisaient oublier que ces beautés s'accompagnaient de la pauvreté. Un chant religieux, par sa tristesse, me l'a rappelé. Il m'a guidé vers l'église aux lourdes portes de bois sculpté. Alors je LES ai vus.

Sur les marches de l'église, un vieillard était assis. Un rayon de soleil se faufilait entre les balcons surplombant la place et venait le réchauffer à cet endroit précis. Ramassé sur lui-même, de façon craintive et frileuse, il aurait dû paraître pitoyable au jeune Français repu qui le regardait. Mais son comportement avait quelque chose de socratique. Il devait être résigné, généreux ou philosophe pour partager avec un chien et un oiseau la banane qui constituait tout son repas.

Il me fascinait tellement que j'ai oublié de prendre une photo. Qu'il restait beau et digne, dans sa misère et son poncho troué, ce vieillard déchu... La vie avait labouré son visage sans pouvoir éteindre la douceur de ses yeux. Le chien hirsute mordillait la banane; l'oiseau au plumage coloré la picorait; et lui, après eux, grignotait le fruit avant de le leur repasser. Un oiseau, un chien : ses seuls amis.

Mais je ne veux pas abuser de la sensibilité de ceux qui me liront. D'ailleurs, ce raid en moto à travers l'Amérique du Sud ne s'est pas déroulé dans l'environnement atroce de mes voyages à la frontière thaïlando-cambodgienne. L'image du vieux et de son chien accompagne dans ma mémoire des scènes moins nostalgiques; et parfois, comme celle-ci, amusantes...

Une étagère de mon salon porte un curieux bibelot. De loin, on dirait un carré de cristal ou de plastique servant de presse-papiers. C'est un bloc de paraffine, cercueil transparent d'une magnifique araignée venimeuse; une tarentule longue de dix centimètres.

Je ne fais pas souvent escale chez moi. Mais quand cela se

produit et quand par hasard mon regard accroche la tarentule, il me vient un sourire. Et je me retrouve alors au Pérou, sous une nuit étoilée et chaude dans le jardin d'un hôtel envahi par une horde de motards sales. J'entends vrombir les machines, au repos sur leur béquille : les conducteurs font tousser le moteur pour l'ausculter.

Une fois, deux fois, trois fois... Le bruit les rassure : le souffle est bon. Le raid moto prévu de la côte du Venezuela à Rio de Janeiro pourra reprendre son cours demain matin. Repos... Jean-Paul Dalle, le chauffeur de la Land Rover avec laquelle je ferme le convoi, en profite pour réparer le pot d'échappement. Seules ses jambes dépassent de dessous la voiture.

A côté de la Land Rover, je m'apprête à satisfaire à ma manie de collectionneur et à piquer au formol une tarentule capturée quelques heures plus tôt sur la piste. Au moment où j'ouvre la boîte, elle m'échappe et se perd dans l'herbe. Je la cherche, promenant méthodiquement le faisceau lumineux de ma lampe de poche. Agacé par les reflets, Jean-Paul me demande :

– Mais qu'est-ce que tu cherches avec ta lampe?

– Ma tarentule. Elle s'est échappée.

– Ta... ta saloperie de bestiole! Mais il est fou, ce mec!

Glacés par son cri, les copains restent figés, le regard braqué sur le sol. Jean-Paul, prestement sorti de dessous son véhicule, ressemble à une danseuse tentant un pas de deux. Se jugeant dans la zone dangereuse, il pose la pointe d'un pied, le regrette, la pose un peu plus loin en recommençant son manège.

– Fais gaffe, Jean-Paul, tu risques de me l'écraser!

– Oui, et toi tu vas nous faire tuer!

Heureusement, j'ai pu la retrouver, cachée sous une pierre, et la piquer à travers le couvercle de ma boîte en plastique. Son venin pouvant être mortel, mes copains motards n'étaient pas loin de me considérer comme un collectionneur peu fréquentable... C'était l'un des mille incidents quotidiens agrémentant l'expédition organisée en juillet et août 1976 par la Guilde européenne du raid. J'y participais comme coordinateur; en plus du travail d'organisation, j'avais la charge d'assister le cameraman Pierre Beaumard.

Nous avions embarqué avec trois voitures et dix motos à La Rochelle, sur un bâtiment de la marine de guerre, le TCD *Orage.* A bord de ce monstre d'acier flottant, dans son dédale de ponts, de passerelles et de coursives et parmi les deux cent cinquante marins, nous avons vécu pendant un mois une traversée sympathique et unique : peu de civils sont admis sur les vaisseaux de guerre.

Aidé par les mécaniciens de l'*Orage,* Jean-Paul Dalle avait utilisé ses loisirs à équiper sa Land Rover d'une superbe galerie; aussitôt chargée par les motards de leurs pneus de secours et pièces de rechange. Il avait également conçu une sorte d'attache pour dépanner une moto accidentée. Une fois la roue avant enlevée, il positionnait la fourche en bloquant la direction pour tracter la moto en panne.

Après trois escales militaires (en Guadeloupe, à la Martinique, en Guyane), notre véritable aventure commençait enfin à La Guaira, sur la côte du Venezuela. L'objectif du raid était d'atteindre Rio de Janeiro depuis Caracas par les Andes et le Grand Chaco; sans contourner les difficultés, bien au contraire.

Aucun des dix motards participants n'était parti pour faire du tourisme. Ils cherchaient l'aventure. Sous le soleil torride de Bolivie, sous la pluie battante de l'Équateur, dans la boue de l'Altiplano péruvien, sur les hauteurs boliviennes pauvres en oxygène, dans le sable perfide du Chaco paraguayen, ils l'ont trouvée...

Tous étaient équipés de grosses cylindrées, excepté le benjamin : Dominique Eskenazi (dix-neuf ans). Monté sur un vulgaire « tas de boue », il est cependant arrivé à Rio comme les autres. Couvert de boue, de cambouis et d'huile, ressemblant à un centaure mécanique, un peu sale, lui et sa machine ne faisaient plus qu'un.

Le parcours fut rude. Beaucoup de cadres n'ont pas résisté aux chaos de la piste : vrillés, tordus, cassés, les motards les réparaient à l'étape, à la lueur des torches. Chaque soir, pinces et clefs sortaient des boîtes à outils et le poste à soudure crachait sa flamme dans la nuit. Hantés par des ombres monstrueuses et mouvantes, les jardins des hôtels se transformaient en ateliers de mécanique pour savants fous.

A elle seule, la boue constituait pour ces lourdes machines un véritable ennemi. Compacte et collante, elle se plaquait entre le garde-boue. Il fallait les démonter et les nettoyer souvent. En observant chaque soir les nuances de la boue qui maculait les motards, Sherlock Holmes aurait reconstitué de façon précise notre itinéraire.

Parmi tous les éléments contrariants, le plus imprévisible était l'élément animal. Des troupeaux de lamas ou d'alpagas se jetaient souvent en travers de la piste, au mauvais moment. Ô combien de fois les motos se sont couchées, et dans des giclées de boue, à quelques mètres de ces ponchos ambulants, sous le regard éberlué de leurs petits gardiens au bonnet enfoncé sur les oreilles et le cou!

La récompense de tous nos efforts fut la visite du Machu Picchu. En treize années de voyages autour de la planète, j'ai vu un certain nombre de cités mortes plus fabuleuses les unes que les autres. Mais le Machu Picchu aurait mérité d'appartenir aux sept merveilles du monde, si on avait alors connu son existence. Dans le petit train menant au pied de ce massif montagneux, on se sentait bien loin de la France. Rien que des visages cuivrés dont les yeux contenaient des interrogations muettes. A chacun des arrêts fréquents devant une masure appelée *estaci'on,* des odeurs nouvelles envahissaient les wagons. Des femmes levaient des plateaux à hauteur des fenêtres pour proposer des *huevos con fritas,* des tortillas.

Et puis le Machu Picchu, invisible d'en bas, s'est révélé à nous. Avec ses murailles, ses terrasses, ses palais et ses temples agrippés aux flancs d'une montagne surplombant à la verticale le rio Brubamba. Que de légendes autour de ces ruines, redécouvertes seulement en 1911 pour être données en cadeau au monde civilisé... Machu Picchu, Huyana Picchu, gigantesques pitons d'une montagne de granit écrasant le visiteur par leur rude noblesse et par leur mystère.

Sur ce site, tout était sacré : temples, autels, rochers. Les nuages étaient les seuls confidents d'un secret que l'histoire et l'archéologie n'ont pu arracher à ces ruines. Là-haut tout était si beau, si pur; et les préoccupations d'en bas si infimes qu'on avait envie d'y rester. Envie d'attendre, assis en silence, le coucher du soleil; puis le lever du soleil, avec l'espoir que la nuit dévoilerait un détail réservé aux initiés. Une révélation que l'on voudrait conserver pour soi, pour qu'à son tour, le visiteur à venir, ignorant tout de ce miracle, soit envoûté, dès la première minute, par la contemplation de ce paysage.

Il fallut s'arracher à ce spectacle et reprendre la route du sud, en direction de la Bolivie. Et admirer, au seuil de celle-ci, le lac Titicaca. Le lac navigable le plus haut du monde : 3 870 mètres d'altitude, avec parfois des profondeurs de plus de trois cents mètres. Il portait de véritables îles flottantes, habitées par le peuple uru. Avec le « tortora », nom donné à une variété de roseau, les Uros construisaient des maisons, des barques, nourrissaient les vaches. Une fois par an, les Uros renforçaient leur île flottante par une bonne couche de tortora, la précédente ayant pourri.

J'étais déçu de rencontrer, dans un paysage aussi pur, un peuple crasseux, misérable, et (en dehors de la période du carnaval) triste. Des gamins, couverts de mouches et de croûtes purulentes, se précipitaient les mains tendues, à l'approche du moindre touriste. Les enfants étaient souillés en permanence, les femmes dégageaient une odeur fétide; et les hommes aux yeux exorbités mâchaient une éternelle feuille de coca. Pourquoi ne se lavaient-ils pas dans les eaux du lac dont la température n'était jamais inférieure à 12 degrés?

Quelques kilomètres après le lac le plus élevé du monde j'allais découvrir la capitale également la plus haute : La Paz.

Une ville légèrement encaissée, avec des rues en pente... J'ai oublié son altitude et bien d'autres particularités pittoresques – au profit d'un événement extraordinaire qui l'a brutalement métamorphosée sous mes yeux. Le jour de mon arrivée, j'ai vu La Paz vivante; le lendemain La Paz était morte. La population avait reçu l'ordre de se cloîtrer vingt-quatre heures chez elle, chacun à son adresse. Des groupes de policiers effectuaient des rondes, veillant au respect de cette claustration; tandis que des fonctionnaires enquêtaient de maison en maison. Nous étions arrivés la veille d'un recensement national...

Avec le cameraman Pierre Beaumard, je me suis aventuré dans ces rues vides, dans cette nécropole. Je longeais les murs avec méfiance. Je traversais les carrefours après mille précautions, non par crainte d'une circulation inexistante, mais pour éviter de me faire courser par les policiers. Nous sommes repartis avant la « résurrection » de La Paz...

Pour passer de la Bolivie au Paraguay, le raid avait choisi un terrain difficile : le Chaco, un désert étouffant dans lequel les motos ont souffert (sable, poussière, chaleur). Les hommes aussi... sans oublier l'escorte féminine de certains motards. Les chutes ont été nombreuses : Deux motards blessés, mais sans gravité, heureusement.

Prendre un arbre en pleine figure, après un vol plané, même si l'on a un casque sur la tête et un cuir qui amortit, c'est toujours désagréable... si l'on en croit les victimes. Les blessés achevaient le parcours dans ma Land Rover. Elle-même allait finir par rendre l'âme à la sortie du désert.

Les pistons, déjà changés par Jean-Paul Dalle non loin de Bogota, ne supportèrent pas l'effort exigé. Jean-Paul les avait récupérés sur le cadavre d'un véhicule colombien mort d'avoir donné tout ce qu'il avait dans le ventre. Que ces pistons aient tenu durant tout l'Équateur, le Pérou et la Bolivie, c'était déjà un miracle!

Le Chaco se révéla un désert surprenant, apocalyptique, recouvert d'une végétation mystérieuse et comme venue d'ailleurs. Tantôt agressive, dangereuse, coupante, piquante. Tantôt carrément impénétrable. Il fallait alors suivre les sentiers sablonneux tracés à la machette puis au bulldozer. C'était fatigant de monotonie. Alors à une étape, après la tombée de la nuit, Patrick Edel (fondateur de la Guilde européenne du raid) et moi avons décidé de partir seuls et à pied, en direction du Brésil. Nous savions cette zone dangereuse par sa faune, aussi Patrick avait-il pris son couteau. Quant à moi, j'avais accroché une hachette à ma ceinture.

Nous avons marché toute la nuit sous les étoiles; la lune éclairait notre chemin. Boussole en main, nous progressions est-sud-est au cap 110°. En chemin, nous avons refait le monde et chanté de vieux refrains parachutistes.

Soudain des bruits inquiétants parvinrent à nos oreilles. En alerte, nous nous mîmes à avancer dos à dos, le couteau et la hachette fortement serrés dans nos mains. Nous n'étions pas rassurés. Autant le dire, nous avions peur, collés l'un à l'autre. Les bruits se rapprochaient. Pour Patrick comme pour moi, aucun doute : un animal assez gros se frayait un chemin dans la végétation. Une odeur forte, portée par un léger vent, nous fit frémir.

– Mais ça sent le fauve, lui dis-je.

– Un puma, c'est sûr. Il y en a plein dans cette région.

– Il nous a sentis, tu crois?

– Je ne sais pas, il est peut-être en chasse après une autre bestiole.

Nous sommes restés ainsi cinq minutes immobiles, accroupis sur la piste. L'odeur s'est évanouie et les bruits se sont tus, perdus dans la nuit. Nous avons repris notre marche et refait à nouveau le monde en apportant une précision : « Nous sommes bien peu de chose, et il faut de temps à autre connaître la peur pour aimer la vie à la folie. »

Parler ainsi en marchant donne soif; notre seule gourde était déjà à moitié vide. Jouant avec elle, comme avec un ballon de rugby, nous passions le temps, avalant les kilomètres les uns après les autres. Comme je la lançais à mon tour, elle heurta une branche d'arbre. Accroché à une branche voisine, une sorte d'énorme sac se mit à osciller; un bourdonnement de plus en plus fort se fit entendre. J'ai vite compris le danger. Quelques insectes ont commencé à sortir du grand sac : un essaim de frelons. De plus en plus nombreux, ils ont volé autour de nous.

Que faire en pareil cas? Courir! et à toutes jambes, pendant près de deux kilomètres. Je n'avais jamais tenté de sprint sur deux kilomètres : c'était une expérience de plus! A bout de souffle, nous nous sommes arrêtés, tendant l'oreille... Nous étions sauvés.

Le jour se levait. Devant nous, le ciel s'ouvrait, le soleil n'allait pas tarder à paraître. Dans la panique nous avions offert notre gourde en sacrifice à l'essaim de frelons; et nous commencions à avoir la gorge sèche.

– Il est 5 h 30, dis-je à Patrick. Les autres vont se réveiller dans une heure.

– Oui, et comme je les connais, ils vont prendre leur temps pour le petit déjeuner. Ça fait donc le départ à 7 h 30.

– On est partis à 20 heures hier soir. A raison de 5 km à l'heure, nous avons dû marcher une cinquantaine de bornes. Ils ne nous rattraperont pas avant 8 h 30 ou 9 heures.

– On a encore trois bonnes heures à tenir sans eau.

Notre allure s'était ralentie, mais nous avons poursuivi. Nos estimations étaient presque justes. Vers 9 h 30, des bruits de moteurs nous parvinrent. Ils se rapprochaient, puis disparaissaient sans que l'on puisse rien apercevoir.

– Merde! on n'est pas sur la bonne piste!

Une demi-heure s'écoula. La végétation impénétrable nous empêchait de rejoindre la piste parallèle et invisible sur laquelle passaient nos camarades. La situation devenait critique.

– S'ils continuent sans nous voir, ils vont penser qu'un camion nous a pris en stop.

C'était en effet ce que nous leur avions laissé prévoir, la veille. Il était maintenant 10 heures, le soleil cognait et le manque d'eau devenait insupportable. Quand soudain, dans notre dos, est arrivé, comme sorti d'un chapeau de magicien, notre jeune ami Eskenazi. Entouré d'un nuage de poussière, Dominique s'est arrêté. Sans se presser. Il a retiré ses lunettes avant de remarquer :

– Je vous signale que je suis parti le dernier et que vous n'êtes pas sur la piste principale.

– Alors, et toi, qu'est-ce que tu fais ici?

– Ça roule mieux par là. Il y a moins de sable et moins d'ornières. Bon, je vous laisse un peu d'eau et je vais rattraper la voiture. Je ne peux pas vous prendre tous les deux sur ma moto, alors continuez sur cette piste. Je m'occupe de vous. A plus tard!

Une heure après, la voiture est arrivée, brinquebalante. Notre mésaventure prenait fin. Il ne restait plus qu'à la ranger dans la case des bons souvenirs.

Situé entre les Andes et la grande forêt amazonienne, le Chaco est une grande plaine centrale. On la qualifie de désert, mais je n'y retrouvais aucune ressemblance avec MON désert : le Sahara, où seuls règnent le vent, le sable, le silence. Le Chaco est un désert vivant, parcouru par les animaux sauvages, carnassiers et dévastateurs de troupeaux. Aujourd'hui encore, certaines tribus indiennes cannibales y ont installé leur campement. A deux reprises (1928 et 1935), la Bolivie et le Paraguay se sont battus pour le Chaco; avant de se le partager.

Le Chaco, tel que je l'ai vécu, m'a complètement envoûté. Comme je l'ai déjà dit, la Land Rover avait rendu l'âme. Pendant que Jean-Paul prenait un bus en direction du Brésil pour me ramener des pièces de rechange, je me suis attardé dans une petite ville du Chaco appelée Filadelfia. Ses maisons de bois étaient posées sur le sable, au milieu d'un paysage de science-fiction.

Il était 3 heures; l'heure désertique de la sieste. J'espérais en vain quelqu'un ou quelque chose : un Paraguayen, un Indien, une voiture, un bruit... Rien! La rue principale, large de 30 mètres, s'enfuyait à l'infini, droite, comme tracée sur un plan d'urbaniste... C'était étrange. De chaque côté de l'avenue sablonneuse, des barrières étaient plantées, comme celles où l'on attache les chevaux dans les films de cowboys. Le silence me pesait. Je me demandais vraiment si je ne m'étais pas aventuré dans une ville abandonnée, une ville fantôme... Mon sac à dos accroché à l'épaule par une bretelle, je remontais la rue. La chaleur était pénible, aggravée par le silence... Et toujours personne!...

Parvenu au milieu de la ville, je n'ai pas pu me retenir de hurler : « Y a quelqu'un? » Aucune réponse, même pas d'écho. C'était préoccupant, car je devais séjourner ici pendant cinq jours. Je continuais à marcher, faisant à chaque pas décoller la poussière, quand mon oreille perçut enfin un bruit.

C'était un air de piano très doux, qui venait d'une maison. Elle ressemblait à une église. Poussant délicatement la porte, j'entrai. La fraîcheur qui régnait à l'intérieur m'apaisa. Au fond de la grande pièce, il y avait bien un piano. Au clavier, une jeune fille aux longs cheveux blonds jouait dans un rayon de soleil.

Je croyais rêver. J'avais l'impression d'avoir remonté le temps, d'être trois siècles en arrière, au temps de la Belle au bois dormant. Je me suis assis sans bruit, j'ai écouté, j'ai somnolé. Une demi-heure a dû s'écouler. Ouvrant à nouveau les yeux, j'ai regardé vers le piano, la jeune fille était toujours là. Elle ne jouait plus, elle semblait lire la Bible. Je me suis levé et je suis sorti. Aucun mot ne fut échangé.

Peut-être avais-je rêvé? A nouveau seul dans la rue sous le soleil de plomb, je me demandais si j'étais bien sur la planète Terre, en plein XXe siècle. Je marchais au hasard, obstiné dans ma recherche d'une présence humaine à la réalité moins contestable.

A l'angle d'une maison, juste devant moi, apparut soudain un cheval attelé à une carriole. L'homme tenant les rênes avait la soixantaine, des cheveux blancs et un visage d'Européen. Il est passé sans m'accorder un regard. J'étais étranger, et pourtant je ne l'intéressais pas... Cela m'intriguait et me donnait de plus en plus envie de connaître le secret de Filadelfia. Au fur et à mesure que le soleil amorçait son déclin, les habitants de cette cité mystérieuse sortaient et vaquaient à leurs occupations.

Mon rêve continuait-il? Je les voyais tous blonds, d'assez grande taille, les yeux bleus. Ils ne ressemblaient en rien aux Paraguayens et aux Sud-Américains.

J'essayai alors de leur adresser la parole dans mon « espagnol à moi ». Ils ne comprenaient pas très bien. Le premier passant qui voulut bien répondre à ma question : « Où puis-je passer la nuit? » avait un accent si prononcé qu'il suggérait une origine germanique. Des Allemands ici? Ma curiosité s'aiguisait. Un quart d'heure plus tard, elle était satisfaite. Grâce au hasard de ma rencontre avec la seule Française de Filadelfia. Mariée à un Paraguayen, elle vivait là depuis sept ans. Son mari et elle m'ont ouvert leur maison et m'ont présenté aux autorités de la cité. J'ai appris ainsi l'histoire étrange de ce peuple perdu dans le Chaco.

C'est un peuple venu d'Europe, profondément marqué par sa religion mennonite et son origine allemande. Lors de la Première Guerre mondiale, les mennonites avaient refusé, au nom de leurs principes religieux, de prendre les armes. Cette attitude les avait contraints à fuir d'Allemagne en Russie. Menacés d'internement dans les camps sibériens, une nuit de 1928, ils avaient pour la seconde fois tout abandonné derrière eux : leurs maisons, leurs champs, tous leurs biens. Dans des conditions difficiles, voire horribles, ils s'acheminèrent tant bien que mal vers la Chine. Quittant ce pays par bateau, ils réussirent à rejoindre Marseille. Dans des wagons plombés, ils traversèrent la France jusqu'au Havre. Là, ils s'entassèrent à nouveau dans des bateaux; à destination, cette fois, de l'Amérique du Sud.

C'est seulement vers 1929 que les premiers mennonites trouvèrent une nouvelle terre d'accueil. Le gouvernement paraguayen accepta ces « deux mille cent sans patrie ». On leur concéda des terres dans le Chaco. Leur voyage fut payé par le Comité central mennonite des USA. Il acquitta leur voyage ainsi que l'acquisition des nouvelles terres. Quand je les ai rencontrés, ils n'avaient pas encore fini de rembourser leur dette. Aussitôt arrivés, ils avaient déboisé, défriché, construit, élevé, fabriqué, commercé. Ils vivaient heureux, priant pour que rien ne les force à quitter leur troisième patrie. Ils avaient bâti leur village, seuls, avec leur sueur et leur sang, avec des outils précaires, du courage, de l'ingéniosité; aux prises avec la faune sauvage et les maladies : typhus, fièvre jaune, malaria.

Ils avaient trop enduré et souffert pour s'intéresser aux étrangers. Je demandai à l'administrateur de Filadelfia :

– Pourquoi accueillez-vous si froidement le voyageur?

– S'il veut travailler avec nous sans nous déranger, il le pourra, mais ce sera à lui de faire l'effort. S'il est communiste, ou s'il veut semer le désordre, il sera jeté dehors sans pitié.

C'était clair, il fallait respecter Filadelfia.

Ce peuple, replié sur lui-même, ne se mélangeait pas aux Paraguayens et encore moins aux Indiens. De temps à autre, pour préserver la continuité de la race, ils organisaient à l'intention des jeunes des séjours dans les communautés mennonites du Canada, des USA, et du Brésil [1].

Au Chaco, ils vivent essentiellement de la production agricole, et ne cherchent pas à se faire connaître. Malgré leur accueil réticent, je décidai de pénétrer dans l'intimité de l'une de ces familles. Un matin vers 6 heures, j'allai me promener dans la campagne et m'approchai d'un corral. Près d'une baraque, deux hommes travaillaient, un mennonite et un Indien. Le mennonite était très grand et fort. On ne l'appelait guère par son nom (Helmut Hecker) mais plutôt par son surnom : Colorado. Il pouvait dépecer en moins de vingt minutes une vache abattue sans souffrance d'une balle dans la tête. Boucher de profession, il tuait chaque matin six vaches et trois cochons pour nourrir la communauté.

L'amitié de Colorado, son hospitalité ont rendu agréables mes cinq jours dans cette ville austère et fermée. Il m'a emmené à cheval sur les grandes étendues du Chaco pour m'apprendre le maniement du lasso. Entre deux exercices, nous buvions tour à tour le *terere* (feuilles séchées infusées dans de l'eau froide) contenu dans une corne de vache. Avec sa femme et ses trois enfants, nous allions chaque soir chercher la fraîcheur dans le désert. Avec du bois ramassé sur place, nous faisions griller d'énormes morceaux de viande choisis par lui. Puis Colorado jouait de l'accordéon jusqu'à la tombée de la nuit tandis que je me berçais dans un hamac.

Né au Chaco, il ne le quitterait jamais. Ce Chaco, sauvage d'apparence, mais agréable à vivre quand l'homme, par son travail, le maîtrise. Mais tout me rappelait en France. Le jour de mon départ, j'étais très ému, persuadé que je ne reverrais plus Colorado [2]. Au moment où démarrait le camion qui m'emportait pour le Brésil, la jeune Française qui vivait dans ce village s'écria, les larmes aux yeux : « Vive la France! »

Paroles impressionnantes dans ce désert.

Le lendemain, je roulais dans un bus poussif qui tanguait à chaque cahot de la piste, soulevant des tourbillons de poussière. Elle envahissait toute la cabine. Cela m'a servi de prétexte pour engager la conversation avec le passager assis à mon côté. Un homme, dans la quarantaine; grand, les cheveux blonds et longs, sympathique. Il avait quitté son pays d'origine, l'Espagne, depuis

1. Dans le monde, il existe sept cent mille mennonites. Ils ont tenu leur 11e conférence internationale à Strasbourg en juillet 1984. Leur religion, fondée sur la primauté de la Bible, s'apparente au baptisme.

2. Deux ans plus tard, en 1978, j'ai profité de ma *Course autour du monde* pour lui rendre visite.

dix-sept années passées à parcourir le monde. A la recherche de quoi? Sans doute à la recherche de lui-même...

Nous avons parlé, en français, de la vie, du monde, des pays que nous connaissions et de ceux où nous aimerions aller. Notre conversation a duré vingt heures, jusqu'à l'arrivée dans une autre ville posée sur le sable où je comptais passer la nuit. Lui, poursuivait jusqu'en Uruguay et en Argentine.

Il était minuit quand nous avons atteint la lueur lointaine indiquant la station et la pompe à essence. Après des heures remplies par les grincements et les râles du moteur, le calme nous surprit. La nuit était tiède, vide, propice à des pensées profondes. Le plein d'essence allait être terminé et la pause aussi. Le moteur se remit à pétarader. Mon ami était sur le marchepied, prêt à reprendre son siège. Je lui tendis la main, il la saisit avec force et me demanda :

– Quand seras-tu à Paris?

– Je pense y être dans deux semaines.

– Alors, s'il te plaît, prends ce papier. Il porte l'adresse d'une femme à qui j'ai donné un fils. Il doit avoir seize ans maintenant. Va la voir, je t'en prie, et dis-lui qu'elle est encore dans mon cœur, je ne l'ai pas oubliée.

Il avait attendu, par pudeur, que le bruit du moteur couvre sa voix pour me faire cette confidence. Cette nuit-là, allongé dans mon duvet entre deux buissons, j'ai longtemps contemplé les étoiles avant de trouver le sommeil. Je pensais à la destinée qui réunit et sépare les êtres...

Parmi les raisons qui m'entraînèrent dans ce raid à travers l'Amérique du Sud, il y avait la possibilité d'améliorer ma pratique de la caméra. Je comptais bien repartir, à peine arrivé à Paris pour *la Course autour du monde.* Cette émission télévisée donnait à quelques jeunes le moyen de voyager pendant quatre mois et de voir diffuser, sur Antenne 2, les films qu'ils ramèneraient.

A mon retour de Rio de Janciro en ces derniers jours de septembre, j'étais fou de joie de trouver le dossier d'inscription. Mais quelle déception en découvrant, à la fin de ce dossier, que la date d'inscription était dépassée depuis plus d'une semaine. Il me fallait attendre la deuxième course qui débuterait... dans un an.

Heureusement, le lendemain même de mon retour de Rio s'offrit l'occasion d'un raid d'une nouvelle espèce. Il tombait à point. Je n'aurais pas eu le courage d'affronter une année d'incertitudes et d'entendre les concurrents de *la Course* me dire à travers le petit écran : je suis à Bali, je suis au Caire, je suis en Norvège, je suis au Pérou.

Mais moi aussi, j'allais pouvoir dire : je suis en Italie, je suis en

Yougoslavie, je suis en Grèce, je suis en Turquie, je suis à Beyrouth... C'est vers le Liban ravagé par la guerre civile que j'allais partir.

Grâce à la recommandation d'amis communs, Pierre Lepetit, informé de mon retour d'Amérique, vint m'offrir de partager une aventure. Un petit héritage qu'il venait de faire le dispensait de toute activité rétribuée. Au lieu de « vivre de ses rentes », il voulait mettre sa disponibilité au service d'une action humanitaire. Tous les médias avaient révélé que les hôpitaux libanais manquaient de médicaments. Lepetit se proposait donc, en tant que simple particulier, de remplir un camion de médicaments, de le conduire à Beyrouth où son contenu serait scrupuleusement partagé entre les deux camps en présence.

Ne pouvant mener à bien cette opération tout seul, il me proposait de la conduire avec lui, à titre bénévole. Agé de la quarantaine, d'aspect franc et direct, Lepetit était convaincant, et son but sympathique. Il n'en fallait pas plus pour me jeter dans une aventure qui, pour une fois, serait utile à d'autres que moi. Je répondis simplement :

– Quand partons-nous?

– Dans deux ou trois semaines, quand nous aurons réuni les médicaments et le matériel chirurgical.

Cette opération fut plus longue et difficile à monter que si elle avait été entreprise par des organisations humanitaires structurées. Nous n'avions même pas de bureau ni d'adresse. L'Office du tourisme libanais, qui, hélas, n'était guère dérangé par les touristes, nous prêta ses locaux rue du Faubourg-Saint-Honoré, un téléphone et une dactylo.

Nous avons d'abord sollicité l'aide des médias. Léon Zitrone fut l'un des premiers à nous faire connaître grâce à une émission qu'il animait alors sur RTL : *Appelez, on est là.* Alertés par lui, de nombreux auditeurs nous envoyèrent ou nous apportèrent des dons en espèces ou des médicaments en surnombre dans leur pharmacie personnelle. Je revois cette petite grand-mère, toute menue, la tête couverte d'un châle, modestement vêtue de noir et accompagnée d'une fillette et d'un garçonnet. Elle me remit un paquet de coton hydrophile en s'excusant de ne pouvoir faire plus.

Je la raccompagnai jusqu'à la porte. Elle rajusta son châle, prit ses petits-enfants par la main. Je la regardai s'éloigner à petits pas. Elle venait peut-être de loin... J'ai eu la brève tentation de la suivre pour savoir où elle habitait, comment elle vivait. Mais c'était sans rapport avec ma mission. Je chassai de moi cette curiosité malsaine : en réalité un signe de ma vocation de reporter; mais je ne m'en doutais pas.

Tous les donateurs ne furent pas aussi généreux que cette

simple femme. Nous avions demandé aux médecins généralistes de Paris de nous offrir le reliquat des échantillons que leur distribuaient les représentants des laboratoires pharmaceutiques. Beaucoup ont répondu à notre appel. L'un d'eux me fit remettre par sa secrétaire dix cartons pleins. Dix fois plus que d'habitude! Je me confondais en remerciements. « Dites bien au docteur, madame, combien nous lui sommes reconnaissants... »

En fin de journée, de retour au PC, je fis le tri des médicaments récoltés, la liste des codes à la main. Tous les soirs, j'éliminais d'abord les quelques produits périmés qu'on nous donnait par erreur. Je classais ensuite les bons par catégories.

Au cas où ce généreux médecin me lirait, j'en profite pour lui dire : « Vous êtes un beau salaud. Votre cabinet doit ressembler aux poubelles que vous m'avez refilées. » Neuf dixièmes du contenu de ses cartons étaient à jeter. Sans compter une bouteille de bière vide, un sandwich ranci, et deux tubes de pommades fendus et desséchés.

Un salaud et de la pire espèce. Comme son nom le laissait supposer, ce médecin avait des attaches avec la région à laquelle nous nous intéressions. Au risque d'empoisonner des compatriotes, il s'était déchargé sur nous d'une corvée.

Les médicaments périmés, en raison du danger qu'ils présentent, ne peuvent être mis à la poubelle. Il faut prendre la peine de les vider ou de les dissoudre dans un lavabo par petites quantités. Un véhicule spécial de la police vint nous débarrasser des cadeaux empoisonnés du généreux médecin, un matin à 7 heures.

Les dons reçus en espèces, complétés par l'obole d'un riche Libanais, nous avaient permis d'acquérir un camion Saviem. Il serait conduit à Beyrouth par trois chauffeurs se relayant au volant : Pierre Lepetit, moi et Diane. Elle avait mis ses trois semaines de congés à notre disposition, ou plutôt à celle des Libanais.

Nous sommes partis tous trois faire le tour de France des laboratoires pharmaceutiques qui nous avaient promis quelques-uns de leurs produits. Nous avions prévu de terminer par la région de Nice pour franchir la frontière italienne avec notre chargement complet. Hélas, il nous manquait un document douanier. Pierre Lepetit remonta à Paris où il mit cinq jours à l'obtenir... Il ne restait plus à Diane que dix jours de congés, c'était insuffisant pour aller à Beyrouth et revenir. Pierre Lepetit se démena pour lui trouver un remplaçant bénévole. Nouveau retard.

Deux mois avaient passé depuis le début de l'opération. C'est seulement vers le 8 décembre 1976 que Pierre, Hubert et moi avons pu franchir la frontière franco-italienne. Nous avons traversé la Yougoslavie, la Grèce, la Turquie, la Syrie, et atteint

Beyrouth après avoir roulé jour et nuit, sans arrêt, pendant douze jours.

Tout a été dit sur le drame libanais, sur cette capitale ruinée, dépecée, écartelée et toujours vivante... Je ne pourrai rien dire que les lecteurs ne sachent déjà. Aussitôt arrivés, après avoir franchi barrages et décombres, nous avons rejoint la pharmacie centrale dans le quartier d'Ashrafier.

La nouvelle de notre arrivée s'était répandue. Nous n'avons pas tardé à voir défiler les véhicules des camps adverses : des voitures américaines criblées de balles, les portes arrachées ou tordues. Sur l'aile avant flottait un drapeau blanc. Le partage fut scrupuleusement fait. Des hommes qui, l'instant d'avant, étaient prêts à se tuer, se côtoyaient dans une brève trêve. Je revois un infirmier émerveillé de découvrir un médicament dont il n'avait plus vu d'échantillon depuis près d'un an.

Un médecin nous proposa de visiter l'hôpital des Palestiniens, près du musée. Le camion vidé et refermé, nous l'avons suivi dans les rues défoncées parcourues par des blindés de l'armée syrienne. Des soldats, postés derrière des sacs de sable, pointaient leurs fusils sur nous, en nous interpellant. Les erreurs de tir devaient être nombreuses avec des détentes aussi sensibles.

L'hôpital présentait le spectacle habituel des horreurs de la guerre. J'essayais de sourire à des enfants mutilés. Mais je n'avais pas l'indécence de leur dire ce que je me répétais à moi-même dans les moments difficiles : « Tiens bon, ça va passer. » Je sentais au contraire que, pour eux, ça ne passerait pas, ça continuerait...

J'ai visité aussi un autre hôpital sous la conduite de la fille de Pierre Gemayel, le fondateur des Phalanges chrétiennes. Mère supérieure d'un couvent, elle avait la responsabilité d'un hôpital. Elle m'a montré quelques-uns de ceux que la guerre avait perturbés; ou, pour parler crûment, ceux qu'elle avait rendus fous. Par exemple, une fillette qu'on avait dégagée, vivante, de l'immeuble sous les ruines duquel étaient morts : son père, sa mère, ses frères, ses sœurs, sa grand-mère. Ces « blessés psychiques » étaient plus pitoyables encore que ceux privés d'un bras ou d'une jambe.

J'étais terriblement impressionné par cette « installation dans la guerre », par l'adaptation résignée des Libanais. Il me semblait que dans le cauchemar qu'ils vivaient, c'était la paix qui troublait les actes de la vie quotidienne. Je me souviens de ce repas partagé dans la cave d'un immeuble à demi détruit, exactement comme s'il s'agissait d'une salle à manger ordinaire.

Il ne se passait pas d'heure sans que retentissent des coups de feu, proches ou lointains. Le soir de notre arrivée, notre hôtel semblait situé dans un secteur calme. Après une douche, je m'étais écroulé sur mon lit pour me réveiller dix-sept heures plus tard. Pierre Lepetit me demanda si j'avais entendu le bombardement pendant la nuit. Des obus étaient tombés non loin de l'hôtel.

Je n'avais rien entendu mais je voulais bien croire que l'hôtel n'était pas situé dans un quartier calme. J'aperçus derrière mon oreiller six impacts de pistolet mitrailleur sur le mur. Quelqu'un avant moi s'était endormi sur ce lit et ne s'était jamais réveillé.

Je repartis par avion sans trop tarder. Non par peur, mais par désir d'oublier ce gâchis, ces ruines, cette haine. Je voulais me « laver » aussi du souvenir de ces douze jours d'un voyage harassant : pendant que l'un d'entre nous conduisait, un second somnolait, contre le pare-brise, le troisième dormait, allongé par terre sous les jambes des deux autres. Même pour avaler nos rations militaires et notre pain de guerre, nous ne cessions pas de rouler. Seuls quelques incidents étaient venus rompre cette monotonie plus épuisante que la fatigue physique.

Sur une route de Grèce couverte de neige, j'ai dérapé et heurté un pilier de pont. A l'entrée en Turquie, nous avons été bloqués pendant seize heures, pour vérification de notre mission. A Ankara, à 2 heures du matin, nous avons dû changer un filtre à fuel et coucher sous le camion par moins 10°, les bras couverts de fuel. Le lendemain, je me suis réveillé avec l'avant-bras parsemé de cloques dues aux engelures.

Ce voyage a été le moins enrichissant de tous ceux que j'ai faits. Je ne parle pas du point de vue financier (j'avais volontiers accepté d'être bénévole pendant trois mois). Je pense au point de vue documentaire. Des pays traversés juqu'à Beyrouth, je ne conserve que des images de pompes à essence et de formalités douanières. J'ai vécu douze jours dans un état somnambulique, ne retenant aucune anecdote, aucune image, pas la moindre atmosphère.

Seul aspect positif, pour moi, de ce voyage : il m'avait permis d'éprouver ma disponibilité. Et après tout, la vraie richesse, c'est de pouvoir donner son temps.

7

PARTIR ET REVENIR POUR RACONTER

Un des épisodes les plus intenses de ma vie a été *la Course autour du monde*. Étant rentré trop tard d'Amérique du Sud pour participer à la première série en 1976-1977, j'ai passé l'année suivante à souhaiter de toutes mes forces la continuation de cette émission, pour m'y inscrire et passer les barrages de la sélection.

En septembre 1977, je reçus et renvoyai le dossier d'inscription à temps pour participer à la sélection en vue de la seconde *Course*. Le succès de la première avait suscité un millier de candidats. Pour nous départager, on nous demandait de répondre à quelques questions posées en anglais, d'envoyer trois diapositives et quatre photos noir et blanc (je les avais choisies parmi mes photos d'Afrique et d'Amérique de Sud), de présenter un film super 8 réalisé sur un sujet au choix (le mien était intitulé *Trois Roues sur le sable* et avait été tourné lors de mon troisième voyage au Sahara).

On nous demandait aussi d'expliquer nos motivations en une page. Voici ce que je répondis :

« *La Course autour du monde* est un jeu? Je veux bien jouer! Et si je joue, je jouerai à fond! Pour moi la vie, c'est l'action, et pour cela il faut être prêt avant même que le soleil ne se lève et foncer vers lui, en cueillant tout ce qu'il vous offre. Mais il se lève sur tous les points du globe. Alors, je veux y être pour voir ce qui s'y passe. Autrement dit, il me faut bouger pour ne m'arrêter que devant ce que je trouve beau (voire toutes les formes de beauté).

« Participer à cette course représente pour moi quatre mois de vie intense. Je sais que tous les matins, il faudra être " sur le pied de guerre " pour remplir une mission que l'on m'aura confiée. Sillonner le monde pour le raconter. C'est passionnant. En partant, je saurai que l'on me fait confiance; et avec ce mot je me sens capable d'être à la hauteur de ce que vous me demandez.

« Pourquoi le tour du monde et non pas celui de la Bretagne ou celui des Causses? Parce que j'ai déjà goûté de ces pays lointains et dans ces mondes inconnus, je me sens bien.

« A Paris aussi, je peux vivre. Mais je crois en mon caractère : celui d'un garçon qui veut vibrer et en vibrant faire vibrer les autres. Pour cela, il me faut partir pour mieux sentir la vie. J'ai vingt-six ans et je reste persuadé que la chance après laquelle je cours (sans m'essouffler) me sourira pour me lancer dans la voie qui est réellement la mienne : " Partir et revenir pour raconter. " »

J'ai employé toutes mes forces pour réussir ce dossier, sachant qu'il m'offrait une chance unique et qu'elle ne se renouvellerait pas.

Quatre mois plus tôt (en mai 1977), je m'étais marié avec Diane. Je lui avais dit : « A partir d'aujourd'hui, donne-moi deux ans de liberté, laisse-moi trouver le moyen de te faire vivre grâce à un métier qui me passionnera. » Elle accepta de travailler seule pour nous faire vivre tous les deux.

Je sentais que cette *Course autour du monde* serait le tremplin d'où je m'élancerais. Je voulais, coûte que coûte, me trouver sur la ligne du départ. J'ai attendu, priant chaque jour que mon dossier ne disparaisse pas sous la pile.

A cette époque, je refaisais les peintures de notre petit appartement et, quand on peint un plafond, un mur ou un radiateur, on a l'esprit qui se balade; ma balade était invariable. Elle commençait à Roissy d'où je partais pour le Maroc, la Colombie, la Thaïlande. Ainsi de suite...

Une quinzaine de jours s'écoula, et la première émission de la deuxième *Course autour du monde* apparut sur le petit écran.

Le présentateur choisi par Télé-Union était le grand reporter Yves Courrière. Il s'apprêtait à donner le nom des quatorze candidats présélectionnés sur dossier. Chacun d'eux avait reçu une note sur trente. Étais-je parmi eux?

Mon angoisse était totale, car Yves Courrière et Roger Bourgeon commencèrent malicieusement par le quatorzième candidat, puis le treizième, le douzième et ainsi de suite. Montrant le film de chacun, ils donnaient quelques précisions sur la personnalité de son auteur, ses motivations, son passé, etc.

Arrivés au huitième, je n'avais toujours pas été cité. Diane et mon frère Hugues (venu m'aider à tapisser) avaient la certitude que ma chance était passée. Ils ne m'imaginaient pas du tout classé dans les sept premiers (on n'est jamais trahi que par les siens...). Figé face au petit poste noir et blanc, posé au milieu de la pièce sur une table bancale, j'étais le seul à y croire. Vêtu d'une vieille blouse blanche trouée, datant de mes cours de chimie, un pinceau gluant de colle à la main, je fixais l'écran, les oreilles grandes ouvertes.

Le septième, le sixième, le cinquième, le troisième venaient d'être nommés et mon nom n'avait toujours pas été prononcé. C'était atroce, injuste, insupportable. Sûrement je devais être le deuxième; ce n'était pas possible autrement, mon dossier était en béton. Du moins je m'en persuadais.

Didier Régnier, qui est aujourd'hui journaliste à Antenne 2, fut nommé second.

Mon cœur battait, il ne me restait plus qu'une seule chance, l'ultime chance.

J'y croyais encore et de plus en plus fort. Je me préparais à entendre résonner mon nom. Diane et mon frère, déjà résignés, bavassaient tranquillement. Sèchement, j'ai ordonné : « Vos gueules. » Et, comme je l'avais fait du quatorzième au deuxième, j'ai lancé tout haut :

– Maintenant, c'est moi!

Yves Courrière, après avoir laissé Roger Bourgeon parler du second, reprit la parole pour dire cette phrase que jamais je n'oublierai :

– Enfin, s'est classé premier, avec vingt-trois points sur trente, Philippe de Dieuleveult, originaire de X...

C'était moi! J'explosais, bandais mes muscles, criais sans apercevoir Diane qui, dans un coin de la pièce, maintenant, sanglotait. J'allais *sûrement* partir faire le tour du monde. Elle allait *sûrement* rester seule quatre mois, alors que nous venions de nous marier. Je la pris dans mes bras pour pleurer avec elle. Je mêlais mes larmes de joie à ses larmes de tristesse.

Ces quinze jours d'attente m'avaient renfermé sur moi-même. Et maintenant mes nerfs craquaient. Mon pouls battait à quatre-vingts. Au repos il bat normalement à cinquante. Je hurlais comme un fou :

– C'est moi, Diane, moi, mes photos, mon dossier, mon film, mes dessins! J'avais raison, Diane. Je vais gagner! je vais me battre! m'appliquer! me défoncer!

– Oui, je le sais, mais tu vas partir pendant quatre mois!

– Oui, je vais partir pour quatre mois, mais je te promets, tu viendras me rejoindre quelque part dans le monde, et après je trouverai du travail. Et toi, tu arrêteras le tien.

J'attendais ce moment depuis un an. Avec vingt-trois points sur trente, j'avais toutes les chances de franchir les trois barrages me séparant du départ de *la Course.*

Le tour du monde, il y avait de quoi rêver! Mais j'ai vécu les trois semaines suivantes « sur les nerfs ». Je n'avais droit à aucune erreur. A part le film super 8 que j'avais tourné dans le Sahara, partageant la caméra avec mes trois amis, je n'avais pas de véritable expérience de la prise de vues. Certains des autres candidats étaient des amateurs déjà expérimentés. Rien n'était joué. Des inquiétudes me harcelaient... La vie d'artiste commençait.

La première sélection consistait en un reportage photographique. Une pellicule de trente-six poses nous était remise un matin à 10 heures. A 18 heures nous devions la rendre, impressionnée sur le thème : « Hier, aujourd'hui, demain ». J'errais dans Paris, l'appareil photographique à la main, à la recherche de ce qui pourrait le mieux illustrer ce thème. J'ai trouvé l'inspiration au cimetière du Père-Lachaise, après avoir eu l'esprit traversé par une phrase qui m'avait marqué dans mon enfance. Je l'avais lue, gravée sur une tombe près d'une petite église du sud-ouest de la France :

HIER J'ÉTAIS CE QUE TU ES,
DEMAIN TU SERAS CE QUE JE SUIS.

Une fois le sujet cerné, il ne suffisait pas d'appuyer sur le déclencheur. Il fallait d'abord idéaliser la photo en soi, avant de la prendre : nous étions limités dans le temps et pour le nombre de photos. On nous demandait d'en choisir cinq et de les commenter. Autrement dit, de réussir le cliché idéal une fois sur sept. Après cette première épreuve, nous restions onze en piste.

La deuxième sélection consistait à réaliser en une journée un film de trois minutes sur le thème : *les Mystères de Paris.* Je disposais de trois pellicules de deux minutes trente chacune, et de deux jours pour monter et sonoriser mon reportage. Accompagné d'un « surveillant », j'avais choisi d'enquêter sur les foyers de travailleurs étrangers à Paris. Pour moi, banlieusard, le sujet était insolite : comment vivent-ils, où dorment-ils, ces Africains croisés sur les trottoirs parisiens?

Je ne me doutais absolument pas que pénétrer chez eux avec une caméra n'était guère facile. Je m'en suis aperçu quand, trois fois de suite, je me suis fait refouler. J'étais tout prêt à forcer ces refus, mais j'étais tenu de restituer le matériel en parfait état...

Je ne connaissais que trois adresses de foyers; elles n'avaient rien donné, j'étais démoralisé. En début d'après-midi je n'avais que quelques images glanées dans les rues fréquentées par les travailleurs étrangers. Ça ne permettait pas d'espérer une note extraordinaire.

Le temps me manquait pour changer de sujet, j'étais condamné à trouver une idée. Et ça, il m'en restait le temps. Je disposais encore de deux heures et de deux bobines vierges. A Barbès, où je rôdais désespérément, l'idée me prit de grimper sur un toit et de filmer la rue.

A vingt mètres de haut, à plat ventre au bord de la gouttière, l'œil rivé à l'œilleton, j'observais le grouillement de la foule. Mon accompagnateur, craignant le vertige, était resté dans une mansarde. La vue de sa tête dépassant d'une lucarne me donnait envie de rire : le moral remontait...

Après dix minutes dans cette position inconfortable, je me dis pour m'encourager :

– Il va bien se passer quelque chose, bon sang!

De sa lucarne, l'accompagnateur s'impatientait :

– Mais qu'est-ce que tu fais, tu dors ou quoi?

– Tais-toi, je vais tourner en sonore.

J'allais en effet commencer à filmer. Sur le trottoir d'en face je voyais arriver un Africain. Malien, Nigérien ou Voltaïque, sa tenue m'avait séduit. Un bonnet de laine enfoncé sur la tête jusqu'aux oreilles, un large boubou gonflé par le vent. Je le filmai comme il atteignait l'angle de l'immeuble, et s'apprêtait à traverser. Une voiture DS de couleur blanche (mais oui!) manqua alors de l'écraser. A grand renfort de gestes il insulta le chauffeur. Très digne, il reprit son chemin, je stoppai ma caméra... Avec prudence, je quittai mon poste et je m'enfilai dans la lucarne. Au bas de l'échelle, je retrouvai mon « ange gardien », très rassurant :

– J'allais voir en bas sur le trottoir si tu n'étais pas transformé en escalope, me dit-il. Bon, on rentre maintenant.

– Eh, non! pas encore, il faut absolument que je trouve un foyer.

– Tu en as déjà un, puisque tu es marié.

– Arrête, tu es trop drôle...

La rencontre du Noir et de la voiture blanche m'avait regonflé, et j'étais bien décidé à m'introduire dans un foyer. Sur le boulevard Rochechouart, j'abordais les Maghrébins et Africains :

– Pardon, monsieur, pouvez-vous m'indiquer un foyer de travailleurs immigrés?... Non? Ah bon, merci.

Et je passais au suivant. Une course contre la montre commençait.

Je ne voulais pas m'avouer vaincu. Mon tour du monde en dépendait.

Il ne me restait plus qu'une petite heure quand un Tchadien accepta de me guider dans son foyer. En quelques mots, j'avais sympathisé avec lui : je connaissais son pays, j'étais même passé dans son village natal à Mao, au nord du lac Tchad.

Il me présenta au directeur de l'établissement qui accueillit bien ma demande. Sous sa conduite, je visitai les dortoirs, la salle à manger, le bar, les cuisines. Je redécouvrais l'Afrique dans les sous-sols de Paris. Mon « mystère » était éclairci. Je filmais tout cela à la volée. Évitant les grincheux, et fuyant les palabres dont je ne me serais jamais dépêtré à temps. L'ambiance commençait à chauffer; certains pensionnaires n'acceptaient pas mon intrusion et encore moins ma caméra.

– Tu viens voler nos images.

– Pourquoi filmes-tu, pour montrer qu'on est des sauvages?

– Ça suffit maintenant. Tu pars sinon on casse ta caméra!

Il était temps de regagner Antenne 2... Je vidai les lieux, terminant ma bobine par un prudent travelling arrière.

Cinq minutes avant l'heure limite, je me ruais dans les bureaux de *la Course,* toujours suivi de mon accompagnateur. Il était « rendu », épuisé, affamé. Mais pourquoi n'avait-il pas eu, comme moi, la précaution de partir le matin avec un sandwich dans sa poche?

Mon film ne rencontra pas un énorme succès auprès du jury. Mais la note obtenue me permettait de rester en lice. Je fus repêché par le gros plan, long de vingt secondes, qui terminait le film. Un visage de Noir, pathétique, dont le regard exprimait tout le désarroi de ces déracinés, venus chercher un sort meilleur à Paris. Un regard plein d'interrogations.

Deux candidats étant éliminés, nous restions neuf. Soit deux de trop. Je me jurai qu'à la prochaine épreuve je ne serais pas parmi ces deux-là.

La dernière sélection consistait en l'interview filmée d'un personnage de notre choix. Le mien s'est porté sur le maire de la commune libre de Montmartre (la « vraie », car, paraît-il, il y en a deux...) : M. Bernard Salmon, aujourd'hui décédé. Pour terminer l'interview il récitait un de ses poèmes. Je m'en souviens encore, pour me l'être récité maintes et maintes fois avant de le présenter au jury, comme pour l'influencer.

Comme il était joli, mon village,
Lorsqu'aux jours de fête,
On allait s'amuser sous les frais ombrages
Des tilleuls et des marronniers.

La joie était sur les visages
Et ceux qui n'étaient pas trop vieux
Ou qui ne se sentaient plus leur âge,
Chantaient, dansaient à qui mieux mieux.
Ah! qu'il était joli mon village,
Sous ses tilleuls et ses marronniers.

Et je fus sélectionné!

J'allais partir autour du monde! je l'avais voulu avec une telle force qu'un rejet m'aurait anéanti. Mais je figurais bien parmi les sept nouveaux globe-trotters de *la Course autour du monde;* avec Jérôme Bony, Didier Régnier, Jean-Luc Chéron, Bertrand Olivetti, Daniel Méric, et la seule fille de la bande : Dominique Charton.

Quittant le célèbre studio 4 de la rue Cognacq-Jay, je rentrai vite retrouver Diane et préparer mon itinéraire. Heureuse pour moi, mais très triste, elle avait du mal à cacher ses larmes. Des sept concurrents, j'étais le seul marié. La séparation serait donc une difficulté supplémentaire à affronter. Mais la chance donnée et saisie, ce jour-là, était trop magnifique, trop décisive pour me permettre des états d'âme.

Courageuse, Diane m'a épaulé, sans la moindre amertume, dans tous mes préparatifs, dans tous les problèmes qu'ils posaient. L'atlas étalé sur la moquette, le doigt parcourant le monde de pays en pays, de continent en continent, je voyais le voyage prendre forme.

Mes parents, à Saint-Malo, avaient appris mon départ par la télévision, ils me téléphonèrent :

– Mais qu'est-ce que tu vas faire autour du monde?

– Des voyages.

– Tu pars avec Diane?

– Euh, ben non!

– Et avec quel argent?

– Celui de Télé-Union et Antenne 2. Ils nous paient le voyage et nous donnent de quoi vivre pendant quatre mois, en échange d'un reportage par semaine. C'est un jeu, et c'est génial.

– Mais combien de temps pars-tu?

– Quatre mois... Je sais c'est long, mais Diane viendra me rejoindre. J'économiserai pour lui payer le voyage.

– Tu passes nous voir avant de partir?

– Je ne sais pas si j'aurai le temps, je dois tout préparer. Mais je vous écrirai.

Avant même le départ, commença une première course : aux visas, aux vaccins, à l'achat du matériel. Les deux semaines de préparation s'écoulaient à la vitesse grand V. Je m'acharnais en même temps à terminer les travaux commencés dans mon appartement, à débarrasser les gravats d'une cloison de plâtre abattue. Je n'aurais pas pu abandonner Diane dans un chantier et partir, tranquille, me balader autour du monde.

Le grand jour arriva. Un rêve d'enfant devenait réalité.

Mais qu'il était dur de partir d'un aéroport froid et inhumain comme celui de Roissy! Ma cantine à roulettes enregistrée, mon sac de reporter à l'épaule, je serrai Diane dans mes bras avant de m'engouffrer dans le tunnel de verre.

Comme pour chacune de nos grandes séparations, nous n'avons pas échangé un mot. Nous nous comprenons si bien qu'un simple regard suffit pour tout nous dire. Son seul geste fut de défaire le foulard qu'elle portait autour du cou et de me le donner. Je devais le conserver sur moi pendant toute la course. Au fond d'elle-même Diane refusait mon départ, mais elle savait que c'était mon destin. Et elle m'aimait assez pour l'accepter.

8

MA « COURSE AUTOUR DU MONDE »

Si j'en crois les fidèles de *la Chasse aux trésors* j'aurais beaucoup d'aisance pour aborder à l'improviste des gens dont j'ignore tout (à commencer par la langue) et les détourner de leur destination et de leurs préoccupations afin de me renseigner, m'accompagner, m'aider. Je ne compte plus, c'est vrai, les soldats, marins, pompiers, prêtres, bergers, ouvriers, paysans, moissonneurs, charretiers, pêcheurs et inconnus de tous ordres qui ont bien voulu m'escorter au galop, ou me prendre comme passager sur leur moto, ou dans leur voiture, camion, bateau, tracteur, etc. Sans oublier ceux que j'ai moi-même embarqués à bord de mon hélicoptère.

Cette facilité dans les contacts, favorisée par mon caractère liant et optimiste, je l'ai développée – mise au point, même – dans ma *Course autour du monde.* C'est elle qui m'a tout appris. Dans *la Chasse,* je n'ai fait qu'appliquer les enseignements de *la Course.*

En quittant Paris pour une aventure de seize semaines, je m'étais fixé pour objectif : une semaine par pays, un reportage par semaine. C'était plus difficile que de trouver trois trésors en 45 minutes! là, il n'y avait pas d'objectifs ni de zone d'action définis à l'avance par les organisateurs, pas de règle du jeu, personne pour me guider.

Je n'aurais jamais pu tenir mon pari si je n'avais pas trouvé sur place la sympathie et l'assistance de gens dont j'ignorais l'existence dix minutes auparavant et que j'étais pourtant destiné à rencontrer. Je le savais bien : dans chaque pays où j'arrivais, le problème était de reconnaître dans la foule des passants celui que le destin avait chargé de me sourire et de me tendre la main.

Au Canada, au Chili, en Indonésie, à peine sorti de l'aéroport j'appliquais la même tactique. Tirant ma cantine à roulettes derrière moi, je flânais, je souriais chaque fois qu'un regard accrochait le mien. Malgré mon anglais et mon espagnol rudimentaires, j'engageais la conversation. Je me revois dans la campagne bolivienne, frappant à la porte d'une maison isolée pour demander de l'eau. Entre deux gorgées, j'expliquais ma présence et mon allure insolites. Je racontais mon aventure, toujours étonnante pour mes hôtes. Ils me demandaient des détails. A mon tour je leur demandais s'ils n'avaient pas dans leur remise ou leur garage un coin où je pourrais dormir. L'hospitalité m'était aussitôt accordée.

En ville, je demandais mon chemin, l'emplacement d'un monument, l'adresse d'un hôtel pas cher. A la moindre étincelle de sympathie, je plaçais mon histoire. Et bien souvent, ce passant inconnu me procurait un logis. Sur cent douze nuits, j'en ai passé seulement neuf à l'hôtel; une douzaine dans les aéroports, les gares, à la belle étoile (ma cantine accrochée à mon bras par une ficelle); quelques-unes – très peu – dans les « boîtes » (ma cantine au vestiaire). Toutes les autres nuits je les ai passées chez l'habitant.

En saisissant ainsi toutes les occasions, toutes les invitations, somptueuses ou modestes, j'obéissais à un double motif. D'abord faire des économies pour pouvoir envoyer à Diane, comme je le lui avais promis, un billet d'avion; il lui permettrait de venir passer la Noël avec moi, quelque part au bout du monde. Ensuite: comprendre et apprendre. C'est grâce aux séjours chez l'habitant que j'ai trouvé la plupart de mes sujets de films et les moyens de les traiter.

Une fois que j'étais adopté par l'habitant et introduit chez lui, les voisins et amis me faisaient répéter mon histoire. Ensuite chacun s'évertuait – par les amis d'amis et les relations de relations – à me mettre en contact avec le géographe, le directeur de musée, le journaliste, l'historien, le prêtre, le sorcier, le général ou le cousin qui savait tout et pouvait tout. Puis, l'atmosphère s'échauffant, les alcools locaux aidant, je croyais être là depuis toujours, et familier des détails et des noms qu'on me citait.

Puis venait le moment d'aller m'étendre sur le canapé, sur la moquette, dans la chambre d'amis ou celle des enfants. Pour m'offrir une chambre, une famille s'entassa une fois dans une seule pièce. En vain je leur dis que mon sommeil profond me permettait de dormir n'importe où. Je n'ai jamais aussi bien dormi qu'à même le sol, dans des cases africaines enfumées ou saturées d'odeurs fortes.

Je donnerai seulement deux exemples de logements chez

l'habitant, tous deux situés en Indonésie. Un soir à Djojakarta [1], un étudiant m'a pris sur sa mobylette, alors que je faisais du stop sous une pluie battante. Il m'a emmené dans sa chambre, presque nue : un lit rudimentaire, une table, une chaise. Assis sur le lit, je commençai par le questionner sur la production du riz. Mais terrassé par la fatigue, je me suis endormi sans m'en rendre compte.

Je me suis réveillé vers 2 heures du matin, très gêné de le découvrir endormi sur la chaise. J'ai eu beaucoup de mal à lui rendre son lit.

– C'est mon lit, mais tu es mon invité. Alors dors!

– Je l'ai déjà occupé la moitié de la nuit. Reprends-le et couche-toi!

Il a fini par accepter l'échange mais s'est rattrapé le lendemain en redoublant d'attentions. La pluie, ininterrompue pendant la nuit, avait inondé les rues, l'empêchant d'utiliser sa mobylette pour m'accompagner jusqu'à la gare routière. Mais il a trouvé une autre solution. Il voulait me porter sur son dos. Mon refus l'aurait vexé. Il insistait :

– Comme ça, tu ne mouilleras pas tes chaussures!

– Je t'en prie, je préfère les enlever...

– Non! non! Tu es dans mon pays, je veux que tu en gardes un bon souvenir.

C'est le cas. Le souvenir que je garde de cet étudiant ne s'effacera jamais de ma mémoire : l'image d'un étudiant pas très costaud, portant sur son dos, entre deux pauses, un gaillard de Français pesant (le sac compris) plus de quatre-vingts kilos.

A Djarkarta même, où je me rendis un peu plus tard, j'ai connu dans un cadre très différent un hôte moins émouvant, mais aussi original. Par le réseau des amis d'amis, j'avais une lettre de recommandation pour la fille d'un général indonésien. J'avais aussi pour elle un cadeau que Diane avait apporté de France, en venant passer Noël avec moi à Nouméa.

La nuit tombait quand je trouvai l'adresse indiquée. C'était une propriété somptueuse. A l'entrée, on remarquait trois voitures et deux soldats montant la garde. J'appris que la jeune fille était absente pour deux semaines. Mais on ajouta que son père allait me recevoir.

Le général Abdul Aziz était en civil, mais restait très martial dans son comportement. Il me fit asseoir d'un geste et il écouta, impassible, mes explications dans un anglais que la fatigue rendait confus. Contrairement à mes hôtes précédents, il était peu

1. Djojakarta est une ville diférente de Djarkarta – capitale de l'Indonésie –, où je me suis également rendu, comme je le dis plus loin.

curieux. Il voulait seulement savoir si j'avais fait mon service militaire et dans quelle arme. Il accueillit mes précisions avec la même impassibilité. Je me demandais, avec inquiétude, s'il avait compris que j'espérais bien m'installer chez lui...

Il me rassura en m'annonçant qu'il mettait à ma disposition, pendant mon séjour, une voiture et l'un des soldats attachés à son service. Celui-ci vint prendre ma cantine sur son dos et nous conduisit elle et moi à ma chambre. Une pièce immense, avec une table de nuit semblable à un trône et un lit à trois places. Le sol était recouvert d'un tapis moelleux sur lequel j'aurais pu dormir confortablement.

Mon soldat était allé me préparer à dîner. Il le servit dans mes appartements, sur une petite table devant la fenêtre ouverte sur un jardin intérieur. Je me couchai aussitôt, lui demandant de me réveiller à 5 h 30. A l'heure dite, il frappait à ma porte et déposait sur un bord de l'immense lit le plateau du petit déjeuner...

Tous mes réveils de *la Course autour du monde* ne furent pas aussi princiers. Je pense à ce petit matin glacé et obscur dans une cabane au Canada, après une nuit sans chauffage. Il faisait si froid que je tremblais encore des pieds à la tête après avoir pris une rapide tasse de café bouillant. A 6 h 30, je partis en grelottant dans la neige pour filmer les oies blanches qui, venues du Grand Nord, allaient hiverner en Floride. Elles s'arrêtaient le temps de « casser une croûte », sur les rives du Saint-Laurent.

Après avoir essuyé sans bouger une tempête de neige, caché dans les herbes et les pieds dans la glace, j'ai pu les voir, ces fameuses oies, fouillant la vase avec leur bec cornu, à la recherche du cirip. Une racine dont elles raffolent; et qu'elles extirpent au moyen d'une langue très râpeuse. Près de 200 000 de ces volatiles avaient fait escale sur le Saint-Laurent. Ils n'étaient plus que 5 000 à s'attarder là, par gourmandise. « Si les oies ne s'en vont pas, me dit un responsable du parc, et surtout si la neige continue à tomber, elles mourront. » Je filmai donc les dernières oies blanches de 1977, dont la vie était suspendue à quelques flocons de neige.

Le lendemain, je suis passé sur l'autre rive. Dans la vase que la mer descendante découvrait peu à peu, j'ai rencontré un chasseur en route vers sa « cache ». Il portait de grandes bottes montantes jusqu'aux cuisses, un manteau fourré. Une capuche serrée sur son visage ne laissait apparaître que ses yeux et l'extrémité du nez, rougie par le froid.

D'origine suisse, Willy était chef cuisinier dans un hôtel de Québec. Je m'efforçai de l'accompagner, au prix de quelques chutes dans la vase, jusqu'à sa « cache ». Un trou profond de 1,70 m, étayé de rondins auxquels pendait un seau qui nous servit à vider la cache. A quelque 300 mètres, les oies remontaient vers nous avec la marée, le bec en permanence dans la vase. Willy me recommanda le silence et l'immobilité. « Elles voient tout, elles entendent tout... Je vais attendre qu'elles soient à 50 mètres de nous pour les tirer... »

Mais elles ne sont jamais parvenues aussi près, car la neige s'est remise à tomber. Alors Willy m'a emmené dans la forêt pour vérifier ses collets et ses pièges. Pendant une journée je me suis pris pour un trappeur. Ce reportage, empreint d'une poésie nostalgique, a plu aux amateurs de nature sauvage. Je ne saurais en dire autant du sujet que m'inspira Santiago du Chili.

J'y étais arrivé par avion, un vendredi soir vers 22 heures. Moins d'une heure plus tard, j'arpentais le centre ville, tirant ma cantine à roulettes d'une main, un plan dans l'autre. J'étais à la recherche du directeur général de Peugeot-Chili. Je m'étonnais de voir les rues se vider très vite pour devenir brutalement désertes. Instinctivement je longeais les murs et plongeais dans l'ombre d'un porche, à l'approche de rares voitures. C'était chaque fois des voitures de police. Dans ma candeur, j'ignorais qu'un couvre-feu était instauré après 23 heures.

Je l'ai appris lorsqu'une femme a répondu avec surprise à mon coup de sonnette : « Rentrez vite ! » C'était l'épouse du directeur, un peu inquiète de mon intrusion et de mes explications confuses. J'en étais désolé. Je le lui dis avec un sourire, pour la décontracter... Son mari était absent de la capitale. « Vous allez dormir ici et demain je vous présenterai à notre directeur commercial Michel Thibon. Un type épatant, vous verrez. »

C'était vrai. « Battant » et enthousiaste, Michel Thibon me prit tout de suite en sympathie. Il se déclara prêt à me fournir tous les moyens matériels : argent, relations, voiture, avion... pour me permettre de réussir le sujet que je choisirais. « Tu dois gagner. Tu gagneras. » Il s'attendait à me voir réaliser un reportage exigeant la mise en œuvre de grands moyens. Mais il m'était venu une idée à la fois plus simple et plus folle.

Je savais, au départ de Paris, que le général Pinochet exerçait au Chili une dictature de fer. On m'avait dit que le pays serait donc inintéressant. Des lettres reçues poste restante depuis mon départ m'avaient signalé des troubles, des incidents. On me conseillait d'éviter le Chili. C'est pourquoi j'avais prévu de m'y arrêter seulement une nuit et de repartir dans la soirée du lendemain. Mais ma traversée de la ville, dans les rues désertes, enveloppées d'un silence que troublaient seulement les voitures de police, le ton angoissé avec lequel on m'avait dit la veille au soir : « Rentrez vite », m'avaient donné une envie irrésistible : rencontrer l'homme qui faisait trembler le Chili.

Michel Thibon ne revint pas sur ses promesses de m'aider, bien au contraire. Il me proposa de l'accompagner le soir même à une soirée où se retrouverait le Tout-Santiago. C'était le meilleur moyen d'approcher des gens qui en connaîtraient d'autres capables de m'obtenir l'entrevue.

– Mais je n'ai pas de costume ni de cravate...

– Ça ne fait rien, au contraire : tout le monde te regardera et se demandera ce que tu fais ici. Je te présenterai comme un journaliste qui fait le tour du monde et souhaite rencontrer Pinochet.

Avec mon jean râpé, mes chaussures montantes, ma chemise mal raccommodée, mais autour du cou – mon porte-bonheur! – le petit foulard de Diane, j'ai été le point de mire d'une assistance élégante. Michel a commencé par me présenter à une adversaire du général : la journaliste Carmen Puelma, organisatrice de la manifestation des femmes chiliennes qui défilèrent dans les rues en frappant sur leurs casseroles.

Carmen Puelma à son tour me mit en rapport avec d'autres personnes qui..., etc. A la fin de la soirée de ce samedi, on me promit une réponse pour lundi. Je passai la journée du lendemain dimanche à pêcher la truite dans la cordillère des Andes avec Michel et sa famille.

Le mardi suivant je me trouvais face au dictateur chilien. Assis à son bureau, le général Pinochet était en grand uniforme impeccable; et moi dans ma tenue de vagabond. La situation était impressionnante mais elle ne m'intimidait pas. J'étais satisfait d'avoir pu réaliser un exploit : rencontrer l'homme qui, jusque-là, avait refusé de recevoir une trentaine de grands journalistes occidentaux.

Je ne voulais pas faire une interview politique (j'en aurais été bien incapable) et le général ne m'a d'ailleurs confié que d'aimables généralités. Je voulais montrer qu'à cœur vaillant rien d'impossible. Et qu'un petit jeune homme de passage, ne représentant que lui-même, inconnu et mal vêtu, pouvait réussir là où les grands professionnels avaient échoué.

En France, on n'a guère été sensible à ma débrouillardise. Au moment du classement final, cette interview a soulevé l'hostilité de tous les membres du jury, excepté Jacques Aubertin, reporter au JT d'Antenne 2. J'étais à 5 points derrière les premiers ex æquo Jérôme Bony et Didier Régnier. Un sujet obtenant en moyenne une note de 6 points, je peux dire que celui-ci m'a privé de la place de premier. Déjà, lors de la diffusion de l'interview à l'antenne, le présentateur avait déclaré d'un air dégoûté : « Quand on est journaliste, on ne va pas voir celui qui coupe les mains des guitaristes. »

Mais bien sûr! il vaut mieux, dans la bonne tradition, interviewer les victimes et faire pleurer le téléspectateur dans son potage! Et il est tellement plus facile de rencontrer les victimes innombrables d'une répression que le responsable suprême de celle-ci! Si j'avais eu l'occasion de rencontrer et de filmer un personnage aussi inaccessible qu'Hitler, je l'aurais saisie! Et je vous promets que cela n'aurait pas entraîné ma conversion au nazisme!

J'ai donc été traité de fasciste. J'ai même pu lire plus tard, dans le courrier reçu par les producteurs de *la Course autour du monde,* ces lignes me concernant : « Ce concurrent ne devrait-il pas être éliminé? Il est dangereux. J'espère qu'il n'aura pas d'enfant... »

Je quittai le Chili pour aller en Nouvelle-Calédonie au-devant de la plus belle de toutes mes rencontres. Grâce à l'hospitalité de « l'habitant » j'avais pu offrir un billet d'avion à Diane et nous nous étions donné rendez-vous aux antipodes de Paris, à Nouméa, en Nouvelle-Calédonie. Après deux mois de solitude et de difficultés, j'allais la serrer dans mes bras, le 24 décembre. Un beau cadeau de Noël.

Comme Jérôme Bony, d'après son planning, devait passer dans ce secteur à la même époque, je lui avais donné l'adresse d'un ami que j'avais à Nouméa, Dominique Laurent. Et un après-midi, j'ai trouvé, sur la porte de Dominique, un message cloué au couteau : « Quitte la ville, Phil, Jeremy Boun est arrivé! » Et au même moment, surgissant de derrière les buissons du jardin, Jérôme a bondi sur moi. Quelle joyeuse empoignade!

Cela me faisait du bien, après deux mois de course solitaire, de pouvoir parler avec un « concurrent » guidé par le même enthousiasme, d'échanger nos joies, nos tristesses, nos difficultés, nos découvertes. Nous avons passé deux jours à nous faire des plaisanteries et des farces. Diane s'efforçait de les fixer avec mon appareil Polaroïd. Ces photographies étaient destinées à la coordinatrice de l'émission : Noëlle Bourgeon, « notre maman à tous ». Elle était notre réconfort hebdomadaire.

Chaque vendredi, nous étions tenus d'appeler les bureaux de *la Course* pour donner notre position et nous informer sur les réactions provoquées par nos films. Cet appel hebdomadaire n'était pas un devoir mais un plaisir, car Noëlle serait au bout du fil. Toujours prête à réconforter, rassurer, aider, et à adoucir les mauvaises nouvelles. Elle servait aussi de messagère entre Diane et moi.

– Allô, Philippe? Tout va bien?

– Oui, Noëlle. Tout va bien pour moi.

– Tu es certain de n'avoir besoin de rien? Continue à nous envoyer de bons films, mais essaie d'améliorer la qualité du son. Tu vas trouver une lettre de Diane à Asuncion. Elle t'embrasse très fort. Elle te recommande surtout de ne pas baisser les bras.

Mes bras aujourd'hui entouraient le corps de Diane. Je voulais profiter de son séjour à Nouméa pour partager avec elle deux reportages.

Le premier concernait les *stockmen.* De véritables cowboys, mais de nationalité française. A cheval, j'ai parcouru avec eux les étendues vallonnées de la Nouvelle-Calédonie. Je les ai filmés, rassemblant les troupeaux à grands claquements de fouets, pour les parquer dans un corral. Ou pour leur faire prendre un bain : dans une piscine allongée en forme de canal et dont l'eau était additionnée d'un produit anti-parasites.

Pour traduire en images l'impression de chevauchée qui caractérise le pays, j'ai imaginé de faire toutes mes prises de vues à cheval. J'avais une selle confortable, fabriquée en Australie. Grâce à deux gros bourrelets, je coinçais les genoux, serrant fortement le poitrail de ma monture sans risque de tomber. Les mains libres je pouvais filmer, ma caméra à l'œil, au rythme du cheval. Grâce à un ami médecin militaire qui me l'a offerte et ramenée en France, cette selle se trouve aujourd'hui dans mon salon. Mais ce n'est pas qu'une parure, car je m'en sers de temps à autre pour faire de l'équitation.

Avec ce médecin, Xavier Nouaille-Degorce, l'éleveur, et Diane, nous nous sommes livrés une nuit à une sorte de braconnage. La chasse au cerf était interdite, mais ils pullulaient et commettaient des dégâts : las de les voir piétiner ses cultures, l'éleveur les tuait non par plaisir, mais par nécessité. Il distribuait la viande à ses amis. La chasse se faisait en voiture équipée d'un projecteur, avec un fusil à lunette. J'ai voulu en tuer un, j'en ai été puni. J'ai raté l'animal, pourtant stoppé net par la lumière soudaine du faisceau. Et le recul de l'arme m'a fait prendre un bon coup de lunette en plein dans l'œil. Mon œil au beurre noir m'a beaucoup gêné pour filmer mon reportage suivant sur les pêcheurs de troca.

Le troca est un gros coquillage dont la nacre, découpée à l'emporte-pièce, orne tous les dix centimètres nos chemises et nos chemisiers. Nous appelons ces découpures rondes des boutons et nous les préférons maintenant en matière plastique, pour le malheur de ces pauvres pêcheurs...

Ils filaient sur le lagon limpide à la vitesse de leurs hors-bords modernes. Puis, de façon très artisanale, ils plongeaient à trois mètres de profondeur pour y cueillir des centaines de coquillages. Grâce à ma caméra sous-marine, j'ai ramené de splendides images et, aussi, j'ai pu approcher mon premier requin.

En regagnant le rivage, nous en avons d'abord remarqué cinq qui évoluaient en bande. Le nombre m'a fait renoncer malgré mon goût du risque et de l'image insolite. Quelques minutes plus tard,

Mes débuts sportifs (1er à gauche) dans une équipe de gymnastique artistique. (D.R.)

Enfant de chœur à Versailles. (D.R.)

Au 30e kilomètre des 100 kilomètres de Millau.
(Photo Bruno Cusa.)

Mes frères (de droite à gauche) : Jean, Jacques, Guy, ugues, Yves, Eric et moi.
(D.R.)

En plein ciel,
heureux
comme un oiseau.
(Photo Patrice George/
Interpress.)

Le cheval :
un compagnon
de voyage.
(Photo Frédéric Meylan/
Interpress.)

Au Sahara en 1974.
Il faut savoir s'adapter.
(Photo François Laurenceau.)

François Laurenceau
et Diane, ma future femme
à bord du SEM.
(Photo Alain Laurenceau.)

On s'émerveille même au XXe siècle.
(Photo Patrick Robert/Sipa Press.)

On me l'avait prêtée pour la photo.
(Photo Frédéric Meylan/Interpress.)

L'école de l'Aventure s'ouvrait sur de nouvelles techniques.
(D.R.)

Patrice Franceschi et moi, au Tchad. (D.R.)

Les guerriers d'Issène Habré. (D.R.)

Au Kurdistan iranien en 1980. (D.R.)

Reportage sur l'armée Karen, en Birmanie. (Photo Antoine Vial.)

Chez les Boat People. (D.R.)

Un pénitent, à Singapour,
lors de la fête de Thaïpusan. (D.R.)

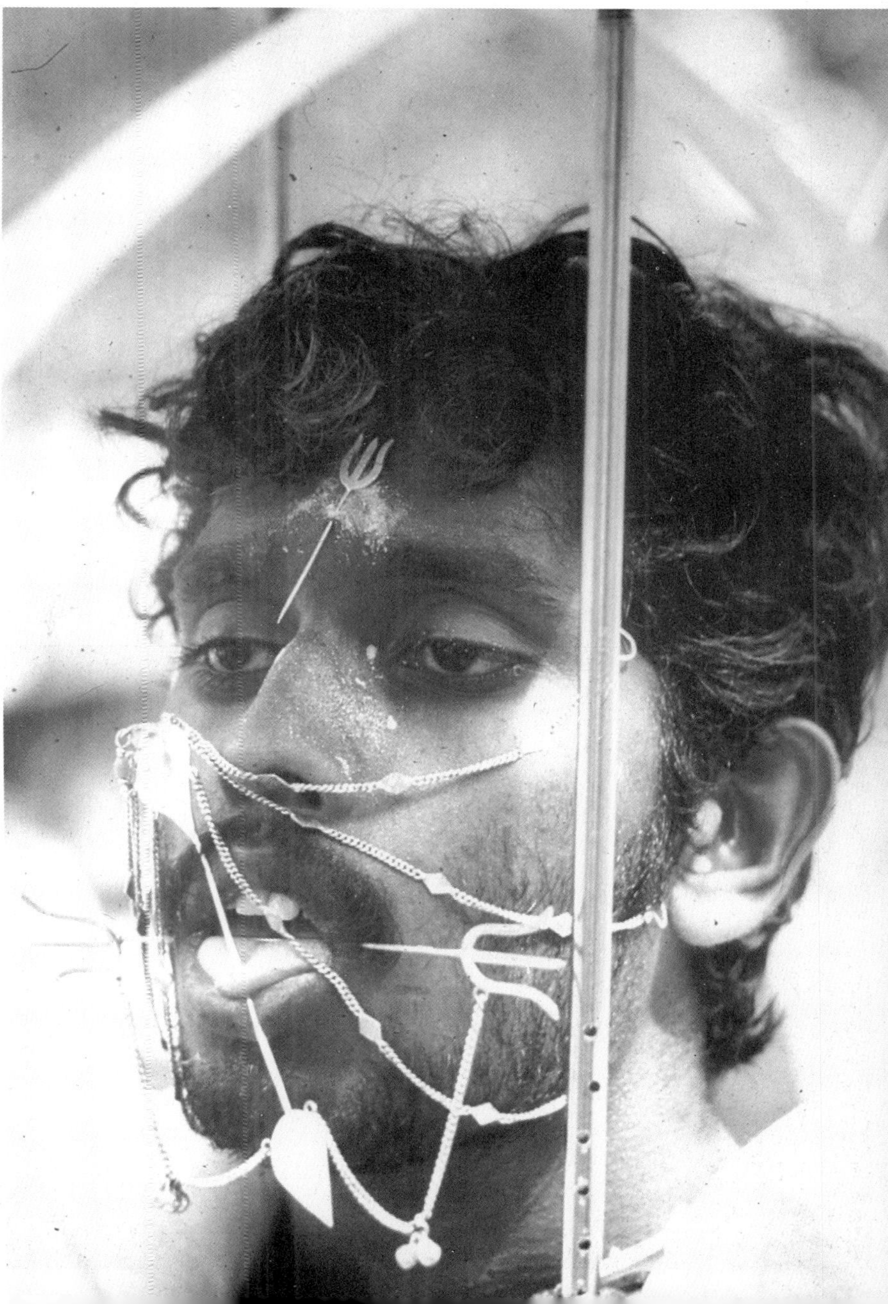

ns le voyage,
t est bon. (D.R.)

Didier Lecat, un homme qui respecte ceux du terrain. (D.R.)

Jacques Antoine, créateur de la Chasse aux trésors. *(D.R.)*

La Chasse aux trésors : *décollage dans une demi-heure. (D.R.)*

Jean-Yves Le Mener et moi, à la fin d'une émission, en Suisse. (D.R.)

Et si un jour lâchais... (D.R.)

Escalade sur un pylône pour y installer l'antenne. (Photo Jean-Yves Le Mener.)

Dans une école bouddhique, en Thaïlande. (D.R.)

Quand on vient du ciel,
tout est possible !... (D.R.)

Un de mes plus beaux souvenirs
de la Chasse *au Sri Lanka.*
(Photo Olivier Bignon.)

Ce soir-là, à Fez, on nous traita comme des émirs. (D.R.)

Le dur métier d'aventurier. (D.R.)

Après une émission : le sourire de la victoire. (D.R.)

Le fils du boy de Stanley. (*Photo Olivier Bignon.*)

Épuisé, la main brûlée, au retour de Majorque. (D.R.)

Hélicoptère, quand tu nous tiens ! (Photo Frédéric Meylan/ Interpress.)

Après l'émission de Puno (lac Titicaca), déguisé en caporal del diablo. (D.R

HELI-FRANC

Sur un patin d'hélicoptère, on voit la vie différemment. (D.R.)

La réalité rejoint la fiction : ma rencontre avec Michel Vaillant. (Éditeur Graton.)

Peut-être mes deux fils seront-ils pilotes un jour. (D.R.)

nous apercevions un solitaire. J'ai adressé à Diane un regard interrogateur. D'autres épouses se seraient écriées : « N'y va pas, mon chéri! » Elle m'a dit d'un ton calme : « Si tu veux gagner la course, il te faut y aller. »

J'y suis allé... tout en regrettant de ne pas avoir souscrit une forte assurance-vie! J'ai plongé avec ma caméra et, accroché au bateau, j'ai suivi mon requin pendant une cinquantaine de mètres. Je n'étais pas du tout rassuré. J'avais tendance à me retourner souvent pour être certain qu'un autre requin ne grignotait pas mes palmes. Résultat : des images floues... mais j'avais quand même réussi à filmer mon premier requin.

Le soir même, Diane et moi avons pris l'avion pour Djakarta. Là, je débarquais pour continuer ma *Course.* Elle repartait pour retrouver l'hiver et Paris. Pendant toute l'escale nous nous sommes regardés en silence à travers la vitre épaisse de la salle de transit. Au moment de son départ, nous avons plaqué nos mains sur la vitre comme si elles pouvaient se rejoindre. Dans la nuit indonésienne, j'ai craqué des allumettes pour suivre du regard le DC 10 qui l'emportait. Une fois de plus j'étais déchiré entre la vie familiale et l'aventure. Une fois de plus, l'aventure avait gagné.

Singapour a été pour moi une étape importante. Elle m'a permis d'effacer de mon esprit une image cauchemardesque. Elle me hantait depuis l'âge de six ans. L'école nous avait emmenés voir au cinéma un documentaire impressionnant. Il montrait un hindou offrant sa souffrance physique à son dieu, un jour de Thaïpusan, c'est-à-dire un jour de pleine lune du dixième mois du calendrier tamoul. L'épreuve consistait à marcher longuement, chaque pas augmentant la souffrance provoquée par le port du kavadi. C'était un appareillage métallique, reposant sur les hanches et les épaules, à partir duquel cent huit piquants venaient ancrer leur pointe dans la chair du torse.

Ces images barbares m'avaient traumatisé au point que, de tous mes nombreux rêves de voyages, aucun n'avait pour destination l'Asie. Le règlement de *la Course autour du monde* m'imposait de visiter cette partie du monde; mais je l'envisageais avec une certaine répugnance.

Je décidai pourtant de prolonger mon séjour à Singapour, en janvier 1978, quand j'appris qu'on y préparait la fête du Thaïpusan. Je voulais affronter et liquider ce mauvais souvenir d'enfance. Le pénitent que j'ai filmé, le 24 janvier, s'appelait Ragoon. Je m'étais rendu chez lui quelques jours avant la cérémonie, pour observer comment il s'y préparait. Depuis un mois, il ne se nourrissait que de légumes et s'abstenait de toute activité sexuelle, ne dormant que sur une planche de bois. Les trois derniers jours, il jeûnait entièrement.

Le grand jour était arrivé. Toute sa famille, tous ses amis étaient venus l'encourager. Pour s'empêcher de crier, à mesure que les cent huit piquants (terminés par des plumes de paon) pénétraient dans sa chair, il priait à voix haute. De rares cris brefs, accompagnés de crispations du visage, lui échappaient. Alors l'assistance chantait pour couvrir ses cris. Le chant s'est transformé en hurlements, quand le moment le plus pénible est arrivé.

Une grosse aiguille lui fut enfoncée dans une joue, ressortant par l'autre. Enfin, il ouvrit grand la bouche, et on lui perça la langue avec un couteau. Le calvaire ne faisait que commencer : il lui restait à parcourir pieds nus les trois kilomètres le séparant du temple. A chaque caillou, à chaque inégalité du sol, cent huit douleurs flambaient dans sa chair. Ainsi remerciait-il ses dieux d'avoir sauvé son père d'une mort qu'il avait crue certaine.

En chemin notre cortège hurlant et chantant se grossit d'une cinquantaine de pénitents de tous âges. Parmi eux, une fillette d'une dizaine d'années, les deux joues transpercées d'une lance longue d'un mètre et d'un centimètre de diamètre. Je revois ces yeux hagards, sa démarche titubante ou parfois saccadée. Elle semblait loin, très loin de ce tumulte de chants et de prières qui étouffait les cris de douleur. D'autres pénitents suivaient le cortège, le corps recouvert de dizaines de citrons verts accrochés à la peau par des sortes de hameçons. Au bout de quelques mètres, les citrons sacrés, en ballottant, déchiraient les chairs. Le sang se mêlait à la sueur.

Moi aussi, les dents serrées, je ruisselais de sueur, et je filmais dans un état second. Mais ces images ne hantent plus ma mémoire. Depuis que j'ai eu l'occasion de les capturer avec ma caméra et de soigner ainsi le mal par le mal, elles ne m'impressionnent plus.

Comparée au Thaïpusan, la cérémonie religieuse que j'ai filmée en Afrique était presque paisible. Je me trouvais au nord du Gabon parmi une tribu de la race fang. Elle est réputée, de nos jours encore, pour manger ses morts. Le christianisme, plaqué sur leurs anciennes pratiques religieuses, avait entraîné une curieuse déviation : la cérémonie de l'« Angomé-Ebogha ». Une sorte de messe, semblable à la vraie dans son déroulement (mais non par sa frénésie!); elle comportait, entre autres, une prédication et une communion.

La cérémonie ne prenait toute son intensité qu'après cette communion. Au lieu de l'hostie, les fidèles absorbaient la racine, hachée, d'une plante hallucinogène : l'ébogha. Les communiants, ainsi purifiés, cherchaient à ressembler aux saints à peau blanche du christianisme; ils s'enduisaient le visage et les parties apparentes du corps avec du kaolin. Très vite, les chants religieux se transformaient en danses frénétiques et hurlantes.

Ce tourbillon était si grisant qu'il m'a emporté malgré moi... bien que je n'aie pas « communié ». Lâchant ma caméra, j'ai rejoint les danseurs. Voyant cela, ils m'ont revêtu d'un boubou jaune à fleurs, et m'ont mis des clochettes dans une main, un hochet d'enfant dans l'autre. Et j'ai dansé, dansé, dansé...

En courant autour du monde, j'ai remarqué qu'une des façons pour l'homme d'oublier sa misère était de lui substituer une souffrance choisie par lui. C'était, tout comme la drogue, un moyen d'évasion « initiatique » auquel la religion fournissait souvent un prétexte sacré.

Souvent, mais pas toujours! Aucun prétexte sacré n'était invoqué par les mineurs boliviens que j'ai filmés dans leurs galeries à 4 600 mètres; non pas au-dessous mais *au-dessus* du niveau de la mer : presque la hauteur du mont Blanc. La drogue, absorbée en mâchant à longueur de journée des feuilles de coca, permettait à ces hommes et à ces femmes de travailler dans des conditions que les mineurs européens, pourtant habitués à de dures conditions d'existence, auraient jugées archaïques et abominables.

Pieds nus dans les ruisseaux d'eau glacée descendant de la montagne, le visage bleui par l'altitude, les femmes triaient les fragments variés de métaux arrachés par les hommes à la mine. Courbées en deux, leurs longs cheveux tressés surmontés de l'éternel petit chapeau, elles étaient vêtues de plusieurs épaisseurs de robes. D'autres, assises en tailleur, cherchaient à récupérer, avec leurs ongles sales, le moindre fragment de tungstène, d'argent ou de phosphate. Il irait grossir leur petit tas pour atteindre le poids imposé sans lequel elles ne recevraient pas, le soir, la somme nécessaire pour manger le lendemain. Toutes ces femmes, comme écrasées par leur travail, me faisaient penser à des esclaves, malgré la dignité de leur visage impassible.

Au fond des galeries froides et humides, à l'atmosphère pauvre en oxygène, les hommes tournaient vers moi un visage que la flamme vacillante rendait tragique. Je remarquais chez chacun d'eux la joue gonflée par la boule de feuilles de coca qu'ils iraient cracher à la pause. Ils la remplaceraient par une autre, puisée dans le sac de plastique accroché à leur ceinture. Cette matière plastique était le seul signe qui les rattachait à la civilisation moderne...

Et pourtant dans les pays les plus misérables, j'ai rencontré des hommes qui avaient la volonté de s'élever et de tirer les autres de leur misère. Et ils y seraient parvenus si l'idéologie ou la paperasse gouvernementale n'avaient pas étouffé leur tentative.

La Course autour du monde m'a appris à respecter les autres dans leur différence. A les comprendre. A susciter leur sympathie.

A obtenir leur aide, faute de pouvoir accorder la mienne : tout ce que je pouvais faire pour eux, c'était de témoigner.

La Course m'a également révélé que, comparé aux êtres rencontrés en Afrique, en Asie, en Amérique du Sud, je possédais le bonheur. Je ne le savais pas. C'est cette révélation qui m'a permis de surmonter les difficultés et de continuer. Oui, malgré mon optimisme et ma disponibilité, j'ai en effet failli abandonner *la Course*... Par deux fois, dans les débuts.

D'abord en raison de la difficulté de tourner un film dans les conditions qui nous étaient offertes. Une semaine c'est bien court pour un reportage improvisé dans un pays inconnu, dont on ne parle pas la langue. Le premier jour se passe à arriver, à dénicher un logement bon marché! Le second et le troisième à prendre l'air du pays, à tâtonner pour choisir le sujet, à se demander par quel aspect le traiter. Le quatrième jour, on se rend sur le terrain, parfois éloigné; il faut repérer, prendre les contacts, réunir les autorisations et les moyens nécessaires. Les cinquième et sixième jours : tournage. C'est-à-dire assurer tout seul : image, son, commentaire. Le septième jour, on doit se précipiter pour expédier les films à Paris, se renseigner sur la nouvelle destination et repartir. Cela ne laisse pas la moindre place pour une hésitation ou une fausse piste, pour revenir en arrière et corriger un mauvais choix.

Pour le téléspectateur, l'émission était un jeu. Pour le concurrent, c'était un combat de quatre mois contre soi-même. Un combat durant lequel la moindre faiblesse était une blessure se cicatrisant mal.

Aux difficultés du reportage, s'ajoutaient la solitude, la culpabilité : chaque jour je m'éloignais de Diane : la sacrifiée dans notre couple. J'ai retrouvé l'optimisme en quittant les pays froids et tristes pour les pays chauds et pauvres où j'ai eu la révélation de ma condition d'Occidental privilégié.

Que la vie était triste à Belfast, sous cette pluie fine ininterrompue; au Groenland où le jour se levait à 10 h 45 pour s'éteindre à 15 h 30. Ou sous la tempête de neige qui empêchait de se poser l'hélicoptère venant me chercher; je risquais d'y être bloqué pendant une semaine, si je ratais mon avion.

Moi l'optimiste, j'ai connu des moments de détresse infinie, de désespoir, de nostalgie. Ils m'ont marqué. J'ignorais jusque-là ce qu'étaient la déprime, le trou noir, la peur de la vie. Je l'ai appris et je ne le regrette pas; j'ai découvert ainsi qu'avec la volonté on pouvait les surmonter.

Quand des jeunes téléspectateurs m'écrivent pour me demander quoi faire (ils s'ennuient et leur vie est vide), je leur réponds : « Prends ton sac et tire-toi. L'Aventure commence sur l'autoroute du Sud. »

9

BOUDDHA M'A ÉCRIT EN LETTRES DE SANG

« Heureux qui comme Ulysse a fait un beau voyage », au début de mars 1978, j'étais gonflé de joie en franchissant la douane de l'aéroport de Roissy. Ma *Course autour du monde* s'achevait à la porte 36. De l'autre côté, c'était la France. Je ne m'attendais pas à être accueilli par une trentaine d'amis, aussi joyeux que moi. Ils en avaient du mérite! Mon avion avait deux heures de retard.

J'ai foncé sur Diane tout en défaisant le foulard que je portais autour du cou et qu'elle m'avait remis à mon départ de Paris, quatre mois plus tôt. Elle le prit, puis se le mit autour du cou. Sans lui dire un mot, je la saisis dans mes bras. Et tout en l'étreignant, je déclenchai mon magnétophone pour lui faire écouter une chanson de Jean Ferrat que j'avais enregistrée dans l'avion : *Que c'est beau la vie.*

C'était ma façon de ne pas gâcher un moment aussi parfait, aussi fort, par des paroles banales (« Tu m'as manqué... je t'aime ») ou par des promesses impossibles à tenir (« Je ne partirai plus, je te le promets »). Sans entrer dans le jeu, sans attendre la fin de la chanson, Diane me mit dans la main un paquet-cadeau. Je l'ouvris, l'éventrai plutôt, pour en retirer?... une paire de charentaises!

– Avec ces pantoufles aux pieds, tu ne partiras plus, promets-le-moi.

Une promesse impossible à faire, surtout à un tel moment de joie, de tendresse. Pour esquiver la réponse, j'enfilai les pantoufles aux mains, les posai par terre et, levant les pieds en l'air, j'esquissai quelques pas avant de m'effondrer sous les rires. L'ambiance était créée. Il ne restait plus qu'à déguster le champagne offert par les amis, en riant très fort et sous un feu roulant de questions.

Quelques jours passèrent. Les derniers films furent jugés, les dernières notes attribuées, et les résultats proclamés. Didier

Régnier et Jérôme Bony se partageaient la place de premier ex æquo. A cinq points derrière eux je prenais la troisième place. A trente points, Daniel Méric se classait quatrième. Suivi de Jean-Luc Chéron, de Bertrand Olivetti et de Dominique Charton. Peu importe le classement : l'essentiel pour chacun d'entre nous, c'était d'avoir fait le tour du monde, d'avoir découvert la vie.

Les dernières émissions étaient consacrées aux reportages concourant pour différents prix. Prix de l'objet insolite, prix de la meilleure interview, prix du meilleur résumé des seize semaines de *Course.*

Je n'étais pas mécontent de moi quant à l'objet insolite; j'avais ramené... la parole de Bouddha!

L'idée m'en était venue à Singapour alors que je flânais dans une partie retirée du vieux quartier chinois. Mon attention fut attirée par un petit temple. Il ne payait pas de mine, et n'attirait pas la foule. C'était une salle pauvrement ornée, sombre, déserte. Je me suis glissé sans bruit sur la gauche de l'autel. La statue de Bouddha était entourée de bougies. Dans leur clarté, je distinguai un personnage que je n'avais pas remarqué, tant il était immobile. Assis devant une table face à l'autel, il méditait.

Une odeur d'encens flottait, si forte, que j'ai eu un accès de toux. Le bruit a fait surgir de l'ombre au fond de la salle une Chinoise vêtue d'un sari, le sourcil froncé. Le genre infirmière-major mécontente qu'on parle à voix normale dans les couloirs de l'hôpital.

– Que faites-vous là? Il ne faut pas déranger celui qui écrit la parole de Bouddha.

– Il communique avec Bouddha? demandai-je, éberlué.

Sur mon insistance, et sur ma promesse de rester discret, la Chinoise me permit d'assister à la cérémonie depuis un coin où je pouvais observer le prêtre de face. Quelle atmosphère étrange! Le célébrant l'était lui aussi. Agé d'une soixantaine d'années, torse nu, le crâne rasé, il n'avait que la peau et les os. La tête entre ses mains, il était courbé sur la table dans une pose qui rendait son corps encore plus menu.

Debout, immobile, j'observais sa méditation pendant vingt bonnes minutes. Soudain il se redressa : la Chinoise venait de réapparaître. Elle plaça sur la table un plateau doré sur lequel reposait un sabre à lame courte (cinquante centimètres environ) couché sur un morceau d'étoffe jaune. Puis elle ralluma des bougies et fit fumer des bâtons d'encens.

Je me faisais tout petit. La cérémonie allait enfin commencer. Le vieil homme mit devant lui un mince coussin de velours rouge. Soudain, par trois fois, il se frappa violemment le crâne sur le coussin. Trois coups sourds résonnèrent dans la salle vide, me mettant mal à l'aise. J'avais l'impression d'être un intrus. Mais j'étais trop intrigué pour ne pas attendre la suite.

Tout continua comme dans un cauchemar. Le corps rejeté en arrière, le prêtre se livrait à des contorsions d'autant plus inquiétantes qu'elles étaient silencieuses. On aurait pu le croire à la fois muet et en proie à une crise de nerfs. Puis, basculant avec violence, il se cogna le crâne sur la table. Des gouttes de sueur perlaient sur son front. La lueur des bougies se reflétait, vacillante, sur son torse mat et humide. J'étouffais, les yeux me piquaient. La gorge sèche, je me demandais si je ne rêvais pas.

Soudain, avec un petit cri qui me fit sursauter, le prêtre saisit le morceau d'étoffe jaune et le déplia sur le coussin de velours rouge. S'emparant du sabre à lame acérée, il exécuta quelques mouvements lents, tournant et retournant l'arme devant ses yeux.

Puis, penché en avant, la bouche ouverte au-dessus de l'étoffe, il laissa pendre une langue boursouflée, tailladée dans tous les sens. Je devinai la suite.

De haut en bas, puis de droite à gauche, la lame entailla le muscle étiré et rosâtre. Du sang jaillit, il reposa le sabre. Promenant sa langue en tous sens au-dessus du tissu jaune, le prêtre y laissait tomber des gouttes de sang pour écrire avec cette encre douloureuse les pensées de Bouddha. Il répéta la scène plusieurs fois. Les caractères chinois ainsi tracés, absorbés par l'étoffe, claquaient de leur couleur rouge sur le jaune vif. Étonnant spectacle. L'Asie se déchaînait sous mes yeux.

De la commissure des lèvres, deux filets de sang glissaient sur le menton du prêtre. Une dernière goutte de vie vint se perdre dans le velours. Il se leva, le visage livide et le corps raidi, puis disparut par une petite porte. Je ne pense pas que son regard absent ait à aucun moment perçu ma présence.

Une minute s'écoula. Abasourdi, je ne me décidais pas à bouger, quand une ombre surgit de derrière l'autel. C'était une très vieille femme ratatinée et recroquevillée, dont je n'avais pas soupçonné la présence. Elle s'empara de l'étoffe sanglante, et dans un murmure, elle tendit à la Chinoise impassible quelques billets froissés. Elle trottina vers la sortie, la lettre de Bouddha cachée sous sa robe.

Les portes du temple s'ouvrirent, le soleil envahit la pièce. Je regagnai l'extérieur et le XXe siècle.

Il me fallut marcher un bon moment avant de reprendre mes esprits. Alors, dans le grouillement de Chinatown, je pensai tout à coup à l'objet insolite que nous devions rapporter avant la fin du voyage. Je l'avais trouvé!...

En vitesse, je retournai au temple et pris rendez-vous avec la Chinoise pour le lendemain dix heures. Le prix de la consultation grimpa à 20 dollars de Singapour mais j'obtins le droit de la photographier. En guise de rabais, je demandai quelle réponse Bouddha avait faite à la vieille femme.

– La femme voulait savoir ce qu'était devenu son fils, et Bouddha a répondu qu'il était vivant mais qu'il ne reviendrait pas.

Le lendemain, je demandai au prêtre :

– Que vais-je devenir?

– Tu es né sous une bonne étoile, et Bouddha veille sur toi.

Cette dépense de 20 dollars me procurait peu de précisions quant à mon avenir! Mais elle me permettait de ramener un objet tout à fait insolite.

J'avais aussi beaucoup réfléchi sur le prix donné à la meilleure interview. Pour avoir une chance de l'obtenir, je m'étais imposé de répondre à deux impératifs : trouver un étranger capable de s'exprimer parfaitement en français, et filmer soit un sujet insolite, soit au contraire très familier au public français.

J'avais pensé à ces deux conditions pendant une bonne partie de *la Course* et je jugeais que j'aurais de bonnes chances de les réaliser dans l'un des pays situés dans la deuxième partie de mon itinéraire : la Nouvelle-Calédonie ou le Gabon.

En Nouvelle-Calédonie, je m'étais lié avec un médecin militaire qui avait vécu au Gabon pendant quatre ans. Il y connaissait un indigène, ancien chauffeur d'hôpital, qui me conviendrait certainement. J'en étais persuadé d'après ce qu'il m'en disait. Encore fallait-il retrouver, quatre ans après, la trace de Pascal M've. Il m'a fallu jouer au détective pendant deux jours avant de pouvoir mettre la main sur lui.

Pascal habitait un minuscule village perdu dans la forêt aux environs d'Oyem, petite ville où il venait de temps à autre faire son marché. Beaucoup de gens y connaissaient Pascal mais personne ne savait dans quel village il habitait. J'avais commencé mon enquête de grand matin; et après avoir couru la ville en tous sens, c'est seulement vers 15 heures que je réussis à découvrir le nom du village où il se trouvait. Si je voulais y arriver avant la nuit, je devais sans perdre une minute foncer dans la forêt avec ma jeep.

Roulant sur une piste défoncée, je ne m'arrêtais que pour me faire confirmer la direction. N'ayant pas eu le temps de prendre un repas, je profitais de ces brèves haltes pour grignoter un beignet ou un poisson séché.

Je me suis embourbé, un de mes pneus a crevé... et la nuit est tombée sur la forêt. L'obscurité, à peine dérangée par mes phares, s'animait de bruits étranges. Il était facile de s'égarer. Je craignais de manquer le petit chemin conduisant chez Pascal.

Enfin, après deux fausses pistes, je coupai le contact devant sa case, isolée.

Avant que j'aie pu dire un mot, la porte s'ouvrit. Une torche projeta sa lueur sur mon visage et m'éblouit. Une vieille femme édentée me détaillait en silence. Un peu troublé par cet examen, je finis par demander : « Pascal M've, c'est bien ici qu'il habite? »

C'était là, mais « Monsieur Pascal » était parti la veille chez son frère, à trois heures de marche. On ne part jamais en forêt en pleine nuit, même accompagné. Je demandai donc l'hospitalité en priant tous les dieux de l'Ébogha [1] pour que Pascal revienne au lever du jour. La vieille servante m'offrit aimablement un bol de riz et un morceau de poulet froid en sauce. Puis je m'étendis sur la couverture qu'elle me désigna. Dans la minute même, la nuit m'emporta.

Le lendemain, devenu l'attraction des enfants du village, je m'efforçais de tuer le temps en attendant Pascal. « Si tu pars à sa rencontre tu risques de le manquer; il y a beaucoup de chemins dans la forêt », me dit la vieille femme.

La matinée s'écoulant, je nettoyai mon matériel de prise de vues, je pris des photos, tout cela sous le regard des enfants. L'après-midi, je fis un accroc à ma chemise en jouant avec eux au football. Le ballon était une vieille balle de tennis toujours prête à se dissimuler dans les broussailles. Je venais de marquer mon deuxième but quand on m'annonça : « Pascal est arrivé. »

Il était temps. La lumière baissait, l'orage du soir approchait et je commençais à envisager l'empoisonnante perspective de l'avion manqué. Grand, sec et digne, la soixantaine très verte, Pascal paraissait surpris de l'intérêt que lui portait un jeune Blanc venu de Paris. Je détendis l'atmosphère d'un seul coup : « Bonjour Pascal, je viens de la part de Xavier, le toubib qui boit du champagne. »

Son visage, jusque-là impassible, s'éclaira d'un sourire. Il ouvrit la lettre que Xavier m'avait remise pour lui. Le front plissé, il articulait de ses lèvres muettes les mots écrits. Il finit par me tendre la feuille et me demander de la lire à voix haute.

« Mon cher Pascal, je t'envoie un ami reporter qui voudrait que tu lui racontes le temps où tu servais de chauffeur au général de Gaulle. Merci de l'aider. Je suis sur une île du Pacifique, j'y suis bien mais je ne t'ai pas oublié. Bonjour à tous. Xavier.

« P.S. Comment va ton frère? »

1. Sur l'ébogha, plante hallucinogène, et ses adorateurs, voir le chapitre précédent.

J'avais à peine fini qu'il répondait :

– Tu diras à docteur Xavier que mon frère va mieux, mais qu'il est très vieux.

– C'est promis. Xavier m'a dit que vous aviez été le chauffeur du général de Gaulle. J'aimerais que vous me racontiez vos souvenirs pour la télévision française. Vous voulez bien?

Il accepta sans hésiter, à condition que je l'attende un instant : « Il faut que j'aille m'habiller, je ne suis pas présentable. »

J'en profitai pour installer la caméra et le micro, et choisir l'endroit qui servirait à notre conversation en plein air.

Au bout d'un quart d'heure, Pascal réapparut à la porte de sa case, habillé d'un costume sombre, une cravate nouée sur une chemise blanche, coiffé, rasé, impeccable.

– C'est comme ça que j'étais habillé pour conduire le Général.

Au début de l'interview, on me voyait à l'image, assis auprès de lui. Cela donnait un contraste qui n'était pas à mon avantage. En short pas très blanc, barbu, je faisais hippie fripé par une nuit à la belle étoile. Sur un ton très digne, en prenant le temps de choisir ses mots, Pascal me parla du général de Gaulle avec autant de respect et de détails que s'il l'avait conduit la veille.

Cela s'était produit vingt-quatre ans plus tôt, en 1954. Le Général, en pleine traversée du désert (politique), était venu se retremper aux sources, par un grand voyage en Afrique. Lors de son séjour au Gabon, on avait mis à sa disposition le chauffeur le plus compétent et le plus « stylé » qu'on ait trouvé : c'était Pascal M've.

Les quelques jours passés au service du général de Gaulle avaient marqué Pascal pour le restant de ses jours : il en parlait comme d'un personnage de légende. Sa case était ornée d'un grand portrait (1,50 m × 1 m) du général : une peinture due à un artiste local, colorée, naïve et expressive. A Paris, en montant l'interview, j'ai utilisé ce portrait comme plan de coupe entre les réponses de Pascal et mes changements de cadre.

Ce document me valut le prix de la meilleure interview filmée, grâce à l'appui de l'un des jurés, Pierre Bonte (aujourd'hui reporter à Europe 1), très amateur de personnages originaux ou insolites. Les jurés disposaient d'un certain nombre de points avec toute latitude pour les répartir entre les candidats ou les attribuer en totalité à l'un d'eux. En me donnant tous ses points, Bonte influa sur le résultat. Le prix s'accompagnait d'un chèque de 10 000 francs. Il se métamorphosa rapidement en un amour de machine à laver que Diane convoitait.

Pour concourir au prix du meilleur résumé filmé de *la Course*, j'avais puisé dans six reportages. Belfast et son atmosphère de guerre civile, l'enfer des mines boliviennes, la fête du Thaïpusan à

Singapour, et la folle cérémonie de la secte Angomé-Ebogha au Gabon. Comme fil conducteur entre ces séquences très diverses, j'avais choisi John, un petit Irlandais de Belfast, que j'avais rebaptisé John-John.

Je l'avais filmé au hasard dans la rue et il m'avait déclaré à l'image, parlant d'une petite copine : « J'ai envie de tuer Rose-Mary parce qu'elle désire la paix. » Sans prendre son propos à la lettre, il m'avait cependant marqué.

Entre chaque séquence revenait, en fondu enchaîné, le visage de John-John. Le commentaire s'adressait à lui. Après avoir cité sa déclaration d'intention d'homicide, je lui proposais de partir avec moi faire un grand tour du monde, lui annonçant : « Tu verras, John-John, comme le monde est bizarre, comme il est beau et cruel. Il vaut mieux aller le découvrir que faire la guerre à son voisin... Tu aimes la neige et les chiens, alors je t'emmène au Groenland... Tu as froid, alors partons ensemble au soleil... »

Pour introduire la séquence bolivienne, je précisais : « Tu as du mal à respirer, John-John. C'est que nous sommes à 4 600 mètres d'altitude. » Et sur les images de Ragoon, le corps criblé de cent huit piquants : « Tu vois, lui aussi se bat pour sa religion. Mais il offre ses propres souffrances au lieu d'en imposer aux autres. Ah! si tous les hommes savaient comme lui se sacrifier en silence! »

A un point seulement derrière le gagnant, j'ai raté de peu le prix du meilleur résumé filmé. Aujourd'hui encore cet échec me laisse déçu et blessé. Déçu parce que j'avais mis dans ce travail toute ma compréhension des autres et je l'avais exprimée dans le commentaire avec toute mon émotion. Blessé parce que mon échec résulta de l'attitude injuste et incohérente de l'un des jurés (aujourd'hui un célèbre animateur d'émission-débat à la télévision). S'il m'avait donné seulement deux de ses points, je me serais retrouvé premier, mais il ne m'en concéda aucun. Il en avait le droit et je ne pouvais pas lui en vouloir pour un procédé dont j'avais moi-même bénéficié grâce à Pierre Bonte. Mais je n'ai pas aimé, et je ne lui pardonnerai jamais la façon dont il a expliqué sa décision :

– Ce film est très bien fait, très beau. Mais pour moi, le candidat est déjà un professionnel. Il n'a pas besoin d'être aidé.

Or j'étais un amateur comme les autres, et en grand besoin d'être aidé! Ce jugement était incohérent, pour ne pas dire désinvolte. Si le film était « très bien, très beau », la logique et l'honnêteté commandaient de lui attribuer un minimum de points. J'ai pensé : « Les professionnels, les " vrais ", ont une curieuse façon de se comporter... » A la fin de l'émission, je suis allé trouver ce juré.

– Vous êtes professionnel et vous me considérez comme un

professionnel! Alors, avez-vous du travail à me proposer? Non? Alors sachez que ce prix m'aurait bien aidé!

C'est dur d'être juré... mais c'est encore plus dur d'être candidat!

J'ai préféré m'accrocher, en guise de médaille de consolation, ce propos de Françoise Giroud, journaliste, écrivain et ministre : « Avec un garçon comme Dieuleveult, un rédacteur en chef pourra dormir tranquille. » Merci, madame. Je pense à vous chaque fois que je risque de faire mentir le jugement que vous avez porté sur moi.

Adieu *la Course!*

Je suis resté très copain avec Jérôme Bony et Didier Régnier, actuellement journalistes à Antenne 2. Dominique Charton est devenue photographe. Aux dernières nouvelles, Bertrand Olivetti était assistant réalisateur. Jean-Luc Chéron et Daniel Méric ont repris leurs études; ils sont aujourd'hui médecins. Mais eux aussi ont gardé la passion du voyage et du reportage; dès qu'ils le peuvent, ils partent à l'autre bout de la terre.

Le voyage est une maladie dont on ne guérit jamais.

10

LE PLUS BEAU MÉTIER DU MONDE

La vie de reporter-cinéaste, de journaliste d'images m'a toujours paru merveilleuse. A mon entrée dans ce milieu, tous les cameramen que je rencontrais m'ont dit, avec une même passion dans la voix : « Tu verras, c'est le plus beau des métiers. »

Oui, c'est le plus beau métier, et plus encore : c'est un style de vie... Chaque jour différente, pleine d'imprévus, sans horaires. Avec sans cesse des obstacles administratifs ou matériels à surmonter. Tourner coûte que coûte – sous la pluie, sous la neige, avec la menace de la prison –, c'est parfois une folie. Mais quel contact fabuleux avec la nature, avec la vie vibrante! C'est vrai, quel beau métier...

Je me souviens de mes débuts. Mes modestes débuts.

C'était au lendemain de ma *Course autour du monde.* Après ces quatre mois passés tout seul à parcourir la terre, j'en conservais une véritable ivresse. Je rêvais de recommencer. Et pour cela, j'avais une idée fixe : devenir un PROFESSIONNEL. La vie d'aventures n'était pas pour moi une fin en soi, mais elle donnait un privilège fabuleux : celui de découvrir le monde et les gens.

Quelques semaines après mon retour à Paris (à Pâques 1978), l'*Amoco Cadiz* s'échouait sur les côtes bretonnes. Armand Jammot [1] et Jacques Locquin [2], nous convoquèrent, Jérôme Bony et moi. Ils nous proposaient d'aller tourner les images d'un *Dossier* sur la marée noire.

– Il nous faut des images de l'*Amoco,* des plages, de la faune touchée, des interviews de Bretons, bref, un reportage. Vous filmerez en super 8.

Fous de joie, Jérôme et moi sommes partis, chacun sa caméra

1. Le producteur bien connu des *Dossiers de l'écran.*
2. Alors responsable du super 8 à Antenne 2.

sonore à la main. Nos lourds sacs de pellicule à l'épaule, nous avons sillonné les côtes de Bretagne. Nous avons filmé ces paysages apocalyptiques, ces plages souillées à perte de vue, ces rochers imprégnés dans leur moindre sculpture; des oiseaux agonisants et d'autres sauvés par miracle.

La messe de Pâques était célébrée en l'église de Portsall, face à la carcasse éventrée de l'*Amoco* qui crachait encore tout le poison qu'elle pouvait. Aux murs de l'église étaient accrochés des dizaines de dessins d'enfants. Ils avaient représenté l'événement avec leurs pinceaux, et avec leur âme. Je n'imaginais pas que des enfants bretons, des fils de marins, pourraient un jour dépeindre la mer avec autant de haine. La colorier non pas en bleu mais en noir, c'était traduire la réalité; mais ces dessins, ces peintures agressives dépassaient la simple représentation. J'étais frappé par leur expressionnisme. Ainsi la coque du bateau coupable se trouvait-elle armée d'un canon, les hélicoptères de la sécurité civile devenaient des machines à tuer. Dans leur âme d'enfants, l'événement s'était transformé en un acte de guerre. L'horreur régnait sur Portsall.

Pour prendre des images « professionnelles » – c'est-à-dire aériennes – du pétrolier agonisant, je me suis heurté à un problème inattendu et corporatiste. Un hélicoptère Alouette III de la sécurité civile était à la disposition des photographes et cinéastes; mais il fallait exhiber la fameuse carte de presse que je ne possédais pas. Comment persuader, avec ma petite super 8, que je tournais bien pour la grande émission des *Dossiers de l'écran*?

Après de longues palabres, le service de presse détaché sur place accepta que je monte, mais à la condition de laisser la priorité aux porteurs d'une carte officielle. Je n'aime pas attendre mon tour! C'est perdre du temps, donc une parcelle de vie. L'hélicoptère revenait avec des photographes à bord. Il les déposa sur le terrain de football. J'en profitai pour tenter d'engager la conversation avec les pilotes (je ne pensais pas qu'un jour je deviendrais, pour tout pilote d'hélicoptère, un grand copain). Une chance pour moi : ces pilotes étaient amateurs de super 8.

– Nous allons faire le plein. Monte avec nous! En revenant, on fera le détour sur l'*Amoco Cadiz,* mais pas longtemps, d'accord?

– Super! En avant...

Les jours passant, Jérôme et moi réussîmes à recueillir un grand nombre d'images variées pour notre reportage. La plus belle était sans doute celle de ce Breton ivre insultant la mer. Dans son veston trop large, dans ses bottes trouées, seul sur ce qui restait de sa plage, il titubait. De temps à autre, se rapprochant des vagues, tout en jurant et criant, il saisissait à pleines mains la boue gluante qui venait mourir à ses pieds. Pleurant sur sa poignée de pétrole, il la jetait avec violence vers le large. Quelle désolation!

Et pourtant j'étais heureux, car je faisais mes débuts de reporter, et je prenais une revanche vieille de vingt-trois ans. En effet, pour compléter le reportage, nous devions filmer les pétroliers dans le port de Brest. Brest, cette cité que je n'avais pas voulu connaître par un caprice qui m'avait rendu si malheureux [1].

Lors de la diffusion des *Dossiers,* le 27 juin 1978, j'étais déjà reparti en mission pour l'agence Sygma. Cette agence photo voulait tester les possibilités du super 8 et m'avait proposé un reportage au Tchad (alors dirigé par le général Malloum). Je n'ai donc pu voir ce *Dossiers de l'écran* qui fit scandale : il provoqua une journée de grève au sein d'Antenne 2.

Les techniciens de la chaîne n'admettaient pas qu'on ait pu confier un tel reportage à deux amateurs super 8. De plus, chacun de nous deux assurait à la fois l'image et le son. Cela donne, paraît-il, une mauvaise qualité et c'est antisyndical. Ma carrière commençait mal. Heureusement, déjà reparti sur d'autres terrains et à nouveau dans l'action, je n'avais pas le temps de me lamenter sur mon sort, ni sur les susceptibilités corporatistes d'une « certaine catégorie de personnel ».

Sygma s'était montrée satisfaite du reportage sur le Tchad, mais la technique du super 8 n'avait pas répondu à tous leurs espoirs. Les délais de développement trop longs et, surtout, les moyens de post-production (montage, mixage) pas assez sophistiqués empêchaient une exploitation rapide et rentable. Il y avait pourtant des avantages : la légèreté du matériel et un personnel réduit à sa plus simple expression. Partant seul, je transportais avec moi, sans excédent de bagages, absolument tout ce dont j'avais besoin : son, image, lumière... J'achetais les piles et les films en détaxe à l'aéroport. Cela permettait de partir et d'arriver très vite, sans la moindre préparation. J'étais on ne peut plus opérationnel!

Le mois d'août était passé. Je n'avais pas pris de vacances, cherchant toujours l'occasion d'entrer à Antenne 2. Je n'avais pas de réponses à mes lettres. Marié depuis un an et demi, j'avais demandé à Diane de me faire vivre pendant deux ans. Je lui répétais : « Je vais trouver ma voie, ne t'inquiète pas. »

J'avais encore devant moi un bon semestre de totale liberté. Mais Diane était enceinte, aussi je me devais d'abréger ce contrat moral.

Le 1er septembre 1978, j'arrivai à Antenne 2, 15, rue Cognacq-Jay, mon projecteur super 8 dans une main, des bobines

1. Voir chapitre 17 : « Diex le volt ».

dans l'autre, et je me présentai à Louis Bériot, rédacteur en chef adjoint de l'information. Je me revois, un peu timide, au seuil de ce monde de vrais professionnels. Mais le fait de présenter des sujets réalisés, filmés, montés, mixés, commentés par moi seul constituait un atout majeur pour devenir cameraman au journal. Bériot donna l'ordre de les visionner. Le résultat me fut favorable et il promit de me faire travailler. Mais voilà, sur le plan administratif, c'était un autre problème! Je n'avais pas de carte de presse. Alors, je sollicitai un rendez-vous auprès des personnes compétentes. Je l'obtins la semaine suivante.

– Bonjour, monsieur. Je demande l'autorisation de travailler pour vous. Mais je n'ai pas de carte de presse. Comment faire pour l'obtenir?

– Il faut travailler au moins trois mois et gagner 9 000 francs pendant cette période.

– Et pour travailler pendant trois mois, comment faut-il faire, alors?...

– Avoir sa carte de presse! Je sais, ajouta-t-il, c'est assez incohérent.

Incohérent? Peut-être. Mais pour moi, complètement insupportable! Je retournai voir Louis Bériot.

– « On » veut bien que je travaille, mais personne ne veut prendre de décision.

Aussitôt, devant moi, il a décroché son téléphone. Par politesse, je suis sorti, mais il criait si fort qu'à travers la cloison j'ai entendu ses propos. Je les garderai toujours en mémoire :

– Oui, pour Dieuleveult! Nom d'un chien, nous sommes une télévision nationale, nous avons le devoir d'aider les jeunes. Alors essayons-le. S'il s'avère mauvais, on le vire, et s'il fait l'affaire, on le garde! Je compte sur vous. Au revoir. Merci!

J'étais soufflé, quelqu'un misait sur moi! Il s'agissait de ne pas laisser passer l'occasion, de ne pas la gâcher. Mais voilà, je n'avais jamais touché une caméra de 16 mm, je savais à peine comment c'était fait. Je suis allé me présenter au bureau des cameramen. Cinq minutes plus tard, on m'annonçait :

– Tu pars demain à Épinal faire un sujet sur un type de vingt ans qui a gagné deux millions sept cent mille francs au Loto. Départ 10 heures, retour 20 heures.

Aïe, Aïe, Aïe! Soudain, tout allait trop vite! Plus une minute à perdre! Je fonçai rue de l'Université, juste à côté, chez François Boggart, et je demandai à louer une caméra 16 mm, avec batteries, accessoires, et tout.

– C'est pour quelle société?

– Heu... ben, je dois essayer une nouvelle pellicule... C'est pour moi.

– Je vous demanderai donc une caution de 2 000 francs; la location est de 250 francs la journée.

– Ah bon! Ben, heu, vous fermez à quelle heure?

– Dans une demi-heure.

N'étant pas parisien, je n'avais pas le temps de repasser chez moi. Heureusement, il y a les amis. Un coup de métro, j'étais chez l'un d'eux, et il voulait bien me remettre un chèque de 2 250 francs.

Il me restait dix minutes pour rejoindre le magasin. Avec les changements de métro, je n'arriverais jamais à temps. Au pas de course, affolé, je m'élançai dans les rues de Paris. Je savais que toute ma vie allait se jouer dans ces dix minutes. Il me fallait cette caméra pour m'entraîner, passer la nuit à l'étudier pour la connaître par cœur et être prêt le lendemain à 10 heures.

A un feu rouge, une grosse Honda a freiné, puis s'est arrêtée. La visière du motard s'est relevée. En deux mots, je l'ai persuadé de m'emmener. Je ne me souviens plus très bien de son visage, mais je ne suis pas près d'oublier son coup de main, décisif. Grâce à lui, j'arrivai à temps pour échanger le chèque contre la grosse valise renfermant la caméra et ses accessoires. C'était horriblement lourd, mais qu'est-ce que j'étais fier, dans mon train de banlieue, avec mon « matos de pro »!

J'ai passé la nuit à genoux sur la moquette, démontant, remontant la caméra, lisant scrupuleusement toutes les pages de la notice. Puis j'ai appris à charger et décharger la pellicule. Les mains dans le *charging bag* [1], je m'exerçais, la sueur au front. Je voyais l'heure tourner. Diane m'aidait comme elle le pouvait. J'avais faim et toujours les mains dans mon sac; elle m'a donné la becquée. Elle s'amusait beaucoup tandis que je paniquais. A 4 heures du matin, je refermais la valise et allais me coucher en rêvant aux grands reporters.

A 9 heures et 3 minutes, j'avais rendu la caméra et récupéré le chèque du copain. A 9 h 20, je prenais possession de la clef du placard qui m'était affecté. Ah! que j'étais heureux de disposer d'un placard dans le sous-sol d'Antenne 2! Un pincement au cœur, je l'ouvris. Était-ce bien la même caméra? Le même modèle? Oui!

Les batteries vérifiées, les boîtes de film dans les bras, j'étais au rendez-vous. Dix heures au « quai », point habituel de départ des équipes du JT. Les passagers de la CX étaient : l'assistant-éclairagiste au volant, le journaliste à l'avant-droit, le preneur de son à l'arrière-gauche, et moi-même à l'arrière-droit. Vous en

1. Sac de toile hermétique à la lumière, obturé par une fermeture éclair et comportant deux manches pour introduire les mains et manipuler la pellicule.

souvenez-vous, Gérard Hinet, Raymond Bassac, Gildas Lessausse? Je n'en menais pas large, évitant les conversations techniques. Pendant que nous roulions sur l'autoroute de l'Est, j'avais l'estomac noué.

Mais tout s'est bien passé, dans la bonne humeur, grâce à une équipe sympa. Et malgré un bref instant d'angoisse lorsque l'éclairagiste me demanda : « J' te mets du bleu ou j' te mets du blanc? » (je ne voyais pas la différence...), je déglutis et articulai : « Comme tu voudras... – Bon, j' te mets du bleu. » Et je le vis visser un filtre à l'avant de l'objectif, en ajoutant : « T'occupe de rien, j'ai aussi changé ton filtre. » Ouf!

En revenant, je me sentais très heureux et bien plus riche que ce gagnant du Loto que nous étions allés filmer.

J'avais de grosses lacunes et un retard considérable sur le plan technique. Je suis parvenu à les combler au prix de grands efforts. Et aussi grâce à tous les copains pigistes à qui je venais prendre un peu de travail.

Le rôle de pigiste est ingrat, c'est le bouche-trou. Il doit être disponible vingt-quatre heures sur vingt-quatre, mais n'est payé que lorsqu'il travaille. C'était la règle du jeu. J'avais décidé de la jouer à fond, pendant huit mois. Tous les jours, j'étais là, attendant la fin de la conférence du matin. Le rédacteur en chef, le présentateur du journal, les chefs de service, les différents journalistes présents se rassemblaient. La presse écrite sur la table, les télex et dépêches « tombés » dans la nuit au milieu des cendriers. Ils décidaient ensemble des sujets à traiter et des reportages à mettre sur pied pour la journée. Allait-on m'envoyer sur un coup? Allais-je rentrer ce soir à la maison et annoncer à Diane : « J'ai encore gagné 210 francs aujourd'hui, en apprenant quelque chose »?

Les trois premiers mois ont été difficiles. J'étais incapable de manger quoi que ce soit avant un reportage. Toujours une boule me bloquait l'estomac. Jour de Noël, soirée du 31 décembre, jour de Pâques, j'acceptais d'être en permanence au journal. J'y croyais, j'aurais voulu être pris au sérieux, « être mis » sur des grands reportages à l'étranger, mais j'ai vite compris que je n'étais pas le seul; bien d'autres avant moi avaient attendu leur tour. Ils avaient fait leur place. Saurais-je faire la mienne?

Que d'angoisses! A chaque retour de reportage, je confiais la pellicule au laboratoire et ne rentrais chez moi qu'après avoir visionné mes images. J'attendais parfois le développement jusqu'à 23 heures. Puis, seul devant une table de montage, je faisais mon autocritique : j'avais choisi le parti de vérifier toujours mon travail. Au journal télévisé, le cameraman (déjà reparti ailleurs) assiste rarement au montage de ses propres sujets. Je préférais voir mes images, et avant tout le monde, pour savoir à quoi m'en tenir.

J'ai connu sur le plan financier des périodes difficiles. En février 1979, je n'avais gagné que 780 francs alors que, depuis septembre 1978, mon salaire mensuel oscillait entre 2 500 et 3 500 francs, en étant présent tous les jours. Mais peu importait. J'étais heureux d'avoir la possibilité de gagner ma vie dans un milieu où il n'est pas facile d'entrer; et cela alors que je n'avais pas suivi les cours d'écoles spécialisées.

J'ai appris le métier sur le tas. Le journal télévisé était la meilleure des écoles. En raison de la brièveté des sujets, on y apprend à donner le maximum de faits en quelques plans, à composer des images concrètes accessibles au plus grand nombre. La principale qualité du cameraman du JT est d'être disponible et ouvert à tout.

La caméra, c'est une clé pour entrer chez les gens. Même le timide peut, en se cachant derrière sa caméra, vivre ce qu'il ne pourra jamais oser à d'autres moments. Durant mes trois années passées au JT d'Antenne 2, j'ai pris plaisir à traiter (en dehors de l'actualité proprement dite) plus de quatre-vingts sujets aussi inattendus que variés.

Des portraits ou interviews d'hommes politiques, de sportifs et de personnalités (Thierry Le Luron, Bernard Clavel, prix Goncourt, Louis Pauwels à la veille de lancer *le Figaro magazine*). Des manifestations sportives (la course à pied Compiègne-Paris, les 100 km de Millau).

Je me suis penché sur la récupération des déchets en région parisienne, la vie d'un père célibataire, la pollution des plages, le doping des chevaux de course, le phénomène skate-board et sur l'activité du Syndicat des fabricants de cravates.

J'ai assisté au bal des sourds et à la dernière coulée à Longwy, au dernier spectacle de Line Renaud. J'ai visité les grands magasins belges, l'hôtel Ritz, le Salon agricole, l'Opéra-Comique, la foire aux bestiaux du Sud-Est et une exposition de voitures anciennes.

J'ai enquêté sur la fusillade de la rue Monge et sur celle survenue dans l'immeuble où habitait Chapour Bakhtiar, ancien Premier ministre d'Iran; sur l'énergie solaire et sur les feux de croisement obligatoire en ville; sur les défectuosités du pont de Mâcon et sur celles du Parc des Princes.

J'ai filmé l'envol de la montgolfière en forme de baleine organisé par Green Peace au Champ-de-Mars, la visite du pape à Paris et un championnat de danses sportives.

J'ai promené ma caméra en haut des cerisiers, sur mes skis en pleine descente, sur des échelles, des tours, des bateaux, des trains, dans des planeurs, à 900 mètres sous terre dans la région de Saint-Étienne.

Ce dernier reportage m'a permis, à moi épris de voyages, de soleil, de ciel bleu, de rencontrer des gens calmes, chaleureux, fiers de pénétrer au cœur de la terre et d'y puiser l'énergie qui permet aux autres de vivre. Mineurs de père en fils, ils étaient déchirés par la fermeture prochaine de leur mine. Ils avaient vécu avec elle, tremblé avec elle... Il fallait l'aimer pour descendre chaque jour dans cet ascenseur brutal et bruyant, supporter les différences de température, la lumière pâle, le silence et la poussière qui ensevelissent d'interminables galeries. Ils me disaient que, voici quelques années, ils travaillaient nus, et noirs de la tête aux pieds. A l'heure de la pause, seuls les yeux, la bouche et la pomme du repas coupée en deux apportaient un peu de lumière et de vie à ce monde brûlé. Saint-Exupéry disait : « Chaque être possède dix mille mètres de ciel bleu sur sa tête. » Eux avaient possédé toute leur vie un kilomètre de terre sur leur tête. Et ils étaient malheureux à l'idée de le perdre.

Dès le début de ce job de cameraman, j'ai tenté de mettre l'acrobatie au service de l'image, comme plus tard dans *la Chasse aux trésors*. Ainsi à Rouen, pour l'interview d'un directeur de société dont le bureau était situé au sixième étage. Au lieu de poser la caméra dans le bureau – ce qui était banal –, j'ai eu l'idée de commencer l'interview par la fenêtre et d'arriver jusqu'à celle-ci en mettant en route une plate-forme extérieure servant à nettoyer les vitres. Un vent très fort secouait la plate-forme, mais j'obtenais une image très originale. Malheureusement, un filtre « s'est oublié » entre l'objectif et l'obturateur, et la séquence fut très bizarrement colorée.

Il est impossible de ne pas commettre d'erreurs dans un milieu où l'on travaille si vite. Et l'erreur anodine peut avoir de graves conséquences. Comme la mésaventure qui m'est arrivée lors d'un congrès du Mouvement des radicaux de gauche. Les orateurs se succédaient, nombreux et bavards, me dévorant beaucoup de pellicule. Je n'en avais plus assez quand le chef du Mouvement, Michel Crépeau, prit enfin la parole. J'ai dû changer de magasin au milieu de son discours, pendant que le journaliste Jean-Louis Lescène ne me cachait pas sa nervosité et son impatience devant ce contretemps. Son attitude m'a troublé et au lieu d'introduire une pellicule vierge dans la caméra, j'ai utilisé de la pellicule déjà impressionnée. On imagine le résultat final...

Dans les laboratoires de FR 3 Toulouse, les développeurs se demandaient dans quel sens regarder l'image. Tout petit dans mon coin, je tentai de me consoler en trouvant que la superposition des deux images créait un certain esthétisme. Lescène a bien réagi, en professionnel. Il s'est contenté de ce qui était utilisable et s'est abstenu de m'engueuler ou de bouder.

Je n'aimais guère les sujets politiques : du point de vue image, ils ne présentaient pas d'intérêt et provoquaient une fièvre, une nervosité et une dépense d'énergie exagérées. Toute la presse écrite, parlée ou filmée s'entassait dans un espace restreint et chacun jouait des coudes dans la cohue pour pouvoir enregistrer des images et des sons. Les photographes bousculaient les cameramen, lesquels s'emmêlaient dans les câbles des preneurs de son. Autrement dit, la pagaille, et il fallait l'avoir affrontée dans le « saint des saints », il fallait avoir « fait l'Élysée » pour être reconnu comme un vrai cameraman du JT.

Lors de mon premier « Élysée », un émir rendait visite au président Giscard d'Estaing. Nous étions une bonne trentaine – seulement les accrédités auprès de l'Élysée – à guetter la sortie des deux personnages. Les reporters, déjà massés sur la plus haute marche du perron, collés les uns aux autres, formaient un mur de crânes et de dos qui m'enlevait tout espoir de recueillir la moindre image. Je réussis quand même à installer ma caisse sur une marche disponible. En grimpant dessus, et malgré un équilibre précaire, j'obtenais une vue passable. Tout à coup, l'émir et le président sont sortis; et, soudain, pour des besoins de cadrage, les photographes ont reculé d'un bloc, me culbutant moi et ma caisse. Heureusement, je tenais fermement la caméra. J'ai compris la leçon. Je me suis relevé et j'ai foncé dans le tas, comme une brute, pour avoir au moins quelques images à rapporter.

J'ai également « souffert » de ce genre de situation lorsque Georges Marchais, peu avant de rentrer de Moscou, le 12 janvier 1980, annonça qu'il ferait une déclaration à sa descente d'avion. Toute la presse l'attendait à Roissy derrière la porte vitrée correspondant au vol en provenance de Moscou. Cette fois, nous nous étions poliment organisés. Après d'âpres négociations, des points de repère sur le sol marquaient nos limites respectives. Ainsi, chacun disposait d'un angle correct pour filmer ou photographier.

Nous étions fin prêts, les éclairages branchés, les claps de synchronisation effectués, lorsqu'un responsable du Parti vint annoncer : « Georges Marchais recevra la presse dans un instant, dans une salle où je vais vous conduire... » Panique totale! un raz de marée déferla dans son sillage. Les photographes se ruèrent en tête, talonnés par les radios et la presse écrite. Les télévisions, empêtrées dans leur matériel, essayaient vainement de rattraper leur retard pour obtenir une place au premier rang.

Bousculé, cogné, j'avais du mal à me frayer un chemin, suivi par le vidéoman toujours « enchaîné » par ce satané câble. La porte de la salle était trop étroite, impossible de passer dans cette bagarre folle. Craignant d'abîmer mon matériel et exaspéré par ces « conditions de travail », j'ai lancé à haute voix : « Et puis, j'en ai rien à foutre de Marchais, moi ! »

Aussitôt, deux gorilles tout en muscles, témoins de l'incident, m'ont toisé du regard. Apercevant le sigle d'Antenne 2 sur ma caméra, ils m'ont pris en main et je me suis retrouvé, propulsé par eux, au premier rang, face au secrétaire général du Parti communiste français. J'étais même assis sur une chaise...

Hommes de presse, de médias, nous avons l'occasion d'approcher ainsi toutes sortes de personnages. Nous les voyons en chair et en os, sans mesurer l'importance que certains prendront dans l'histoire de notre planète.

Un jour on me proposait de me rendre en banlieue à Pontchartrain. Il s'agissait de ramener quelques images d'un réfugié politique que le gouvernement français venait de rappeler à son devoir de discrétion. Le journaliste que j'accompagnais, Philippe Rochot, en savait sans doute plus, moi j'ignorais tout du personnage et jusqu'à son nom. Il était 10 heures du matin, le 29 octobre 1978, quand nous sommes arrivés devant un pavillon qui aurait paru anodin sans le cordon de policiers entourant la grille.

Entré dans le jardin, je crus me trouver dans celui d'une mosquée. Une centaine d'hommes, quelques-uns revêtus d'une djellaba, étaient agenouillés sur la pelouse. Silencieux, extatiques, ils attendaient, sans paraître me voir. Je me surpris à parler à voix basse avec le journaliste. Le temps était superbe mais l'ambiance n'incitait pas à se réjouir. Avec ma caméra, j'avais l'impression de me conduire en intrus dans un culte secret. Moi aussi, j'attendais.

Un léger frémissement parcourut les fidèles. Sur le seuil du pavillon, apparut et se figea un instant un vieil homme tout noir. Noirs étaient son regard, son turban, sa dejellaba, et noires paraissaient ses pensées. Seule sa barbe était grise. Chacun retenait son souffle.

Soudain, il bougea, descendant à pas lents les quelques marches du perron en direction des fidèles, suivi de quatre gardes du corps. Ce mouvement rompit la tension et me fit retrouver mes réflexes professionnels. Je me suis approché pour filmer de face cet étrange vieillard. Je voulais le prendre en très gros plan, pour souligner sa sévérité, sa bouche, ses yeux... Une main s'abattit sur mon épaule et me repoussa violemment. Une voix étrangère me murmura à l'oreille : « On ne filme pas l'ayatollah Khomeyni quand il fait sa prière. »

Quelques semaines plus tard, ce même ayatollah Khomeyni atterrissait à Téhéran. Et il devenait l'un des dictateurs les plus sanglants de notre temps, envoyant à la mort des milliers d'enfants...

Le métier de reporter provoque parfois une déformation à laquelle je n'ai pu toujours échapper. Nous avons parfois tendance à ne percevoir l'actualité qu'à travers le sensationnel. J'en ai pris conscience au moment de l'enlèvement de l'industriel Maury-Laribière.

Depuis quatre jours, nous faisions le guet aux abords de sa propriété à Confolens. Assis à la terrasse d'un café, nous espérions un communiqué du commissaire Gévaudan, chef de la brigade criminelle. Une voiture de pompiers, tractant un bateau pneumatique, passa dans l'indifférence générale. Mais soudain, je m'écriai :

– Ils l'ont peut-être retrouvé noyé!

Aussitôt ce fut la ruée derrière le véhicule des pompiers. Après vingt minutes de poursuite, nous traversions un champ pour nous arrêter au bord d'un petit étang. Deux hommes-grenouilles plongeaient : je les filmai, faisant remarquer :

– Attention, ils remontent, voyez les bulles! Ils ont un corps avec eux! Je filmais, je filmais. Gros plan sur la main du cadavre qui apparaissait.

– Attention, on va voir son visage!!... Non! Ce n'est pas lui...

Inutile de filmer plus longtemps. Déception de toute l'équipe. Dans mon dos j'entendis :

– C'est pas encore ce soir qu'on rentre sur Paris.

En emportant le mort, les gendarmes oublièrent un détail vestimentaire. Les deux chaussures de la victime restaient sur la rive, là où il les avait posées. Image révélatrice! Elle nous rappelait que nous étions au service exclusif du sensationnel. Un homme s'était suicidé dans cet étang, mais il était trop quelconque pour nous intéresser. Il nous avait dérangés pour rien. Et nous souhaitions, en rentrant à Confolens, qu'il ne nous ait pas fait rater une information – importante peut-être – donnée en notre absence...

Je me souviens aussi d'un reportage, tourné pour le JT avec Jérôme Bony [1], qui m'a profondément marqué. Remuant en moi des souvenirs d'enfance, il me ramenait au bord des gouffres dans lesquels il est si facile à un adolescent de tomber. C'était un reportage sur les prisons.

J'ai pu entrer dans les cellules, côtoyer des gamins de vingt ans, les voir pleurer, les regarder pendant leur promenade dans une cour de vingt mètres sur dix, où ils tournent en rond, tous dans le

1. Il avait participé avec moi à la deuxième *Course autour du monde*. Voir chapitres 9 et 10.

même sens, deux par deux, trois par trois, ou quelquefois seuls. Là, ils voient les heures passer, les jours passer, les mois passer, les années passer. Ils perdent leur temps, leur jeunesse, leur vie. Ils sont désespérés, torturés dans leur cœur pour une erreur ou une faiblesse qui n'a souvent duré que quelques minutes.

On n'a pas le droit de gâcher ainsi une vie. Si certains s'en sortent, se corrigeant pour devenir plus forts, combien replongeront encore : par vengeance ou par faiblesse, car la prison ne guérit pas toujours.

Faisant un retour sur moi-même, je mesure aujourd'hui l'importance des tentations et des erreurs qui peuvent perturber un adolescent entre dix et seize ans. Dans ma vie, j'ai dû prendre des virages; quelques-uns étaient serrés, voire dangereux; je les ai pris sur les chapeaux de roue, j'ai eu de la chance de ne presque jamais déraper. J'aurais pu basculer dans le fossé, et peut-être même dans l'abîme. Cette fois-là, par exemple...

J'avais une quinzaine d'années, j'étais boy-scout, toujours volontaire, un peu fonceur, quelquefois dur à cuire, ne connaissant pas toujours les limites du bien et du mal. J'avais des idées arrêtées, des passions et des envies. Ne pas faire comme les autres, imiter les grands, ne jamais rester en rade, aller toujours de l'avant. La plupart de mes amis possédaient un cyclomoteur. Disposant seulement d'un vélo, je ne pouvais les suivre partout et cela m'exaspérait.

Il me fallait absolument posséder moi aussi un engin à moteur. Au fond du garage, il y avait bien un vieux motocycle appartenant à mon père; il ne marchait plus. Un soir, à table, je me décidai à lui demander l'autorisation de l'utiliser.

– Mais non, c'est trop dangereux!

Tous les trois ou quatre jours, je revenais à la charge. Mais en vain :

– Si tes résultats scolaires s'améliorent, on verra.

Ou encore :

– Écoute, pour le moment, il n'en est pas question. Mange et va faire tes devoirs.

Je passais de longs moments sur la selle, le guidon entre les mains. L'engin posé sur la béquille, je bruitais les dérapages imaginaires, les accélérations et les coups de freins. N'y tenant plus, je décidai de le réparer en douce. Avec l'aide de mes voisins Laurenceau, très doués pour tout ce qui était manuel, mécanique, électrique, électronique même, j'ai démonté le moteur et décelé la panne. Recouvert d'une bâche, parmi les vieilleries en tout genre qui encombrent un garage, le cyclomoteur, en pièces détachées, n'a pas attiré l'attention de mes parents.

Tranquillement, en deux semaines, j'ai pu récupérer à droite et à gauche, chez tel ou tel ami, rondelles, écrous, joints de culasse, bougies.

Un samedi, profitant de l'absence de ma famille, j'ai remonté le moteur. Le pouce droit sur le décompresseur, je donnai les premiers coups de pédales à mon cheval d'acier. Il a pétaradé, toussé, fumé et enfin hurlé. Son hennissement résonnait dans toute la maison et je pouvais crier victoire. L'après-midi touchait à sa fin. J'aérai tant bien que mal le garage, un bout de carton à la main chassant la fumée et les odeurs d'essence. La bâche reposée délicatement, il me fallait remettre en place la chaise cassée, le broc d'eau percé, les pots de géraniums rabougris et la pile de journaux datant de années cinquante.

Mes résultats scolaires s'étant améliorés, toujours grâce à mon voisin François (nous étions l'un à côté de l'autre en classe pendant les compositions), je comptais annoncer à mes parents la bonne nouvelle. Mais avant de leur dire cette phrase que j'avais consciencieusement préparée : « Vous savez que la mob, elle marche vachement bien », je m'étais mis en tête d'avoir moi aussi la fameuse clef à bougies que tous mes copains promenaient sans cesse avec eux. Je devais donc acquérir cet outil pour parfaire la panoplie du vrai pilote de mob. Je n'avais jamais eu d'argent de poche et les quelques sous que je gagnais en lavant des voitures ou en distribuant des tracts avaient pour unique destination le camp scout du prochain été. Donc, pas question d'y toucher. Alors, un seul moyen pour obtenir cette clé : la chaparder.

L'endroit le moins risqué semblait être le magasin à grande surface. Un jeudi après-midi, respirant profondément à l'entrée de l'une de ces « boutiques à tentation », je fermai les yeux quelques instants et m'engouffrai dans ce monde de lumière, de néons, de musique douce. Soldes par-ci, soldes par-là, dix pour cent de rabais un peu plus loin. Tout à portée de la main. Des milliers d'articles et chacun par milliers. Alimentation au second sous-sol; sports, livres, photo, cinéma au rez-de-chaussée; tout pour la cuisine et le sanitaire au premier; camping, jardin et outillage au deuxième. C'était là, c'était le bon étage.

Un coup d'œil à droite, un coup d'œil à gauche. Je me suis lancé. La clef à bougies serrée dans ma main au fond de ma poche, il me fallait quitter ce lieu maudit. La sueur perlait à mon front, je cherchais la sortie, mais j'étais perdu. L'angoisse montait, je paniquais, j'étais observé, c'était sûr. Je remarquai un grand type chauve qui ne me quittait pas des yeux; j'avais envie de me sauver mais n'osais pas, me rappelant une phrase de mes parents : « Quand tu fais une bêtise, il faut la reconnaître et en subir les conséquences. »

Et j'ai bien fait de ne pas chercher à m'enfuir, car une deuxième personne était déjà dans mon dos. Une main sur mon épaule, une plaque mentionnant « inspecteur » devant les yeux, j'ai très vite compris. Je tremblais. Discrètement, je quittai le rayon pour entrer dans un bureau.

– Vous avez un joli nom et, en plus, vous êtes boy-scout. Bravo...

– Donnez ce que vous avez pris.

Je pleurais en remettant ma clef à bougies.

– Vous savez que vous pourriez aller en maison de redressement. Je vais devoir prévenir vos parents. Au fait, pourquoi ce vol?

J'expliquai.

– Très bien, vous allez rentrer chez vous, vous recevrez une convocation au tribunal.

Je n'ai rien dit à mes parents. La convocation au tribunal n'est jamais arrivée. La leçon m'a servi. Cet inspecteur avait bien joué, mais les choses auraient pu se passer autrement. Il y aurait pu y avoir une course-poursuite dans le magasin, voire même une bagarre, des cris, des insultes et obligatoirement des sanctions. Je n'aurais pas supporté la punition, tout aurait dégénéré et l'escalade aurait pu s'engager dans un sens plus dramatique, un sens que d'autres jeunes ont pris un jour. J'aurais pu basculer dans le clan des voyous, dans le clan de ceux qui aiment éperdument la vie mais dans un esprit de vengeance.

Dans ce virage, j'ai dérapé, mais le pneu n'a pas éclaté et je ne suis pas tombé dans le fossé.

Il faut conduire sa vie en évitant les pièges qu'elle vous tend, en lui souriant et en reconnaissant ses erreurs, s'arrêter parfois pour payer ce que l'on doit et reprendre aussitôt son chemin.

A ceux qui sont en taule pour une lamentable bêtise, j'ai envie de dire : « Payez-la et oubliez vite. La porte va s'ouvrir un jour, mais elle ne doit pas s'ouvrir sur la rancune ou sur la vengeance. Elle doit s'ouvrir sur la liberté. »

11

J'AI FILMÉ LA MORT

Au bout de l'allée tracée par les mourants, je me suis arrêté. Un enfant venait de quitter notre monde. Il avait eu le malheur de naître avec une peau jaune. Dans une région du monde, le Sud-Est asiatique, où la vie d'un homme ne vaut pas cher.

Sa mère le contemplait, les yeux secs. Elle avait depuis longtemps épuisé toutes ses larmes.

Ma caméra pendant au bout du bras, je m'étais arrêté de filmer, à un mètre cinquante de la mort. Je restai planté là, retenu par ma pudeur d'Occidental bien nourri. Cette pauvre Cambodgienne m'ignorait, moi et ma caméra. Autour de nous seuls quelques mourants encore lucides m'indiquaient par leurs regards qu'ils auraient voulu trouver la force de casser ma machine de voyeur.

Et puis le désir de témoigner l'a emporté en moi sur la décence. La caméra à l'épaule, j'ai appuyé sur le bouton, le film s'est mis en marche pour fixer à tout jamais une douleur bouleversante.

Cette femme, éperdue, releva le drap pour recouvrir le visage de son fils. Mais comme pour s'assurer de sa mort, ou pour avoir son dernier regard, de ses doigts fins et osseux, elle a délicatement rouvert les paupières et contemplé ses yeux. Sa main a glissé dans la chevelure du garçon avant qu'elle ne remette définitivement un voile sur la vie qu'elle avait donnée, et perdue.

Cela fait, elle se cacha le visage pour pleurer. Il reste toujours quelques larmes même lorsqu'on croit les avoir épuisées.

J'arrivais en fin de bobine mais j'avais filmé la mort. C'était la fin de mon film, et pour cette femme en sanglots c'était la fin du monde. Elle était prête à mourir à son tour.

Au cœur de la misère des réfugiés cambodgiens, en serrant les dents, j'avais enfin pu remplir ce rôle de reporter dont je rêvais en rentrant au journal télévisé d'Antenne 2 en septembre 1979.

Mais depuis neuf mois, je n'avais pas eu l'occasion de filmer autre chose que des inaugurations de stades, des discours politiques, ou Paris sous la neige. Je répétais : « J'ai vingt-sept ans, je suis en pleine forme physique, envoyez-moi là où il y a des risques! » Mais j'étais un modeste pigiste en surnombre, et au lieu de partir enquêter au Cambodge, je devais me contenter de filmer la manifestation des Cambodgiens à Paris.

Je voulais vivre l'événement, être témoin des réalités du XXe siècle, dénoncer la folie du monde. On me proposait la récupération des déchets en région parisienne, le dopage des chevaux de course, le congrès des fabricants de cravates.

J'ai cassé la tirelire contenant mes maigres économies et, le 17 mai 1979, je suis parti avec un journaliste indépendant, Antoine Vial, pour un reportage qu'il me proposait de faire à nos frais. Il s'agissait officiellement d'enquêter sur les Cambodgiens qui, fuyant la folie sanguinaire des Khmers rouges, venaient s'entasser en Thaïlande dans des camps ou plutôt dans des mouroirs.

Nous avions aussi le but, secret, de pénétrer au Cambodge – devenu le Kampuchéa démocratique. Et là, de rencontrer les forces clandestines de Sun San, l'ex-premier ministre du prince Norodom Sihanouk. Face aux Khmers rouges et aux envahisseurs vietnamiens, Sun San résistait avec une poignée de Khmers serei (« Khmers libres »).

Dans l'avion qui m'emmenait à Bangkok, le visage douloureux de Diane me hantait comme un remords. Je lui ai écrit une fois de plus une de ces lettres de justification que je n'ose jamais lui envoyer quand je les ai finies. Cette lettre était si longue que je l'ai continuée, raturée, déchirée et recommencée chaque soir les jours suivants.

« Je suis persuadé qu'il n'y a pas de secret autre que la volonté de réussir. Pour nous deux, *c'est un gros coup.* Car après neuf mois de piges à Antenne 2, il faut que je m'impose dans un style. Il faut que l'on m'accepte dans le grand reportage, il faut que l'on sache ce que je veux faire de cette profession.

« Je veux aussi t'apporter une vie plus confortable, je veux prouver aux gens qui nous entourent, à ceux qui t'ont connue, que tu as eu raison de croire en moi, que ton choix était le bon. Bien sûr, je sais que tu me fais confiance, mais il faut faire vite; aller vite vers ce que je veux. Si quelquefois, il m'est arrivé de me laisser aller, de me bercer en attendant la chance, aujourd'hui je lui crie de toutes mes forces : " J'arrive. " Elle est prévenue. Si elle m'accepte, elle ne me laissera plus jamais seul. Je reviendrai avec un bon document et je serai lancé. J'ai confiance en moi, mais j'ai aussi peur. Peur de quoi? De la mort? De l'accident? Non, pas tellement. J'ai peur de te laisser seule pour de longues années. Seule avec pour unique souvenir notre fils Erwann...

« Si, à certaines heures de la journée, je brave cette peur, à d'autres moments elle me harcèle au plus profond de moi. Saint-Exupéry disait quelque chose comme : " Ils sont partis, appuyés sur des muscles d'homme, ils ont bravé les montagnes, découvert les continents, aimé quelques femmes, joué à pile ou face avec la mort pour uniquement dépouiller cette peur. "

« Peur de vivre, peur d'exister, peur de ne pas connaître la peur. Je crois moi aussi que l'aventurier vit avant tout pour dépouiller la peur, la maîtriser, être fort : VAINCRE.

« Toi qui me sens parce que tu vis à mes côtés, toi qui me vois réagir parce que tu me connais, tu as dû sentir la peur m'envahir avant le départ. J'ai eu peur de provoquer ce reportage. J'ai encore plus peur de le rater, et je n'en ai pas le droit au nom des cinquante années qui viennent et que nous vivrons ensemble. Ces mots, Diane, tu ne les liras pas; parce que je ne te les enverrai pas, ils resteront dans mon cahier. Un jour peut-être tes yeux se porteront dessus et tu sauras que j'ai peur... »

A Bangkok, trouver un hôtel modeste, mais assez sûr pour y déposer le matériel, était la première difficulté. Ensuite nous pouvions passer aux vrais problèmes.

Dans les camps où s'entassent les réfugiés le long de la frontière cambodgienne, les journalistes ne sont jamais les bienvenus. On redoute la façon dont ils pourraient rendre compte de la situation effroyable qui règne dans ces « mouroirs ». Un certain nombre de personnes, heureusement, nous ont apporté leur appui et leur expérience : le père Venet, missionnaire; Roland-Pierre Paringaux, correspondant du journal *le Monde;* les docteurs Gilles Ress et Rony Brauman de Médecins sans Frontières.

En attendant l'autorisation de pénétrer dans les camps et de les filmer, j'ai eu l'occasion de m'intéresser à d'autres misères. Moins spectaculaires, plus banales, mais aussi douloureuses.

Un soir, j'ai rencontré un homme triste, perdu, abattu, fini. Un petit industriel d'une quarantaine d'années. Dans quelques jours il repartirait pour la France. Mais il aurait voulu rester. Il criait à qui voulait l'entendre, à moi, son désespoir de repartir sans son fils Nicolas.

Une histoire banale et triste, comme il en arrive tous les jours. Je vais la raconter avec l'espoir qu'elle servira à d'autres que Nicolas.

Il en a ras-le-bol de la France et de son confort, Nicolas! Ses parents ne comprennent rien. Sa jeunesse fout le camp et sa vie finira par la retraite, sans avoir vraiment commencé, alors qu'il est un aventurier dans l'âme. Il décide de s'en aller avec ses dix-neuf ans seulement; et un tout petit peu d'argent. Il reviendra avec la fortune trouvée au long de son chemin. En attendant, il s'envole pour l'Australie en emmerdant tous ceux qui restent, tous les vieux débiles qui lui parlent de son avenir. Voilà ce que se dit Nicolas.

En Australie, où il est accueilli par la sœur de sa mère, il est déçu très vite. Il n'est pas venu là pour regarder la télévision, mais pour fouler les grands espaces. En attendant, il est prêt à accepter n'importe quel petit travail; mais ses cours de lycée sont déjà loin, personne ne comprend son anglais. Il en a assez de sa tante, des journées à la piscine, des deux petites nièces de sept et trois ans. L'Australie, ce n'est pas ça, on l'a trompé... Alors, comme son argent diminue à vue d'œil, il fait son sac, et il part pour Bangkok! Là-bas, il pourra se débrouiller et mener la belle vie : dans quatre jours, il aura vingt ans!

Bangkok l'accueille avec son trafic infernal, ses odeurs de gaz d'échappement, sa moiteur qui engourdit le corps et la conscience. En quinze jours, il se fait des « amis », il est au parfum de certaines pratiques. Il n'a plus rien en poche, plus rien à perdre. Alors il se lance. Pour 1 000 dollars il transporte un petit paquet! Tout s'est bien passé, trop bien, c'est enfantin.

Il loue une villa. Les filles qui dansent sur les comptoirs de bar en slip de bain sont les plus belles qu'il ait jamais vues. Pour trois cents baths, elles sont à lui quand il veut. Les soirées dans Pat-Pong sont les plus belles de sa vie. Demain, Nicolas tentera encore un transport, toujours pour 1 000 dollars. Il est sûr de lui, habile à déjouer d'éventuelles filatures; il est grand et fort, il ne craint rien... Mais un jour, à la fin d'avril 1979, il est pris avec cent grammes d'héroïne sur lui...

L'homme qui me raconte cette histoire, assis en face de moi, sèche ses larmes avec son mouchoir. Il est arrivé voici dix jours. En quittant la modeste entreprise qu'il dirige dans l'est de la France, il a pris tous ses fonds disponibles : un chèque de 10 000 dollars. Le tribunal vient de lui refuser de payer la caution. Il me regarde dans les yeux, et lentement, en ponctuant les syllabes, il me dit :

– Je me croyais un homme fort, je ne suis qu'un minable! je suis prêt à corrompre des juges, à me ruiner, à renoncer à tous mes principes, et tout ça pour un trafiquant de drogue, un voyou!...

Il sanglote et reprend :

– Mais ce voyou, c'est mon enfant. Et même en sacrifiant les efforts de toute ma vie, je ne peux plus rien pour lui...

Avant de repartir pour faire tourner son entreprise et payer ses employés, le malheureux ira une dernière fois à la prison voir son petit Nicolas.

De l'autre côté des barreaux, Nicolas acceptera les fruits, la crème anti-moustiques, le désinfectant, les yaourts. Le père lui dira : « Courage, garde confiance. » Le fils répondra : « Je m'ennuie à mourir, papa. J'ai peur! Dans ma cellule, ils se bagarrent toutes les nuits. Ils se droguent, ils se piquent; et moi je t'assure, j'ai jamais essayé, mais je craque, papa. Je vais plonger... »

Le père lui promettra : « Le mois prochain, ta mère essaiera de venir. » Le fils répondra : « Tu sais, ici, si on tombe malade, on n'est pas soigné. On crève à petit feu. Y'en a un qui est là depuis dix-sept ans... C'est une loque... »

Le père repartira sans savoir quoi dire, désemparé, déchiré. Le fils restera sans savoir que penser. Sous ses pieds, va s'ouvrir un trou noir qui s'appelle déprime, folie, tristesse. Alors qu'il aurait pu connaître amour, aventure, richesse.

Nicolas, il avait vingt ans. J'aurais tant voulu que ce soit le dernier à finir ainsi...

Après plusieurs jours d'attente, on nous délivre enfin les laissez-passer qui doivent nous permettre d'atteindre la frontière.

C'est vers Aragna Pratet que nous roulons maintenant. Le jour se lève, les rizières à perte de vue apparaissent. Le long des routes, nous croisons quelques bonzes dans leur robe safran, le parapluie sur l'épaule, le sac en bandoulière. Ils marchent, accompagnés chacun de deux jeunes enfants.

De chaque côté de la route, les champs sont inondés. Les buffles y barbotent tranquillement. Au-dessus des ruisseaux, les filets pour la pêche sont relevés. Quelques maisons sur pilotis forment un village. Les passerelles qui relient les habitations sont glissantes, une vieille femme les recouvre de sable. Le jour s'est enfin levé, le soleil réchauffe l'atmosphère, les rizières se mettent à fumer. Comme cette partie du monde est paisible...

Nous voici arrivés à la frontière. Pour détourner l'attention des militaires, Antoine et moi abandonnons ostensiblement notre voiture. C'est à pied que nous partons avec le matériel vers le camp de Watkok, à deux kilomètres de là.

Il compte plusieurs milliers de réfugiés « illégaux ». Dans quelques heures, ils seront refoulés vers le Cambodge. Le Haut Comité aux réfugiés a tenté d'en dissuader les Thaïlandais; mais sans succès. Alors, les délégations américaine et française se sont mises en hâte au travail pour prendre en charge un contingent fixé à 1 600 personnes. Tous les autres sont « condamnés »; et ils le savent.

Derrière les barbelés, une jeune fille d'origine chinoise nous interpelle. Face à notre caméra et à notre micro, elle s'écrie : « JE VOUS EN SUPPLIE, DITES AU MONDE LIBRE QUE L'ON EST EN TRAIN DE NOUS ASSASSINER... » Ses larmes l'empêcheront d'en dire plus. A ses côtés, un vieil homme prend la parole : « Nous venons de parcourir quatre cents kilomètres à pied dans la forêt et dans la montagne. Nous avons réussi à échapper aux Khmers rouges qui nous traquent. Nous sommes épuisés, malades. Nous souffrons, monsieur, et nous ne voulons pas vivre dans un pays communiste. »

Il se retourne vers son voisin; lui renversant la tête, il nous présente son cou : « Lui, il ne parlera plus. » L'homme ne bouge pas, il se laisse faire. Il a une énorme plaie infectée tout autour de la gorge. « Un coup de sabre, c'est ce qui nous attend tous si nous sommes refoulés. Je vous en supplie, dites-le à la presse internationale... »

Autour de nous des gens de plus en plus nombreux se rassemblent; tous ont une atrocité à nous révéler. Dans un français plus ou moins compréhensible et dont ils s'excusent.

– Je ne parle plus français depuis quatre ans! C'était interdit! Si on nous entendait parler français, on devait travailler plus et manger moins.

Un jeune homme se fraie un chemin dans la foule pour venir à moi et me dire d'un ton calme :

– Regarde mes mains, elles ont gratté la terre pour construire sans un seul outil les barrages de Pol-Pot [1] dans les rizières. Certains barrages ont cédé à la saison des pluies. Il nous a fait souffrir pour rien. J'ai perdu mes parents, je n'ai plus que mon petit frère. Il a sept ans; ils l'ont obligé à travailler depuis l'âge de quatre ans. Avec une petite pelle, il ramassait les excréments d'animaux pour le fumier. Il n'est jamais allé à l'école.

Un autre ajoutait :

– On a travaillé comme des esclaves. Regarde mes ongles... J'étais étudiant en pharmacie, je voudrais reprendre mes études quand je serai en France.

Un autre encore :

– Je n'ai pas vu un seul tracteur pendant quatre ans, on était nourris à 10 heures et à 18 heures avec un peu de riz. Et on travaillait, on travaillait comme des prisonniers... personne ne nous croit...

Tous terminaient par cette phrase :

– Je vous en prie, dites-le au monde libre!

L'agitation que notre présence provoquait risquait d'attirer

1. Premier ministre du gouvernement des Khmers rouges.

l'attention des militaires. Plutôt que de créer des ennuis à nos interlocuteurs, nous avons préféré partir discrètement, abandonnant ces malheureux, le regard posé sur nous, les mains accrochées aux barbelés.

Antoine Vial et moi avons passé la nuit à Aragna Pratet, allongés sur le parquet d'une maison cambodgienne. Incapable de dormir, je pensais à un couple de Cambodgiens venus de France pour tenter de récupérer un de leurs parents. Ils lui ont parlé hier à travers les grillages. C'est la dernière image qu'ils conserveront de lui. Les formalités qu'ils avaient entreprises ont échoué : demain, comme les autres, il sera refoulé chez les gens qu'il fuyait.

Pourquoi! Qu'a-t-il fait pour mériter un tel sort?

Pauvre Cambodge, un pays éclaté, désossé, voué à l'engloutissement, un des plus tragiques de l'histoire. Personne n'a levé le petit doigt quand, en avril 1975, les Khmers rouges ont pris le pouvoir pour anéantir tout ce qui portait trace de la civilisation occidentale – j'ai envie de dire : de la civilisation tout court. Sans aucun respect des Droits de l'homme, si l'expression signifie encore quelque chose pour nos gouvernements... Ce pouvoir dictatorial a purement et simplement éliminé tous ceux qui le gênaient. C'est déjà de l'histoire ancienne, si embarrassante que sur le plan international, on l'a volontairement ignorée. Comment ce gouvernement sanguinaire a-t-il pu siéger à l'Assemblée des Nations unies?

Depuis 1979, les Vietnamiens, sous prétexte d'éliminer les Khmers rouges, ont continué leur politique d'expansion territoriale, engloutissant le Cambodge, tout comme une marée montante ne laissant émerger que quelques îlots de résistance.

Certains des réfugiés, qui avant 1979 avaient pu franchir la frontière thaïlandaise, réussirent peu à peu à être pris en compte par les États-Unis, l'Australie, le Canada. La France, elle aussi, a fait un gros effort pour les accueillir. Ceux qui après l'invasion vietnamienne de 1979 ont réussi à sauver leur peau n'auront plus aucune chance de partir vers l'Occident. Désormais le gouvernement thaï les refoule systématiquement, par crainte d'une infiltration sournoise d'agents vietnamiens, par peur d'une « cinquième colonne ». La Thaïlande constitue le dernier et fragile rempart contre l'avance communiste dans le Sud-Est asiatique.

La guerre du Cambodge continue aujourd'hui entre les différents partis. Elle renaît de plus belle à chaque saison sèche. La presse a parlé à plusieurs reprises de buffles et d'éléphants qui tractent les chars et canons enlisés pendant les moussons.

Pauvre Cambodge, j'aurais aimé te connaître lorsque tu étais un pays libre! Pourtant, ton destin était tracé, si on en croit les prédictions faites par Pouth en 1863 : « Après s'être libéré du joug des hommes blancs aux mains d'acier et aux yeux d'argent, tout le peuple sera pris d'une folie fratricide qui ne cessera que lorsque le sang répandu baignera le ventre de l'éléphant. »

10 juin 1979 : une date historique. Pour moi, l'une des journées les plus tristes de ma vie. C'est aujourd'hui que le gouvernement thaï va procéder au refoulement massif des derniers réfugiés « illégaux ». Il les renvoie à leurs bourreaux, et les condamne à mort. Depuis mars 1979, 80 000 réfugiés ont été renvoyés de force au Cambodge : il en reste peut-être une poignée en vie...

Antoine Vial et moi étions les deux seuls journalistes occidentaux présents sur la frontière, au camp de Nang Chan. Mais les militaires thaïlandais ne voulaient aucun témoin de leur opération de nettoyage. Nos laissez-passer délivrés à Bangkok n'étaient plus que des chiffons de papier.

Un officier impeccable et glacé vint nous signifier que nous étions indésirables. Et comme le déclenchement de l'opération était imminent, il nous « pria » de partir sur-le-champ. Après les protestations d'usage, nous avons fait mine d'obtempérer. Mais nous étions bien décidés à filmer cette déportation.

Notre voiture de location ayant été adroitement mise en panne par nos soins, nous dûmes la pousser, sous le regard exaspéré des militaires, jusqu'à un garage situé à un carrefour par lequel le convoi des refoulés devait passer. Discrètement « arrosé » au préalable, le garagiste reçut pour consigne de prendre son temps pour réparer. Une jeep du Control Border Police ne tarda pas à venir enquêter. Le garagiste leur confirma notre impossibilité de repartir.

La voiture étant laissée à l'entrée du garage, j'eus tout le temps d'y installer ma caméra de façon à pouvoir filmer de l'intérieur. Quand le convoi se présenta, feignant d'être un badaud adossé au véhicule, j'appuyai discrètement sur le déclencheur.

Ces images me restent en mémoire, avec leur atrocité inexorable. Escortés de camions militaires armés, quarante et un bus ont défilé sous mes yeux. Les fenêtres, verrouillées à mi-hauteur pour prévenir toute évasion, laissaient apparaître le visage douloureux des déportés. Les chauffeurs civils semblaient grisés par cette mission nouvelle et inattendue; ils se sentaient puissants au volant de leur « bétaillère ».

Je suis trop jeune pour avoir connu les trains de déportés partant de la gare de Bercy, mais ce convoi devait leur ressembler. J'avais les larmes aux yeux. Tout se passait dans un silence pénible. Ces hommes, ces femmes, ces enfants entassés ne disaient mot. Résignés, ils subissaient. Repartir au Cambodge qu'ils venaient de fuir! Retrouver la famine, la maladie! Devoir vivre à nouveau comme des bêtes, tel était leur sort. Beaucoup risquaient même d'être exécutés.

Cette expulsion n'était pas dépourvue d'une arrière-pensée politique. Les Thaïs espéraient gonfler ainsi les foyers de résistance aux Vietnamiens. C'est là, je pense, la raison majeure de l'échec de notre reportage sur les Khmers libres. Notre contact avec les Khmers serei finit par s'établir un matin à Bangkok, après quinze jours d'une longue attente. Leur représentant M. Diendel, à demi-mot, nous fit comprendre que le moment était mal choisi. Le refoulement des réfugiés les servait, mais il n'était pas bon de le dire.

Nous avions échoué quant au second objectif de notre reportage, mais le premier était atteint. Je voulais témoigner sur la folie du monde. J'étais servi.

Je me souviendrai longtemps de ces camps où les réfugiés au bord de l'épuisement venaient mourir, d'où ils étaient refoulés quand ils avaient survécu.

Quand je pense à mon confort personnel, quand j'entends autour de moi monter des plaintes contre les horaires de travail, la semaine de trente-neuf heures, la grille des salaires, ou contre la sixième semaine de congés payés qui tarde à venir – je pense à ces vieillards, femmes, enfants, accrochés les uns aux autres, entassés sous des tentes dressées dans la boue. Je pense à cette femme qui rouvrait les yeux de son enfant mort.

Je revois l'arrivée de cette réfugiée d'une douzaine d'années. Se traînant, soutenue par un parent, elle était au bout du rouleau. Son regard était déjà mort. Squelettique, elle ne pouvait même pas porter ses quelques kilos; sa peau moulait ses os. Assise en tailleur, immobile sur la natte où on l'avait déposée, elle se vidait et se souillait sans s'en apercevoir. Au bout de trois ou quatre jours, elle avait repris des forces; et peut-être avait-elle oublié les centaines de kilomètres parcourus à pied vers la vie pour demander l'asile. Mais le 10 juin 1979, on l'a fait monter dans un bel autobus pour la conduire vers la mort.

Devant la folie, la misère, la pourriture, j'ai rangé la décence dans la poche, j'ai filmé... Je souriais de temps en temps à des visages hagards. Que faire d'autre? Pleurer avec eux? Ce n'était pas le moment de se voiler la face. Il fallait au contraire s'armer de ces documents pour pouvoir réveiller la terre : « Hé! la terre, tu as perdu le nord, tu tournes à l'envers! ressaisis-toi! »

Ils m'avaient imploré : « Dites-le au monde libre. »

J'ai essayé.

Au début de juillet 1979, Antoine Vial et moi avons présenté un extrait de notre reportage au journal d'Antenne 2. Antoine a dû se résigner à refaire son commentaire trois fois. On trouvait que nous prenions parti avec trop de violence, que notre sensibilité nous avait emportés.

J'avais oublié que ces images se glisseraient entre l'augmentation du prix de la salade et le dernier résultat de la Coupe des coupes de je ne sais quoi... Pauvre Cambodge!

12

DEUX PETITS OURSONS ET DIX PRISONNIERS ENCHAÎNÉS

Parce qu'ils préféraient sensibiliser l'Occident avec l'agonie des réfugiés cambodgiens plutôt qu'avec les images (peut-être dangereuses) de la guérilla, les adversaires des Khmers rouges nous avaient refusé l'accès à leur maquis et à leur vie clandestine.

Le « gros coup » dont je parlais dans mes lettres à Diane n'aurait pas lieu. Le grand projet qui nous avait attirés, Antoine Vial et moi, dans le Sud-Est asiatique avortait par l'effet d'une décision obscure, lointaine, indiscernable! Après tant de sacrifices financiers, d'efforts, de risques, l'échec était rude.

D'autres se seraient peut-être contentés de rentrer avec le reportage bouleversant que nous avions réalisé sur les réfugiés. Pas moi!

L'échec fait partie de la vie, il faut savoir l'accepter. Mais pour s'en servir comme tremplin pour une autre action! Il n'était pas question, après être venus d'aussi loin, de nous en retourner à la première difficulté. Il ne manquait pas d'autres sujets (souffrances ou foyers d'agitation) dans la région où nous nous trouvions.

C'est vers la Birmanie que nos regards se sont portés.

A la suite de circonstances, sur lesquelles je n'ai pas le droit de m'étendre, nous avions fait la connaissance en Thaïlande d'une femme appartenant aux services secrets de ce pays. Elle attira notre attention sur la dissidence menée par le peuple karen contre le gouvernement central de Rangoon depuis 1949.

Les Karens occupent, au sud de la Birmanie, un territoire enclavé à l'ouest de la Thaïlande. C'est un peuple d'un niveau culturel un peu supérieur à la moyenne du pays. Laborieux, disciplinés, chrétiens à 40 %, les Karens s'accommodaient bien de la colonisation anglaise et d'un style de vie qui les a marqués. En 1948, l'accession de la Birmanie à l'indépendance (après cent vingt-quatre ans d'administration anglaise) a été ressentie par eux comme une régression.

L'Union de Birmanie – c'est le nom du nouvel État – procédant de la fusion des États des Chans et des Karens, a fait perdre à ceux-ci leur autonomie en les subordonnant au gouvernement central de Rangoon dominé par une ethnie différente.

En 1949, un an après l'indépendance, les Karens entraient en révolte contre le pouvoir central. Leur lutte n'a jamais cessé depuis, se développant même après un coup d'État militaire à Rangoon en 1962, et après la transformation de la Birmanie en république socialiste en 1973. Une transformation que le gouvernement thaïlandais n'a pas observée sans inquiétude, pris en sandwich entre le Cambodge communiste à l'est et le nouveau régime birman à l'ouest.

Quittant la frontière du Cambodge, Antoine et moi avons traversé la Thaïlande d'est en ouest, pour pénétrer clandestinement en Birmanie, avec la bénédiction des services secrets thaïlandais.

Il suffisait de traverser le pont de la rivière Noire qui marque la frontière entre les deux pays. J'ai été stupéfait par le grouillement de la circulation, par le va-et-vient de marchandises qui animait ce pont : des buffles, des vaches, et surtout des hommes porteurs d'énormes paquetages accrochés au front par une sangle. Tout ce trafic se faisait exclusivement à dos d'homme. J'étais frappé par le contraste entre la silhouette maigre et courbée de ces fourmis humaines et la dimension du paquetage qui semblait les écraser.

Que portaient-ils? Des vivres, des boissons, de la bimbeloterie, des sandales, des pierres précieuses ou semi-précieuses (rubis, émeraudes, saphirs, jade) et même des moteurs...

Notre intention était de rencontrer et de filmer les membres du gouvernement clandestin des Karens. Un désir peu facile à concrétiser, même lorsqu'on est en présence d'hôtes aussi coopératifs et aussi chaleureux que les nôtres l'étaient.

En attendant la réponse à notre demande, on nous logea dans un village proche de la frontière, dans une belle maison sur pilotis entièrement construite en bois. Elle s'ouvrait à tous les vents sauf deux pièces fermées au centre. A l'arrière, il y avait la cuisine, la salle de bains, les toilettes. Sur le plancher, on marchait pieds nus comme dans tous les pays qui connaissent des saisons de pluies longues et violentes. Le parquet, poli par les ans, était d'une douceur étonnante, et d'une fraîcheur accueillante pour le pauvre Occidental ravagé par la chaleur. Tandis qu'au-dehors le soleil cognait de toutes ses forces, à l'intérieur la fraîcheur inattendue du parquet concurrençait le repos proposé par le hamac.

Au cours de mes reportages clandestins ou dans des pays

déshérités, je n'ai jamais connu une hospitalité aussi confortable. Peu d'Occidentaux s'intéressaient aux Karens, notre visite constituait pour eux un événement. La chaleur de leur accueil dépassait la simple courtoisie.

J'en ai profité pour les étudier, pour mieux les comprendre. Je m'étonnais de la relative prospérité et de l'hygiène d'un peuple qui supportait une guérilla. Celle-ci ne paraissait pas avoir trop gêné leur sens aigu du commerce et leur ardeur au travail. C'est d'ailleurs le commerce qui alimentait les finances de cet État dissident et autonome, quoique non officiellement reconnu. En échange de la protection accordée aux négociants contre les Birmans, les Karens taxaient toutes les marchandises transitant par leur forêt entre la Birmanie et la Thaïlande dans les deux sens.

Les marchandises consommées par les Birmans « loyalistes » contribuaient donc indirectement à assurer les finances de l'État « rebelle »...

Le village s'endormait tous les soirs à 21 heures précises : au moment où s'arrêtait de fonctionner le groupe électrogène qui l'alimentait en électricité à partir de 18 heures. Aussitôt l'animation cessait, les bruits de la forêt s'amplifiaient et peuplaient mes rêves.

Une nuit, à demi réveillé, je suis sorti sous la pluie sans trop savoir où j'allais. Une musique et une voix mélodieuse avaient charmé mon sommeil avant de l'interrompre. Une impulsion irréfléchie m'avait poussé à partir à leur recherche.

Dans la nuit noire, trempé de la tête aux pieds, je me suis dirigé vers l'extrémité du village. Trébuchant sur la moindre racine, je me laissais guider par la lueur lointaine d'une lampe à pétrole, et surtout par la voix du chanteur dont la pureté harmonieuse me donnait le frisson. Après deux ou trois chutes dans la boue, j'ai vu se dessiner les contours d'une maison montée sur pilotis. On y accédait par une échelle adossée auprès d'une fenêtre.

Je l'ai escaladée. Par la fenêtre, j'aperçus trois guérilleros assis en tailleur sur le plancher, fumant des cigarettes. D'un signe de tête amical, l'un d'eux m'a invité à entrer. Le plus jeune, accompagné à la guitare par les deux autres, faisait entendre de sa voix d'or une chanson d'une tristesse infinie : l'histoire d'une jeune fille partie de chez elle et perdue dans la forêt. En d'autres temps et en d'autres lieux, il aurait pu devenir une étoile de la chanson.

Tous trois ont chanté ensuite un chœur d'une gravité presque religieuse. Je me suis ressaisi et suis reparti dans la nuit chercher un magnétophone et emprisonner cette musique féerique avant qu'elle ne s'évanouisse dans la forêt birmane. Nous nous sommes séparés peu avant l'aube.

La réponse du quartier général se faisait attendre. Pour m'occuper, je demandai à filmer quelques exercices de guérilla. Les militaires acceptèrent de m'emmener dans le coin de jungle très sauvage leur servant de champs de manœuvre. Je n'ai pas eu à le regretter quant à l'image, mais pour moi ce fut épuisant.

Alourdi par le matériel, harcelé par les moustiques et autres insectes, je n'arrêtais pas de courir après les soldats qui bondissaient en vagues successives. J'avais tenté de faire comprendre au chef responsable que la caméra ne peut pas se trouver à tous les endroits en même temps. Je lui avais bien recommandé de décomposer une manœuvre en deux temps pour me permettre de changer d'angle. Mais ma modeste esquisse de mise en scène lui avait complètement échappé...

Le soir même, en rentrant au camp, nous trouvions l'autorisation de rendre visite au général Saw Bo Mya, président de l'État des Karens. Départ prévu pour le lendemain. Une longue route nous attendait, dure et belle.

Nous avons utilisé la voiture : très peu; la marche à pied : un peu; la pirogue : beaucoup. Dans cet immense massif végétal, impénétrable à l'homme et à ses tentatives de ponts et chaussées, le seul moyen de communication, c'est l'eau. La remontée des rivières birmanes constitue une fantastique équipée et, pour un cameraman, une mine d'images. Le relief, très accidenté, est recouvert d'une végétation compacte et parfois grandiose. Par les jeux de l'ombre et de la lumière, conjugués au glissement sur l'eau, certains arbres hauts de quarante mètres semblaient se pencher lentement vers nous comme pour nous écraser de leur masse.

Sur les pirogues effilées, il est préférable de ne pas bouger, même un doigt de pied! Le moteur provient d'une voiture. L'hélice a été bricolée au bout d'un « arbre » de deux mètres plongé dans l'eau à faible profondeur. Le moindre choc pouvait être fatal sur le cours de la rivière plein de traîtrises : bancs de sable et rochers affleuraient.

A grande vitesse, nous filions entre les gerbes d'eau qui encadraient la poupe. Parfois, sur un ordre bref, la pirogue s'arrêtait, le capitaine armait son pistolet automatique et tirait en direction des arbres. La forêt s'immobilisait quelques secondes avant de reprendre sa respiration, faite de mille petits bruits divers. Nous repartions sans explication. La scène se répéta et je finis par questionner :

– Que se passe-t-il?

– Par ici il y a beaucoup de singes. Mais ils sont très méfiants. Celui-là je l'ai loupé, mais si j'en touche un et qu'il tombe dans la rivière, ce soir on se régalera...

Je trouvais la marche à pied sur les pistes plus agréable, moins monotone. Nous faisions des tas de rencontres sympathiques. De la forêt débouchaient trois ou quatre éléphants majestueux, transportant de précieuses marchandises avec une gravité tranquille.

Nous croisions aussi, et souvent, de véritables cortèges de population se déplaçant avec buffles et volailles. Je ne trouvais pas du tout chez eux cet aspect de « naufragé désespéré » que j'avais remarqué chez les réfugiés du Cambodge. Je ressentais plutôt l'impression d'un village ou d'un quartier parti tout entier pour un pèlerinage. Sans être joyeuse, l'atmosphère était détendue. Des femmes jacassaient, les enfants fumaient paisiblement, la pipe au bec.

On m'en donna l'explication. Depuis la répression sanglante dont ils furent victimes en 1974, les Karens s'étaient repliés dans la forêt, peu familière à leurs adversaires. Pour achever de les dérouter, ils prirent l'habitude à dates régulières de déplacer leurs villages. Après les avoir démontés planche par planche, ils les transportaient à des dizaines de kilomètres plus loin.

Je fus surpris par l'accueil du président Saw Bo Mya, entouré de plusieurs des membres de son gouvernement. Tous étaient en uniforme. J'avais l'impression de me trouver à l'état-major d'un régiment colonial de Sa Gracieuse Majesté. Ces hommes avaient été formés, et parfois éduqués par les Britanniques. Tous avaient servi dans la Royal Army aux Indes et en Afrique. Courtois, flegmatiques, impeccables, ils détonnaient dans cette jungle sauvage. Trente ans après la fin de la tutelle anglaise, les dirigeants de l'État des Karens conservaient un aspect très « british ».

Le siège du gouvernement, avec ses vérandas, ressemblait moins à un QG de guerre qu'à un Club des officiers. On nous servit le thé. Je m'y attendais. Pendant que les ministres et Antoine Vial se repassaient courtoisement une assiette de petits gâteaux, je me penchai, surpris d'être mordillé à la cheville. Ayant trouvé la porte ouverte, un gentil petit ourson était entré, ravi d'éprouver sa dentition sur ma personne.

Devant ma surprise et ma curiosité, le président sourit : « Ce sont des cadeaux pour le général Kriangsak, le premier ministre thaïlandais. » Et il me désigna un second ourson qui arrivait à la rescousse du premier. J'ai pensé à tous les enfants qui auraient bien voulu voir s'animer leur ours en peluche. Je n'ai pas résisté à la tentation. Laissant Antoine traiter les questions de haute politique, j'ai entraîné les oursons à ma suite, et nous avons joué ensemble sur les marches du seuil. Ils étaient gracieux jusque dans leur maladresse et leurs culbutes.

Tandis que je me laissais grignoter par les oursons, un bruit de ferraille retentit. Un cortège de prisonniers passait devant le QG. Une dizaine d'hommes, l'air pas trop misérable malgré les chaînes qui cliquetaient et reliaient les fers qu'on leur avait passés autour du cou et des chevilles. L'enfant s'est endormi en moi, le journaliste s'est réveillé. Les prisonniers allaient se laver à la rivière, escortés par deux soldats en armes. Il me sembla aussitôt qu'après une journée sur la rivière puis dans la boue ou la poussière de la piste, j'avais de bonnes raisons de me laver, moi aussi. Je les ai suivis.

Tout en pataugeant derrière eux, je les observais faire leur toilette. Tous étaient tatoués, non pas sur le torse ou les bras, mais sur les jambes, des chevilles aux cuisses : des images de palais ou de prodiges aux couleurs puissantes. Je demandai aux gardes qui étaient ces prisonniers : « Des déserteurs, des voleurs. Il y a aussi deux ivrognes et un autre qui a écrit des injures... »

La justice des Karens ne travaillait ni dans la tendresse ni dans la nuance. En dépit de la différence de délit, ils subissaient la même peine, l'irrespectueux comme le déserteur : cinq ans de travaux forcés. Ils la subissaient, les fers aux pieds pour cultiver la terre afin de nourrir le quartier général.

Ces malheureux avaient donc contribué au dîner que nous avons partagé ce soir-là avec les membres du gouvernement. Au menu : riz, légumes cuits, viande de porc, poisson, nouilles, soupe, thé brûlant non sucré, eau bouillie puis refroidie, et, juste avant d'aller dormir : café au lait et petits gâteaux.

Après le dîner, Antoine observa l'une des parties d'échecs jouées par les ministres à la lueur des lampes à pétrole. Fatigué, je préférai m'endormir tout de suite, à même le parquet, enroulé dans une couverture, mon pantalon roulé sous la nuque, ma caméra à portée de la main.

Les jours suivants, nous sommes allés filmer divers petits villages dans la forêt ou au bord de l'eau. Nous souhaitions assister à l'un des accrochages qui opposaient périodiquement les Karens à l'armée régulière birmane. On nous annonça qu'une opération serait déclenchée dans deux ou trois semaines. Mais nous avions passé déjà dix jours chez les Karens, il nous était impossible de nous attarder plus dans l'espoir de recueillir d'hypothétiques images de guérilla.

Il nous fallait retourner à Paris où nous avions, Antoine et moi, pris des engagements. Il nous fallait aussi assurer le montage et la diffusion du reportage sur les réfugiés du Cambodge. Le sort de ceux que nous avions vus refoulés – livrés aux Khmers rouges – nous préoccupait. De passage à Bangkok, nous avons vite été fixés.

Beaucoup de ces malheureux ne vivaient plus que dans les images que nous avions prises d'eux. Ils étaient morts d'épuisement et de découragement. Leurs corps à demi décomposés parsemaient le paysage de l'autre côté de la frontière, du côté de Pream Wih.

Malgré ce triste épilogue, ce voyage avait été pour moi très positif. Il m'avait révélé une conception du grand reportage à laquelle je suis resté fidèle : le reportage sans impératifs ni délais précis, ouvert à l'improvisation, à l'inattendu, à l'aventure; où l'itinéraire se confond avec la découverte. Un reportage qui ne se borne pas à décrire mais apporte un véritable témoignage.

Sur mon carnet de route, j'écrivis en conclusion de mes notes de voyages en Asie : « L'information c'est le récit, ou l'histoire, d'un cœur qui a vu et désire ne pas être le seul à vibrer. »

J'ajoutais : « La vraie liberté, c'est le pouvoir d'accepter consciemment toutes les occasions de dire oui à ce à quoi nous croyons, sans restrictions. »

Enfin, j'avais pu observer sur la frontière du Cambodge l'utilité, l'efficacité d'une association humanitaire dont les membres travaillaient nuit et jour dans les camps de réfugiés, sans compter les heures ni la fatigue.

Avec Médecins sans Frontières, je partageais un idéal. J'avais ressenti une sympathie immédiate pour leur président Claude Malhuret, lors de notre rencontre sur le terrain. Il m'avait demandé :

– Quelles sont vos possibilités de collaboration?

– Illimitées, avais-je répondu.

C'est en effet en association avec MSF que j'ai réalisé la plupart de mes grands reportages dans les années suivantes.

Quant aux Karens, ces dernières années, ils ont frappé l'opinion internationale en prenant pour otages un couple de coopérants français. J'ai appris l'événement en rentrant d'un voyage, par la radio du taxi qui me ramenait de l'aéroport à chez moi. Immédiatement, j'ai demandé au chauffeur de changer de direction et de me conduire à Antenne 2. Je n'ai pas eu de peine à convaincre les responsables de l'information de diffuser le reportage effectué en juin 1979

Mais j'anticipe... A mon retour de l'État des Karens, au début de juillet 1979, je n'avais pas d'autre perspective que de reprendre ma place, modeste, dans les rangs du journal télévisé. Mais voilà que le lendemain de mon retour, le JT me proposait de partir pour l'Algérie à la recherche de l'ancien président Ben Bella placé quelque part en résidence surveillée. Commençait-on enfin à me faire confiance?

13

CENT ANS DE VIE S'ÉCOULENT EN UN SEUL JOUR...

Oui, au XXe siècle, à l'époque du règne de la machine et des explosions nucléaires, il existe encore des saints.

Le monde moderne, avec ses enfers et sa pourriture, ne pouvait manquer d'en susciter.

Pour les rencontrer, il suffit d'aller, comme je l'ai fait à plusieurs reprises, partout où des hommes sont opprimés, souffrent et meurent, partout où la planète est prise d'une rage stupide et meurtrière. Ces nouveaux chevaliers sont toujours prêts à guérir et à faire vivre là même où d'autres s'acharnent à tuer. Je me sentais bien avec eux, j'avais envie de les connaître.

Ces saints du monde moderne, ce sont les Médecins sans Frontières [1].

Pour un journaliste, ils représentaient une expérience riche et hélas « saignante ». Mais plus que l'événement ayant provoqué leur intervention, c'était leur aventure personnelle qui me fascinait.

Il ne s'est écoulé que quelques semaines entre ma rencontre avec eux (à la frontière khméro-thaïlandaise, en juin 1979) et la première mission qu'ils m'ont invité à partager.

Nous étions au mois d'août et j'avais décidé de rester à la disposition du journal d'Antenne 2. Le départ en vacances des cameramen statutaires offrait au pigiste que j'étais l'occasion de les remplacer. Mais, pour des chinoiseries administratives, il m'était interdit de le faire plus de quinze jours par mois (sinon l'employeur, le JT, était tenu de me proposer un contrat).

Condamné malgré moi à des demi-vacances, j'allai rejoindre ma femme et mon fils à Saint-Malo. Je comptais vivre dix jours de calme entre Diane et Erwann. Allongés sur le sable, ils m'aidaient

1. Bien entendu, il existe d'autres organisations humanitaires de médecins, tout aussi sympathiques. Je parle de MSF parce que j'ai partagé leur combat.

à revêtir et enlever la combinaison noire caoutchoutée que j'avais empruntée pour m'adonner à la planche à voile.

Deux jours après mon arrivée, le 14 août, ma belle-mère se précipitait sur la plage : « Philippe, ta mère a reçu un coup de fil d'Antoine Vial. Vous partez demain pour l'Indonésie, en reportage pour Médecins sans Frontières. » Première réflexion venue à l'esprit : « Ça y est, je suis devenu un vrai professionnel ! » Et la seconde : « Comment expliquer à Diane qu'à peine arrivé je doive absolument la quitter à nouveau... »

Le lendemain à 5 heures du matin, j'embrassai Diane et Erwann, endormi dans son berceau. Puis au volant de ma vieille Simca 1100, je partis établir un nouveau record de la distance Saint-Malo-Paris. En début d'après-midi tout le matériel était rassemblé. Dans les bureaux de MSF, Francis Charron nous montrait, à Antoine et à moi, un télex envoyé de Singapour par Rony Brauman. Des nouvelles plutôt mauvaises.

Notre destination était l'archipel des Anambas, situé en pleine mer de Chine entre Bornéo et Singapour, où des *boat people* [1] en provenance du Vietnam accostaient par milliers. Les autorités indonésiennes créaient les pires difficultés aux journalistes trop curieux. Heureusement, nous avions pour alliés les médecins qui, déjà sur l'archipel, avaient installé un hôpital de campagne. Mais nous risquions d'attendre longtemps à Singapour l'autorisation définitive, voire même de revenir par le premier avion si nous étions refoulés.

– C'est à vous de décider, me dit Francis.

– Partons d'abord, on verra sur place. J'ai la chance de ne pas avoir à louer le matériel. Pierre Beaumard [2], un copain, me le prête. Alors, une semaine de plus ou de moins...

Antoine ajouta :

– De toute façon, ce n'est pas en attendant ici que nous convaincrons les autorités indonésiennes. On part !

J'aimais ces moments où tout se décidait d'un seul coup. Chaque fois, il fallait forcer le destin. Jouer à pile ou face, avec la volonté de gagner la partie. Dans l'avion, après le décollage, je me sentais gonflé à bloc. Voici ce que j'écrivais, sur mon carnet de bord posé sur la tablette abaissée.

De simples notes écrites à la volée. Mais dans leur spontanéité, elles traduisent bien mon état d'esprit de l'époque.

1. En français on peut traduire approximativement par : « réfugiés de la mer ».

2. J'avais été son assistant pendant le raid à moto Caracas-Rio de Janeiro en 1976. Voir chapitre 6.

« *Mercredi 15 août 1979*. Me voici à nouveau dans un avion qui m'emporte à l'autre bout du monde. Je sens une force que je ne peux arrêter, une force qui m'entraîne. Rien n'y fait, rien ne peut m'arracher à cette carcasse qui, à 800 kilomètres à l'heure, m'emmène pour faire mes preuves quelque part. Ce quelque part, j'en ignore tout, mais cet inconnu précisément m'excite. Il provoque en moi l'envie, la volonté, la puissante force de vivre; et de partir pour un endroit dont j'ignorais tout quelques jours auparavant. Une des merveilles de notre monde fou, c'est de pouvoir complètement changer de vie en quelques heures... »

C'est si rapide que parfois, dans l'hébétude provoquée par les changements de fuseaux horaires, j'avais l'impression de vivre dans deux mondes à la fois. Un qui n'avait pas eu le temps de s'effacer, un autre qui au lieu de le remplacer s'y superposait.

Je l'ai éprouvé dans ce restaurant de Singapour où les danseuses à la jupe fendue évoluaient entre les tables qui me rappelaient les rochers de Saint-Malo. Le flux des danseurs sur la piste ou la plage, c'était comme la marée qui devait monter là-bas.

Antoine et moi avons occupé la matinée suivante à obtenir de l'ambassade de France une recommandation auprès du gouvernement indonésien, lui demandant de faciliter notre « mission d'information sur les activités de MSF ». Il nous restait à implorer l'ambassade d'Indonésie. Quand nous nous y sommes rendus dans l'après-midi, les bureaux venaient de fermer. Le lendemain, c'était l'anniversaire de l'indépendance de l'Indonésie, inutile d'insister. Le surlendemain commençait le week-end!... Trois jours de perdus après une folle agitation pour prendre l'avion d'extrême urgence.

Tous les reporters ont eu à souffrir de ces contretemps et de ce gâchis qui vont peut-être leur faire rater l'événement qu'ils attendent. Pour me calmer les nerfs, je suis allé faire la surprise de ma visite à des amis rencontrés deux ans plus tôt pendant ma *Course autour du monde*. Ils ont été surpris de me voir revenir aussi vite à Singapour. Moi pas : c'était écrit...

Ces amis retrouvés me firent inviter à un mariage indien : une expérience de plus. C'était dans l'enceinte d'un temple que se déroulaient la fête et le repas. Nous nous assîmes en tailleur, on nous servit de grandes feuilles de bananier garnies de riz au curry et accompagnées de galettes très épicées. Pour boisson, de l'eau sucrée. Selon les règles de courtoisie locale, nous gardions poliment la main gauche sous la table, la droite servant de fourchette. Après avoir gâché un peu de riz, nous finîmes par apprendre à le pétrir en une sorte de boule, poussée dans la bouche à l'aide du pouce.

Les odeurs, les couleurs, les visages couverts de sueur me

rappelaient le Thaïpusan, filmé deux ans plus tôt dans cette même ville. Le banquet se déroulant dans le temple décoré de tous les dieux hindous, j'apercevais certains Indiens qui se prosternaient et priaient en effectuant une série de gestes rituels. C'était étonnant à voir, pour nous qui étions étrangers à ces rites. Vers 22 heures, on sonna les cloches et, en soufflant dans un instrument à vent, les fidèles se préparèrent à « coucher leurs dieux ». Ils refermèrent un à un les rideaux de chaque petite chapelle, après une dernière série de gestes religieux, de danses et de cantiques. Vu par un étranger, cela tenait plus du spectacle que de la prière; mais un Indien n'en dirait-il pas autant de notre messe catholique?

L'épouse était d'origine chinoise, le marié, un Indien. En la présence des invités, il remit à sa jeune femme cinq kilos d'or [1]. Puis la cérémonie des photos commença; on nous demanda également de poser auprès des jeunes mariés. En les quittant nous leur souhaitâmes longue vie et bonheur.

Après ces trois jours de vacances, les bureaux indonésiens s'engagèrent à nous délivrer les papiers officiels (avec signatures, contre-signatures, etc.) dans deux jours. Cela me laissait le temps de préparer le matériel de prise de vues et de prise de son. Bienheureux retard : il me permit de constater le manque d'un câble avec une prise quatre fiches sans laquelle la lampe n'aurait pas fonctionné. Mais nous étions à Singapour, la capitale du matériel électronique, HF, etc.

Et pourtant il me fut impossible de me procurer la pièce manquante dans aucun des plus grands magasins de la ville. Il me restait peut-être une chance de la trouver dans le vieux quartier chinois où j'avais recueilli la « parole de Bouddha ». Mais c'était très long : en raison de la courtoisie chinoise, si agréable quand on n'est pas pressé... Dans chaque boutique, le même scénario se répétait, on me faisait asseoir, on m'offrait le thé ou un rafraîchissement, on me demandait de quel pays je venais. C'est seulement après ce cérémonial qu'on pouvait parler « affaires ».

– Désolé, messieurs, mais je vous dérange pour une simple prise électrique.

– Nous serons très honorés de vous la procurer...

Ces Chinois-là vivaient vingt-quatre heures sur vingt-quatre dans leur magasin, avec toute leur famille. Ils mettaient leur point d'honneur à satisfaire n'importe quelle demande du client, même s'ils n'avaient pas la marchandise en réserve. On envoya alors, tous azimuts, les enfants, les cousins; on téléphona aux amis,

1. Aux Indes, en cas de décès du mari, une veuve ne peut conserver que les cadeaux qu'il lui a officiellement faits, et les bijoux qu'elle a pu acquérir pendant la vie commune.

aux confrères... Hélas, malgré tous leurs efforts, la prise restait introuvable!

Sans perdre espoir, après six boutiques chinoises qui m'avaient coûté près de deux heures de politesses, je me suis aventuré dans une sorte de caverne d'Ali Baba, où l'on trouvait de tout, mais dans le plus grand désordre. Le propriétaire, un Chinois de forte corpulence, regardait la télévision au fond de son hangar. Trois gamins jouaient parmi la marchandise. A la vue du modèle de ma prise, le patron me rassura aussitôt : « *I can get it for you* [1]. » Très aimable, mais où, quand et comment? Mon Chinois fourrageait dans une grande armoire, garnie d'innombrables tiroirs regorgeant de prises par centaines. Un seul de ces tiroirs était vide, celui correspondant aux prises à quatre fiches. « *Sorry, but I have not a plug with four pins* [2]. »

Catastrophe! le départ avait lieu demain à l'aube, la nuit commençait de tomber, tous les magasins (les chinois exceptés) étaient en train de fermer... En fouinant moi-même dans les tiroirs, je remarquai une prise qui n'était pas à sa place. Cela me laissait espérer que le modèle recherché pouvait être classé par erreur dans un tiroir ne lui correspondant pas.

Après avoir promis au boutiquier de tout lui ranger par catégorie, j'ai vidé son armoire sur le sol. Je m'accordais deux heures pour vérifier les prises une à une. Cinquante-deux minutes plus tard, je mis la main sur la pièce que je cherchais. Une heure de plus et j'avais tout reclassé : cela me permit de constater que j'avais entre les mains la seule prise à quatre fiches de tout Singapour... Et j'allais pouvoir éclairer et filmer la nuit.

Pendant ce temps, Antoine avait enfin obtenu nos visas. Mais nous ne partirions pas, comme nous l'espérions, le lendemain pour Tandjungpinang. Car le lendemain était un jour de fête en Indonésie. Et il coïncidait aussi avec la fin du ramadan. Il n'y aurait donc aucun bateau en partance de Tandjungpinang pour l'archipel des Anambas. Un jour de plus de perdu à Singapour. Je l'occupai à faire de la planche à voile...

Heureusement, j'adorais Singapour, sa propreté, son organisation. Paris ferait bien d'imiter sa réglementation pour améliorer la circulation aux heures de pointe. A Singapour, de 7 à 10 heures, ainsi qu'en fin de journée, certaines zones de restrictions – des grands axes, des avenues, des rues – ne peuvent être empruntés que par les taxis, les véhicules ayant acquitté une taxe mensuelle (80 dollars de Singapour, soit 160 francs). Ou encore par les voitures chargées d'au moins quatre personnes... Pas bête!

1. « Je peux vous la procurer. »
2. « Désolé, je n'ai pas de prise à quatre fiches. »

J'aimais flâner dans le port de Singapour, au milieu de son agitation impressionnante : c'est le troisième port mondial pour la fréquence des bateaux; la majorité du ravitaillement pour l'Asie du Sud-Est transite par Singapour.

Le matin où je l'ai quitté, je ne me doutais pas que je reviendrais animer une *Chasse aux trésors* à Singapour, à Finger Pier. Durant la traversée, j'ai bien cru que ce misérable rafiot coulerait dans la tempête et la pluie qui se sont brusquement déchaînées contre nous. Pas de bâches. Il fallut se coucher sur le matériel pour le protéger tant bien que mal. Par miracle, après cinq heures de mer, nous avons réussi à accoster à Sin Tan. Toujours sous des trombes d'eau, et après une fouille minutieuse à la douane, nous avons remonté la longue jetée, notre cantine sur un pousse-pousse.

Vu l'état de la mer, aucun bateau ne risquait de lever l'ancre pour l'archipel des Anambas. C'est peut-être cette perspective qui a conduit l'amiral Wibisono à nous remettre sans difficulté nos laissez-passer pour la mer de Chine. La chance continuant de nous sourire, nous avons pu persuader le pilote d'un hélicoptère Puma 330 (appartenant à une compagnie pétrolière) de nous larguer sur une hélibarge au large de l'archipel... Après? on verrait bien!

Mais j'allais vite me demander si je me trouvais à l'époque de Robinson Crusoé ou à celle de la guerre du Pacifique...

Depuis l'hélibarge, une petite barque nous a conduits jusqu'à une île, pourvue d'une splendide plage blonde. Dans l'eau jusqu'à la taille, chargés de nos cantines, nous avons pris pied sur le sable brûlant et salué de la main le batelier.

Le moment était venu de « voir ». Assis sur nos bagages, le pantalon dégoulinant, Antoine et moi tentions de comprendre ce qui nous arrivait. Deux jours plus tôt, nous étions au cœur de Singapour. Et maintenant nous étions tombés du ciel, littéralement, sur une île inconnue. Avec une belle plage de sable fin, mais sans âme qui vive. Quel silence! Était-ce une île déserte? Au hasard des rencontres et des moyens de transport, nous nous étions laissé guider sans trop savoir où nous allions. Folie? Non, joie... de se retrouver seuls dans un paysage de rêve.

L'île était montagneuse, verte, très boisée, avec des cocotiers à l'ombre généreuse.

Le pilote de l'hélico et le chef de l'hélibarge ne nous avaient tout de même pas abandonnés dans une île déserte, en pleine mer de Chine! Ils nous avaient dit : « Traversez l'île en direction du sud. Vous tomberez sur un petit village de pêcheurs. Moyennant quelques roupies, ils viendront vous aider à transporter votre matériel. Salut et bonne chance! »

Laissant notre équipement au pied d'un arbre, nous sommes partis vers le sud à la recherche d'une présence humaine. Le plein soleil nous faisait suer à grosses gouttes. A défaut d'un village, nous nous serions contentés d'une source. Antoine faillit passer de ce paradis terrestre au paradis tout court. Une noix de coco, lourde de trois kilos et tombant de quinze mètres, c'est un billet pour l'au-delà. Elle a frôlé Antoine, lui blessant un orteil... Tous les reporters ne peuvent pas trouver la mort par balle ou dans le ventre d'un crocodile!

Une heure plus tard, le village de Lethong s'offrait à nos yeux. Après les politesses habituelles et l'absorption d'un litre d'eau, j'ai laissé Antoine panser ses blessures, et suis parti avec trois porteurs pour ramener l'équipement. Sur la plage toujours déserte, nos caisses m'attendaient. Nous sommes retournés au village sans faire de halte. Bien m'en a pris. Car Antoine, depuis vingt minutes, faisait tous ses efforts pour retenir une embarcation en partance pour Kuku, l'île où se trouvait l'un des deux camps de réfugiés vietnamiens.

Deux heures plus tard, nous accostions à Kuku, aussitôt entourés d'une foule impressionnante. Pour ces gens appelés *boat people*, qui ont fui le Vietnam et un style de vie qui ne leur convenait pas, nous représentions l'espoir. Notre peau blanche signifiait : Occident, richesse, liberté... Le chef du village, un vieux Vietnamien aux cheveux blancs, au visage sec, à l'allure distinguée, nous salua.

– Bonjour, soyez les bienvenus! Je suis un ancien militaire français, colonel des forces vietnamiennes... Enfin celles qui n'existent plus – et voici mon adjoint.

– Bonjour, nous dit un homme beaucoup plus jeune, vêtu d'un short. Je suis avocat. Si vous le voulez, je vais vous expliquer comment fonctionne le village.

Sous une paillote, devant un tableau noir, le colonel reprit la parole pour nous décrire ce qu'ils avaient réussi à organiser en deux mois :

– Sur cette plage, nous sommes 12 500 personnes, 12 500 personnes sur deux hectares, cela fait environ 65 000 habitants au km². (En Australie, la proportion est de deux habitants au km².) Nous avons construit nous-mêmes nos maisons. Nous avons construit également une église catholique, un temple protestant. Le temple bouddhiste sera bientôt fini; il sera très beau. Devant notre étonnement, l'ex-colonel ajouta :

– Heureusement, il y a parmi nous un Chinois qui a réussi à sortir du Vietnam toute sa fortune...

Nous avons creusé nos propres puits, répartis dans tout le camp. Des commerçants ont apporté de quoi ouvrir quelques boutiques.

Un orphelinat et une école fonctionnent. Il y a beaucoup d'enfants que leurs parents ont embarqués sur des bateaux avec l'espoir qu'à l'arrivée une vie meilleure les attendait. Nous préparons un héliport sur la colline, pour des évacuations d'urgence, si l'Indonésie veut bien nous aider. Tout ce que vous verrez, nous l'avons accompli en deux mois. Un service de sécurité patrouille jour et nuit. Il est formé de cinquante membres, tous bénévoles. Vous comprendrez qu'il y a parmi nous des voyous; et il leur serait facile d'opérer parmi 12 500 personnes entassées coude à coude et peut-être pour plusieurs années. Une prison en plein air...

Son exposé était édifiant, mais j'avais envie d'en savoir plus sur ce Chinois qui avait réussi à fuir du Vietnam avec toute sa fortune.

– Oh, il s'agit d'un commerçant très riche qui avait longuement préparé sa fuite. Il avait construit lui-même son propre bateau. Ça lui avait pris un an. Avant de partir, il a vendu 40 « places pour la liberté ». Mais seulement à des passagers qui voulaient bien s'engager à ne pas se défendre en cas d'agression : il y a beaucoup de pirates en mer de Chine. Il est allé jusqu'à exiger que personne ne bouge, même en cas de viol ou de massacre... Ces conditions étaient moins étranges qu'on ne le croyait. On s'en est aperçu lorsque, à peine arrivé, il a démonté le bateau planche à planche pour récupérer les clous. C'est comme ça qu'il avait dissimulé sa fortune. Il avait fondu son or, pour en faire des clous. Il les avait maquillés avec de la rouille et s'en était servi pour construire son bateau. Voilà pourquoi il ne voulait pas courir le risque de se faire couler par des pirates furieux.

De l'or, des pirates, du sang... Après Robinson Crusoé, après la guerre du Pacifique, je me retrouvais maintenant en pleine *Ile au trésor*. Le rêve s'est dissipé dès que nous avons partagé la vie quotidienne de Michel Bourgaux et Christine L., les deux envoyés de Médecins sans Frontières.

Michel Bourgaux servait de coordinateur entre les réfugiés et les autorités indonésiennes. Après notre départ, il est mort à la tâche d'une embolie pulmonaire due au surmenage.

Selon lui, dix à quinze pour cent des réfugiés de l'île (pour la plupart des Chinois) souffraient de tuberculose contractée au Vietnam, où elle n'avait pu être soignée. Son travail d'urgence consistait en un dépistage des différentes maladies et une campagne de vaccination. Sur l'île de Kuku, vingt-quatre médecins vietnamiens, dont trois chirurgiens, lui prêtaient leur concours. Ils avaient souffert du manque de matériel et de médicaments, mais depuis deux jours, « l'hôpital d'urgence envoyé par MSF était opérationnel ». Rien n'y manquait, appareil de radiologie, stérilisateur, table d'anesthésie, instruments de chirurgie, groupe électrogène (très utile aussi pour recharger les batteries de ma caméra). Tout ce matériel, acheminé après maintes difficultés à quinze mille kilomètres de Paris, pesait au total trois tonnes. Il avait fallu le transborder d'un gros bateau sur un plus petit pour atteindre la plage. Le navire transbordeur avait failli sombrer et provoquer la mort de deux Vietnamiens.

Après l'église et le temple, l'hôpital. Après la santé des âmes, la santé des corps. La présence de ces édifices et la déclaration de l'ex-colonel, fier d'avoir pu organiser l'existence de ces réfugiés, pouvaient laisser supposer que leur vie était à peu près supportable. La réalité était fort différente.

Le problème crucial, quotidien, et dont la solution restait précaire, c'était la nourriture. Les réfugiés recevaient tous les vingt jours neuf kilos de riz, du lait en poudre, du sucre, quelques légumes, du savon et du dentifrice. Ces rations, distribuées par les organisations internationales, permettaient aux hommes, femmes et enfants réfugiés sur l'île de Kuku de survivre. Plus exactement, elles assuraient la survie des plus robustes d'entre eux.

Elles n'avaient pourtant pas empêché de mourir d'épuisement, dans les deux mois précédant mon arrivée dans l'île, soixante-dix vieillards ou enfants. Les enfants âgés d'un à cinq ans ne supportaient pas la malnutrition. Un soir, accompagné d'un médecin, j'ai filmé un pauvre petit garçon qui ne pouvait plus respirer; deux heures après, il était mort. Quand je regarde mon film, à l'occasion de soirées ou galas, je ne peux oublier qu'il y a encore là-bas, sur cette île, des milliers de réfugiés affamés.

En organisant sa vie sociale et sanitaire, l'île ne donnait pas autre chose à ses squatters qu'un droit à l'attente. L'attente de quoi? Avaient-ils encore un avenir? Un peu plus loin dans l'archipel, 15 000 autres *boat people*, dépérissaient eux aussi. Ils avaient réussi à se glisser jusqu'à l'île d'Air Raya, après vingt jours de navigation dans une zone militaire pourtant farouchement gardée par les Indonésiens. Mais maintenant, que pouvaient-ils espérer d'autre qu'une lente agonie?

Sur l'île de Kuku, pendant une semaine, Antoine et moi avons tourné notre reportage dans des conditions épuisantes sur le plan physique et moral. Depuis le lever du jour jusque parfois le milieu de la nuit, sous la pluie, au plus fort de la chaleur, j'ai filmé les patrouilles, les cérémonies, les consultations médicales, les agonies, les accouchements, les disputes, les bagarres, les jeux d'enfants. Quand je me jetais, exténué, sur mon lit de rondins, sa dureté ne m'empêchait pas de dormir; les moustiques eux-mêmes ne parvenaient pas à me réveiller. Seuls les rats, qui trottaient autour de mon lit, me gênaient un peu.

Ce qui m'a réellement épuisé, c'est le grouillement humain dans lequel j'étais immergé. Tout compte fait, mes trois traversées du Sahara furent moins fatigantes que cette semaine passée dans une promiscuité insoutenable.

Un exemple simple suffira pour évoquer les problèmes posés par l'entassement de 12 500 personnes sur la longue plage de sable : quatre tonnes d'excréments humains étaient jetés à la mer chaque jour. Les latrines, constituées par une longue galerie de bois construite au-dessus des flots, étaient toujours prises d'assaut. Impossible de s'isoler. Toute baignade dans ces eaux polluées était interdite par les médecins, mais comment empêcher les enfants d'aller y poursuivre leurs jeux?

Dans ce gigantesque bidonville, la largeur des rues n'excédait pas un mètre : de quoi laisser le passage à un homme. Je parcourais avec lassitude cet agglomérat de paillotes dont les parois de bambou ou de palmes laissaient filtrer tous les bruits de la vie. Aucune intimité, aucun isolement n'étaient possibles. On était toujours prisonnier de la présence des autres. « L'enfer, c'est les autres », a écrit Jean-Paul Sartre. Aucun lieu plus que Kuku n'aurait pu lui donner raison.

La nuit, à l'heure où le bidonville s'endormait, certains de ses habitants éprouvaient le besoin de parler avec nous. Par pudeur, ils attendaient la nuit pour venir timidement frapper à notre porte.

Je me rappelle un ancien directeur de banque de Saigon, venu un soir nous apporter son témoignage. Il gagnait 1 500 francs par mois comme directeur. Rétrogradé et devenu simple employé, avec un salaire de 300 francs, il avait tout juste de quoi acheter les quelques kilos de riz indispensables à sa femme et ses deux enfants. Il avait fui, risqué le naufrage, l'assassinat et les pirates, dans l'espoir de trouver un poste d'employé de banque, en France ou dans un autre pays occidental, à n'importe quel salaire. Il attendait...

Un autre soir, c'était un jeune homme qui, après trois ans de camp de « rééducation », et menacé d'y être renvoyé, avait abandonné toute sa famille. De l'Occident, il n'attendait pas du travail mais des armes. Il voulait retourner là-bas et reprendre la lutte.

Une visiteuse, jeune et belle, ne savait pas le français. Pour communiquer avec nous, elle se mit à chanter. J'entends encore sa voix admirable, parfois interrompue par des sanglots. Cette nuit-là, il y avait auprès de nous un ancien correspondant de l'Agence France-Presse. Tout en s'excusant d'avoir un peu oublié son français, il nous a traduit la chanson qu'elle nous avait adressée comme un appel au secours :

« Quelle poussière m'a métamorphosée pour qu'un de ces jours je puisse revivre! O hallucinante poussière! De jour en jour, j'attends d'heureuses nouvelles! O poussière, ma pauvre destinée! Mes traits s'effacent à mon insu après tant d'années de vie humaine!

« Soudain, un soir, j'aperçois mes cheveux blanchis comme la chaux et des feuilles mortes éparpillées par terre. Cent ans de vie s'écoulent en un seul jour. Des forêts dépouillées de feuilles, du profond abîme s'élèvent des invitations. O hallucinante poussière! De jour en jour, j'attends d'heureuses nouvelles, pour qu'un de ces jours, redevenant homme, je puisse me redresser. O poussière, ma pauvre destinée! Aucune image chérie ne s'efface pour ébranler mon cœur blessé!

« O hallucinante poussière! De jour en jour, j'attends d'heureuses nouvelles. »

Antoine Vial et moi avons quitté l'archipel avec, dans nos sacs, 5 253 lettres. A notre retour à Paris, elles furent toutes envoyées!

« J'attends d'heureuses nouvelles... »

14

DANS LES MAQUIS DU KURDISTAN IRANIEN

– Couchez-vous! et silence! Deux soldats turcs...

Le jour finissait. Un peu au-dessous du sommet que nous venions d'atteindre, un poste militaire gardait l'invisible frontière. Un poste très modeste : réduit à une tente, deux soldats, deux fusils, deux gourdes, quelques vieux bidons...

Toujours à plat ventre dans la rocaille, je mesurai la lumière : ça pouvait aller. Je déclenchai ma caméra pour filmer les deux silhouettes éclairées par le soleil couchant. Le ronronnement de l'appareil irrita notre guide.

– Pas maintenant! Je vais avancer à découvert. Si je les connais on s'arrangera avec eux. Sinon...

– Sinon, qu'est-ce qu'on fait? ai-je demandé.

– Si je les connais, on leur donne vos briquets et vos cigarettes. Et un peu d'argent. Sinon, on fait demi-tour, et on attend le lever du jour pour faire un long détour. La nuit, ils tirent sur tout ce qui bouge.

En ce soir d'août 1980, je m'apprêtais à passer clandestinement de Turquie en Iran : ou plutôt au Kurdistan iranien, en révolte contre l'imam Khomeyni.

C'était la deuxième fois que je passais une frontière clandestinement, et le cinquième grand reportage que j'effectuais pour l'association Médecins sans Frontières.

Le Kurdistan, région de montagnes et de hauts plateaux presque aussi vaste que la France (500 000 km²), peuplée de 3 000 000 habitants, est actuellement partagée entre l'Iran, l'Irak, la Turquie et, pour une faible partie, l'URSS. Après avoir repoussé les croisés sous la conduite de leur prince Saladin au XIIe siècle, les Kurdes ont vu leur pays disparaître de la carte au milieu du XIXe siècle. Mais ils n'ont jamais cessé d'espérer en sa résurrection. Depuis 1961, ils s'emploient à la provoquer, les armes à la main. D'abord contre l'Irak auquel ils ont arraché une relative autonomie, puis contre l'Iran de l'imam Khomeyni.

Celui-ci a engagé contre les Kurdes d'Iran une répression atroce. Des villes comme Sanandaj, Saqqiz ou Baneh ont été bombardées, à demi détruites. Les populations se sont enfuies dans la montagne. C'est à ces étrangers dans leur propre pays, à ces Kurdes traqués et blessés que s'intéressaient MSF. Le docteur Alain Dubos était chargé de prendre contact avec les autorités kurdes clandestines et d'évaluer sur le terrain la nature et l'étendue de l'aide à leur apporter. Je l'accompagnais. Avec mes 25 kilos de matériel, je représentais à moi seul une équipe de télévision clandestine : journaliste, cameraman, preneur de son, chauffeur, éclairagiste...

Un émissaire kurde nous avait accueillis à l'aéroport d'Istanbul à la fin juillet. Depuis nous avions discrètement traversé toute la Turquie d'ouest en est en voiture. Au hasard des relais établis par des sympathisants kurdes, nous changions souvent de véhicule, hébergés et nourris comme des clandestins. Un matin, nous sommes arrivés à proximité de la frontière avec l'Iran.

Trois petites maisons de pierres séchées sans étage montaient la garde devant des montagnes désertes. En attendant le passeur, un paysan nous cacha dans une pièce sombre et nue. Le départ était prévu pour la fin de l'après-midi. Les heures s'écoulaient très lentement. A travers une simple ouverture baptisée fenêtre, j'observais les montagnes dénudées. Là-bas, en face, c'était l'Iran de Khomeyni.

Je n'aime pas ce genre d'attente immobile et silencieuse. Je lui préfère n'importe quelle action incertaine, risquée ou violente. Dans l'inaction on pense trop : à sa femme, à son fils, aux petits reportages tranquilles (la pollution des plages, le flux des vacanciers) qu'on pourrait faire en ce moment pour le JT. On en arrive à s'interroger sur les motifs de cette mission clandestine. Était-il utile ou important de venir plonger dans des problèmes qui ne nous concernaient pas?

Assis sur un tapis, Alain avait sorti son poste de radio; en sourdine, il essayait de capter la France. Moi, j'étais toujours debout à observer cette barrière de collines arides. En termes militaires, c'était un beau glacis; je me demandais comment arriver à le franchir sans être vu. Il y avait sûrement quelque part un tireur d'élite muni de puissantes jumelles.

Heureusement, dans ces accès d'incertitude et d'angoisse, il vient toujours un moment où la vie à nouveau vous empoigne. Une fillette qui passe en chantant, un petit berger et son troupeau, un motocycliste secourable : il n'en faut pas plus pour se rappeler qu'on est venu faire un reportage exceptionnel et qu'on n'a pas le droit de le rater.

Pour me rattraper cet après-midi-là, la vie m'a envoyé deux jeunes femmes voilées qui nous apportaient à manger : galettes, concombres, yoghourts (des vrais : fabrication maison), du thé. Dans leurs robes et voiles de couleurs vives, elles me paraissaient jolies et douces. Même si je ne voyais que leurs yeux, je savais que sous leurs voiles, elles me souriaient.

Au-dehors, le soleil d'août commençait à baisser et donnait au ciel les couleurs du soir. Le passeur est arrivé :

– Préparez-vous à marcher pendant quatre heures. Chargez-vous le moins possible. Il n'y aura pas de difficultés avec les Turcs. Mais de l'autre côté, attention aux *pasdarans* (gardiens de la Révolution). Si vous faites tout ce que je vous dis, nous les verrons, mais eux ne s'apercevront de rien.

J'ai chargé le matériel sur mon dos. Alain en a fait autant avec sa trousse chirurgicale et sa pharmacie de campagne. D'un geste de la main, nous avons salué nos hôtes. L'escalade a commencé. Les sacs étaient lourds et nous avions soif. C'étaient des inconvénients normaux. Par contre, je trouvais lassant de monter et descendre sans cesse, sans jamais atteindre le dernier col.

Nous y étions. A la jumelle, je regardais le passeur évoluer de rocher en rocher, puis interpeller les soldats. Leur conversation paraissait paisible. Le guide revint vers nous, le visage épanoui.

– Je connais le vieux. Venez, et laissez-moi faire.

Alain sortit ses paquets de cigarettes et son briquet. En tant que « trésorier » du groupe, je pris quelques billets turcs, pour une valeur d'environ deux cents francs. La caméra à bout de bras, je suivis mes amis, parvenant discrètement à « shooter » au jugé quelques scènes.

Tout se passa comme prévu par notre guide, sauf que la somme offerte ne suffisait pas aux deux soldats de garde. Après des palabres interminables, le ton monta. Le jeune soldat s'énervait. Malgré les conseils de son aîné, il arma même son fusil. C'est un petit bruit qui a la particularité de bloquer le cœur de tout être humain, ne serait-ce que quelques dixièmes de seconde. J'étais prêt à sacrifier un billet de plus.

Le passeur me recommanda de n'en rien faire :

– Si vous sortez encore un billet, ils vont vous fouiller entièrement et tout vous prendre. Je vais leur dire qu'on est fauchés, mais que d'autres amis doivent passer ici plus tard.

Bien joué... Nous avons pu reprendre notre marche. Maintenant nous étions en Iran – au Kurdistan iranien, aurait corrigé mon guide. Après une heure de marche, nous avons atteint une maison en ruine où nous attendaient un paysan et son cheval. L'animal une fois chargé de notre équipement, nous avons dévalé vers un petit village au fond d'une vallée. Les bruits rassurants de la vie qui en montait m'ont fait accélérer la descente.

Le lendemain, je me trouvais sur un petit pont à la sortie du village que je voulais filmer, quand j'entendis le moteur haletant de la voiture que nous attendions pour continuer notre voyage. Elle ne payait vraiment pas de mine; mais par des routes sinueuses et escarpées, ce teuf-teuf nous a quand même rapprochés vaille que vaille des maquisards kurdes. Nous nous arrêtions de temps en temps dans les maisons pour prendre le thé. A la sortie de l'une d'elles – surprise! – notre vieille guimbarde s'était métamorphosée en un superbe tracteur tirant une benne. On se resserra avec bonne humeur sur le siège brûlant, et l'on reprit le chemin caillouteux de la montagne longeant des crêtes exiguës, avec l'espoir de ne pas voir surgir un hélicoptère ennemi.

Deux jours après le passage de la frontière, nous sommes enfin arrivés chez les *peshmergas* (mot kurde signifiant « combattants »).

Qui étaient-ils? Des paysans qu'on aurait qualifiés en temps normal de braves paysans. Mais ces hommes – qui par leur nature sont dans tous les pays des êtres paisibles attachés à leur bout de terre – étaient devenus des combattants féroces. Exaspérés par la répression de Khomeyni, ils avaient quitté leurs villages et vendu jusqu'à leur dernier mouton pour acheter le trop célèbre Kalachnikov. Ce fusil mitrailleur, que j'ai souvent vu aux points chauds du globe entre les mains des guérilleros, est aussi apprécié par eux que le M 16 américain. Le malheur des uns faisant le bonheur des autres, il y a encore de beaux jours pour les marchands d'armes...

Un soir, dans un petit village, nous parlions avec le chef du secteur, coiffé d'un turban, à la lueur d'une lampe à pétrole. Soudain des coups de feu ont retenti dans le lointain : une bataille rangée. Je voulais y assister. Le chef m'a retenu poliment mais fermement :

– Ce sont mes hommes. Vous pourrez les voir demain matin.

J'aurais préféré les voir en action. Mais j'ai compris que le chef ne voulait en aucun cas compromettre la sécurité d'un envoyé de MSF. Ils n'avaient pas besoin de héros mais de médecins.

Au petit jour, les peshmergas étaient bien là, au nombre de huit. Un neuvième était resté sur le terrain. Huit jeunes paysans d'aspect rude, le regard farouche, prêts à se battre le restant de leur vie. Dans la cour, ils manifestaient une joie d'enfants, en admirant leur prise de guerre : un véhicule tous terrains à quatre roues motrices. Ils l'avaient conquis (au moment où nous entendions les coups de feu) au passage d'un petit convoi de pasdarans.

Un des huit hommes avait reçu un éclat de grenade dans la cuisse. Alain, ne voulant pas l'opérer sur place, proposa de l'emmener dans un dispensaire. Le blessé était ravi. On allait pouvoir « étrenner » le véhicule et le faire admirer à tout le voisinage. Malheureusement, il tomba en panne à mi-chemin. Il nous fallut continuer à pied, le blessé aussi. Jamais il ne donna un signe de douleur.

Dans ces montagnes arides, où l'écart de température entre l'été et l'hiver atteint parfois 60 °C, nous avons trébuché sur les cailloux, traversé des rivières et atteint enfin l' « hôpital ». Une simple pièce de trois mètres sur deux avec un lit. En vrac sur une table, des médicaments pour la plupart périmés, un bistouri et des ciseaux qui ne coupaient plus, un peu d'alcool, du ruban adhésif.

Au-dehors, tout le village était au courant de notre venue. Aussitôt deux chevaux furent mis à notre disposition pour retourner au PC du secteur. (J'ai appris que pour des raisons de sécurité, ce PC changeait de lieu de temps à autre.)

Le médecin kurde chargé de l'hôpital avait fait ses études à Prague et à Paris. Malgré sa compétence et sa bonne volonté, il se sentait dépassé par l'immensité de sa tâche. L'annonce que MSF s'intéressait à ses « clients » était pour lui un immense soulagement.

Alain et lui ont longuement défini la forme et l'étendue de l'aide à apporter par MSF. Ensemble, ils ont établi un ordre de priorité. Alain était parfaitement informé et croyait à la nécessité d'installer une mission permanente. A notre retour, plusieurs équipes de chirurgiens, infirmières et médecins furent mises en place et se relayèrent par périodes de trois mois.

Le médecin et l'infirmière appartenant à la deuxième relève furent arrêtés en Turquie : ils transportaient dans leurs bagages des revues et documents de propagande que leur avaient confiés les Kurdes de Paris. La même mésaventure aurait pu m'arriver. A l'aéroport de Roissy, avant mon départ pour Istanbul, un Kurde de Paris m'avait prié d'emporter un sac de tracts. J'avais refusé. Si un reporter veut rester crédible et attirer des sympathies à la cause qu'il défend, il doit agir avec ses moyens propres et non se transformer en distributeur de tracts.

Au retour, notre passage de la frontière, dans le sens Iran-Turquie, fut plus facile qu'à l'aller. Par contre, notre traversée de la Turquie a été marquée par une dizaine de contrôles effectués sans douceur. Extirpés violemment du véhicule, plaqués contre celui-ci, les bras en l'air, fouillés par un policier, braqués par un autre, nous entendions toujours les mêmes questions :

– D'où venez-vous? Où allez-vous? Que faites-vous?

Alain et moi répondions invariablement :

– On vient de Cappadoce, on va à Istanbul. Nous sommes étudiants en architecture, et chargés du secteur audiovisuel dans notre école. (Ce dernier mensonge justifiait la présence de la caméra que j'exhibais spontanément aux policiers avant qu'ils ne la trouvent. Vu leur brutalité, c'était plus sage.)

Nous découvrions que la situation politique en Turquie s'était brusquement tendue. On était à quelques semaines du coup d'État militaire de septembre 1980. Et le problème kurde achevait de rendre la situation explosive. Je n'en menais pas large pendant ces contrôles policiers. Au fond de mon sac à dos, j'avais caché plus ou moins bien, dans une poche intérieure, un gilet porte-munitions qu'un peshmerga m'avait offert. La seule vision de ce très beau gilet de cuir travaillé indiquait clairement notre provenance. On ne plaisantait pas avec les espions en Turquie. Depuis le début de l'année on comptait deux mille assassinats dans les villes et les campagnes. Banditisme de grands chemins ou fanatisme politique, la liste des meurtres s'allongeait tous les jours.

Pour circuler la nuit au centre du pays, sur certains axes, il était obligatoire de former un convoi dont les militaires assuraient la sécurité. Lorsque deux véhicules étaient rassemblés, ils démarraient, escortés par l'armée jusqu'à la ville suivante.

Renonçant à la voiture de location et aux lignes aériennes turques, par crainte de fouilles minutieuses, nous utilisions les autobus. Mais le retard pris par ces convois nocturnes risquait de nous faire manquer notre avion à Istanbul. A une étape, nous avons quitté notre bus, et persuadé un taxi de se glisser seul dans la nuit. Quelques dollars l'avaient rendu aventureux. Mais vers 3 heures du matin, au moment de faire le plein à une station-service, notre chauffeur décida d'attendre le prochain convoi, la zone suivante étant trop dangereuse. Devant notre insistance, il prétexta la faim, le sommeil, la fatigue. Mais je voulais quitter ce pays très vite pour monter mon film et le vendre à la télévision. On annonçait que de nouveaux bombardements avaient eu lieu au Kurdistan, trois jours après notre départ. Les hélicoptères Cobra et les avions Phantom avaient pilonné des groupes de peshmergas. Notre chauffeur de taxi finit par se plier à notre volonté. Nous sommes repartis cahin-caha sur les routes défoncées.

Je savais que les passages difficiles, à circulation ralentie, étaient des terrains propices aux embuscades. Chaque fois que, dans le faisceau des phares, j'apercevais une pancarte « Travaux », et que la route se transformait en piste, je m'arc-boutais sur mon siège, et je hurlais au chauffeur : « Fonce. » A deux reprises mon instinct ne m'a pas trompé. J'ai vu surgir devant nous cinq ou six bandits armés de pierres et de gourdins, prêts à nous dévaliser.

Aux prix de tôles cabossées et d'une lunette arrière brisée, nous avons réussi à passer. En abordant les faubourgs d'Istanbul, le chauffeur retrouva le sourire. Il le conserva à la vue des derniers dollars promis, avec un supplément pour les bris de verre et autres dégâts.

Quelques semaines après le retour à Paris, je n'ai pas été surpris d'apprendre qu'un coup d'État militaire venait de se produire en Turquie. En raison de mon récent voyage, j'ai prêté à l'événement plus d'intérêt que la plupart des Français ne lui en ont accordé.

Et c'est cette « connaissance de la situation politique turque » qui allait contribuer, peu après, à me faire engager comme présentateur de *la Chasse aux trésors* [1]. Voilà une « retombée » de mon voyage que je n'avais pas prévue!

1. Voir chapitre 1.

15

CHEZ LE « REBELLE » HISSÈNE HABRÉ

Une *Chasse aux trésors* venait de se terminer en Yougoslavie. Dans les montagnes du Dvar, le soleil était encore haut. A Paris, il était 20 heures passées sur le plateau de vidéo-Télé-France. Philippe Gildas félicitait les candidats de s'être si bien retrouvés dans les montagnes où le maréchal Tito avait résisté aux nazis.

A peine prenait-il congé des téléspectateurs qu'une voix absolument inattendue se fit entendre dans les écouteurs du casque me reliant à Paris.

– Salut, Philippe! Ici Patrice Franceschi! J'ai à peine le temps de te parler, je m'envole tout à l'heure pour le Soudan. Si tu es d'accord avec ma proposition, Diane te donnera tous les détails. Je t'avais parlé d'un reportage dur au Tchad. Eh bien, j'y pars, les choses se sont précipitées. On nous attend là-bas. J'espère que tu es toujours d'accord?

– Absolument. Mais Diane a dû te le dire : je rentre demain vers minuit, et dans quinze jours je dois être en Belgique pour une *Chasse aux trésors* à Namur.

– Ça suffira, si tu redécolles après-demain par l'avion de 14 heures à Roissy, destination Khartoum. Ne t'inquiète pas pour le visa et autres papiers. On te réceptionnera à l'aéroport et on te fera passer la frontière du Tchad. On se retrouvera quelques kilomètres plus loin dans la région de X... Je t'attends le 4 avril.

– J'y serai.

– Je te laisse le soin de louer tout le matériel. Je n'ai pas pu m'en occuper. Et trouve-nous aussi un preneur de son, et pas n'importe lequel : un baroudeur! Salut!

Oui, mais il me fallait d'abord aider l'équipe à démonter l'antenne et à ranger le matériel. Quand, dans ma chambre d'hôtel, j'ai pu tranquillement faire le point, nous étions déjà depuis cinq minutes, heure de Paris, le 2 avril 1981. Ce même jour, vers 23 h 30, j'allais atterrir au Bourget avec l'avion affrété pour transporter l'équipe de *la Chasse.* Le 3 avril à midi, je devrais reprendre l'avion pour Khartoum. Ça laissait peu de temps pour louer du matériel et trouver un « preneur de son baroudeur ». Il me fallait agir immédiatement depuis la Yougoslavie.

Je feuilletai fébrilement mon carnet d'adresses. Un nom s'imposait. Celui de Stanislas Popovic, le gagnant de la quatrième *Course autour du monde.* Je l'avais rencontré un an plus tôt en Asie alors qu'il était au milieu de sa *Course* et moi en reportage. Je l'avais apprécié pour sa personnalité, et pour sa façon de travailler. Nous étions restés amis. Il habitait Genève, une ville où, vers 1 h 30, on est sûr de trouver les citoyens respectables dans leur lit.

Stan était dans le sien et ravi de l'échanger prochainement contre une natte sur la terre du Tchad.

– Alors, tu quittes Genève aux aurores, tu passes chez moi à V... Tu prends ma voiture et tu vas louer tout un matériel de reportage. Pour la pellicule, achète dix boîtes de cent vingts mètres et dix bandes-son. C'est OK?

– Oui, sauf que je n'ai pas de visa pour le Soudan.

– Moi non plus, mais Patrice en fait son affaire. Pas d'autres questions?

– Si, est-ce que Diane aime toujours les chocolats suisses?

– Oui, vieille pomme. A ce soir!

Ouf! j'ignorais ce qui nous attendait au Tchad, mais je savais qu'avec Stan et Patrice nous ferions du bon travail.

J'avais connu Patrice Franceschi par les copains de la Guilde européenne du raid, l'organisme avec lequel j'avais participé à un raid Caracas-Rio de Janeiro [1]. Écrivain et journaliste indépendant, il se refusait à être appointé par une radio, une télévision ou un journal. Il préférait un emploi incertain qui, en contrepartie, préservait sa liberté de choix et d'action.

Je pensais comme lui qu'un vrai reporter doit pouvoir partir à l'aventure, sans consignes ni délais précis, sans trop savoir ce qu'il va trouver et sans se préoccuper si cela plaira ou non à tel ou tel rédacteur en chef. Nous nous étions donc juré de travailler ensemble. L'occasion nous en avait été offerte en juin 1980, lors de mon troisième voyage sur la frontière khméro-cambodgienne.

A Non Chang, la FAO et diverses organisations humanitaires assuraient trois fois par semaine des distributions de riz dans les camps de réfugiés. Médecins sans Frontières m'avaient demandé

1. Voir le chapitre 6 : « Un air de piano très doux dans une ville morte. »

de filmer, pour leurs archives, l'équipée de ces centaines de camions dont le chargement représentait la survie de dizaines de milliers de réfugiés. Nous avions ramené, Patrice et moi, des images terribles et superbes, mais c'était un reportage sans histoire et nous espérions nous retrouver un jour sur un « coup » plus difficile.

Nos destinées, à Patrice et à moi, obéissaient aux mêmes principes, mais elles ne se croisaient pas facilement... Je me souviens qu'après des mois sans nouvelles de lui, j'avais trouvé à un de mes retours d'Asie une lettre où il me disait : « En huit mois, j'ai remonté le Nil jusqu'à sa source. Je suis à Khartoum où je viens de me marier. Je rentre à Paris. Peut-on se voir? J'ai un coup à te proposer. » Je l'appelai aussitôt à son domicile. Sa jeune femme m'apprit qu'il était reparti pour l'Afghanistan...

Patrice avait fini un jour par m'atteindre et me dire qu'à Khartoum, il avait découvert une filière permettant de passer clandestinement du Soudan au Tchad et de rejoindre dans le maquis Hissène Habré et ses FAN (Forces armées du Nord). Pourrait-il compter sur moi le moment venu? « Absolument », lui avais-je répondu.

Puis des mois de silence avaient suivi, jusqu'à cette nuit où sa voix m'avait rejoint en Yougoslavie. Je pensais déjà à notre prochaine aventure quand ce mercredi 2 avril à 23 h 45, notre avion corvette « cracha » l'équipe de *la Chasse* et ses vingt-six caisses de matériel sur le terrain du Bourget. Dix minutes plus tard, j'embrassai Diane et mon fils Erwann.

A mon retour de *la Course autour du monde,* Diane m'avait tendu une paire de charentaises. Ce soir, sans que j'aie eu besoin de lui dire mon regret de repartir aussi vite, sans que j'aie eu le temps de lui demander si Stan Popovic était venu prendre les instructions et la voiture, elle m'exhiba une boîte de chocolats suisses... Donc tout allait bien.

Mais pourquoi Stan n'était-il pas là, comme je le lui avais recommandé? Oh! simplement parce qu'il se cachait derrière un pilier, histoire de me procurer trois secondes d'angoisse...

Rentrés à la maison, Stan, Diane et moi avons passé plusieurs heures à vérifier le matériel, à faire des essais de son et de caméra. Le lendemain matin, je fonçai à Antenne 2 pour développer la pellicule, recopier le son et vérifier la synchronisation : dans le maquis du Tchad, aucune erreur ne serait réparable. A 12 h 15, je me présentai à l'enregistrement à Roissy; à 14 heures, nous décollions; à 21 heures, après quelques détours, nous atterrissions au Soudan, à Khartoum : moins de quarante-huit heures après ma conversation téléphonique avec Patrice.

Pas de visas sur nos passeports mais pas de problèmes. Arrivé sur place avant nous et déjà reparti en tête, Patrice avait tout prévu; y compris l'hôtel et l'avion des lignes intérieures que nous devions prendre le lendemain matin. Ici les choses se gâtèrent. Malgré nos réservations en règle, on nous refusa l'accès à bord sous prétexte que l'avion était complet... Une discussion s'engagea, de plus en plus vive, à mesure que ma volonté de partir se faisait plus farouche. Finalement, deux personnes déjà assises quittèrent l'avion pour nous céder leurs places.

Nous avons atterri à l'ouest du Soudan, à El-Fâcher (dernière ville avant la frontière tchadienne), un peu avant le repas de midi. Nous l'avons pris chez un agent des FAN, assis en tailleur sur le tapis. Repas frugal : mouton en sauce, galettes, fruits, thé à la menthe. Sur ce même tapis, allaient commencer des heures d'attente. Un véhicule aurait dû venir nous prendre dès notre arrivée. Il ne se manifesta que tard dans la soirée.

C'était une Land Rover conduite pas un soldat des FAN, hirsute et absolument épuisé. Pour lui permettre de s'allonger pendant une heure ou deux, Stan et moi avons fait le plein (essence, etc.), chargé trois barils de réserve et des bidons; ce qui avec les roues de secours laissait peu de place pour notre matériel et nos jambes.

Le chauffeur, hagard, s'assit pesamment devant le volant, flanqué d'un « officiel » chargé de nous guider. A l'arrière, Stan et moi nous trônions chacun sur une roue. Sur mes genoux reposait la caméra enveloppée dans l'une de mes chemises pour empêcher la poussière de s'infiltrer. Nous avons roulé à peu près sans discontinuer pendant trente-sept heures, secoués par les cahots de la piste. Devant la violence de certains chocs, je ne pensais pas aux courbatures qui en résulteraient, je me demandais si le matériel n'allait pas se fausser, voire se disloquer.

Ce fut très long. On n'avait pas envie de parler, il était impossible de dormir vraiment : le moindre choc nous projetait douloureusement contre la vitre. La nuit était froide et monotone. Je retrouvais, mais en pire, des sensations éprouvées au cours de mes trois voyages au Sahara.

A midi, aux abords d'un village, nous nous sommes arrêtés pour manger des sardines et du thon. Avec Stan, je suis allé acheter des mangues. Au retour, notre « officiel » s'était assoupi contre la voiture. Le chauffeur gisait sous le véhicule, avec son Kalachnikov posé sur le ventre. Impossible de le réveiller. Il me semblait inhumain d'insister et nous nous sommes endormis ou rendormis tous les quatre.

Au bout de deux heures, l'angoisse m'a réveillé. L'angoisse de manquer Patrice qui peut-être était dans l'impossibilité de nous attendre, là où nous devions le retrouver. Nous avions déjà une demi-journée de retard. Alors, pris d'une rage froide, qui aujourd'hui me fait honte, j'ai tiré brutalement le chauffeur de dessous son véhicule. Et comme il ne se réveillait toujours pas, je le mis debout de force, le secouant avec violence comme un prunier. L'« officiel » et Stan, hébétés, n'ont rien fait pour m'en empêcher : ils étaient trop fatigués pour réagir.

Le chauffeur aussi, d'ailleurs. Il ne m'en a pas voulu non plus. Il s'est même excusé : il était au volant depuis cinquante heures. Avant de le déposer sur son siège, je l'ai forcé à manger : une mangue, des dattes arrosées de thé.

C'est seulement le lendemain 5 avril, vers 10 heures, que nous avons atteint Koulbous où Patrice Franceschi nous attendait, en piaffant d'impatience. En nous voyant descendre du véhicule, hagards et courbatus, il nous a lancé en guise d'accueil : « Mais qu'est-ce que vous foutiez, bon sang! J'avais dit rendez-vous le 4 avril, pas le 5! »

Enfin, nous étions à pied d'œuvre, au Tchad, dans la brousse désertique du Nord-Est. A quelques centaines de mètres de la frontière soudano-tchadienne. Koulbous était situé à 1 000 km de N'Djamena, la capitale, mais à moins de trente kilomètres des positions libyennes. C'est ici que les Forces armées du Nord d'Hissène Habré, l'homme à la casquette et à la petite barbiche, avaient installé leur PC principal, depuis leur déroute de janvier 1981. A cette date, Hissène Habré (qui avait lui-même renversé le général Malloum) avait dû se retirer de N'Djamena, bientôt occupée par les blindés de l'armée libyenne. Une longue marche à travers le désert avait ramené Hissène Habré et ses fidèles dans leur ancien sanctuaire du Nord-Est toujours intact.

J'étais déjà venu ici en 1978, faire un reportage pour l'agence Sygma, du côté de Biltine, et j'avais même filmé des éléments des FAN dans un fortin digne du *Désert des Tartares*.

La défaite d'Hissène Habré n'avait pas pour autant réglé le sort du pays. Après leur défaite de N'Djamena, les FAN avaient réussi à préserver l'essentiel de leurs forces en hommes et en matériel. Elles avaient pu réorganiser et renforcer leurs principaux PC reliés entre eux par radio. Ils tenaient ainsi la position du Nord-Est adossée au Soudan, face aux deux villes occupées par les Lybiens : Fada et Abéché. Ailleurs, près de Faya-Largeau et plus au sud, il ne restait que quelques groupes de partisans isolés; j'en ai vu arriver à Koulbous, où on les ravitaillait en munitions.

Combien étaient-ils ces combattants tchadiens, qui rêvaient de chasser les Libyens? 2 000, 3 000, plus?... C'était difficile à dire. Mais j'ai pu constater que leur équipement était insuffisant face aux chars et aux avions libyens. L'aide extérieure qu'ils recevaient, disait-on, de l'Égypte via le Soudan, se faisait souvent attendre, surtout pour l'armement lourd.

A notre arrivée, les FAN s'entraînaient tant bien que mal avant de reprendre l'offensive. Je les ai filmés crapahutant dans les montagnes, les blocs rocheux, les épineux, sous un soleil de plomb. Je les ai filmés s'entraînant au tir, les arbres servant de cibles. Pour ces partisans vêtus et armés de façon hétéroclite, la situation était limpide : l'ennemi était libyen, et la troisième guerre du Tchad allait commencer.

Nous avons quitté Koulbous pour nous enfoncer vers l'ouest jusqu'aux avant-postes, à bord d'une Land Rover et protégés par deux soldats en armes. A l'arrière, un énorme sac de beignets, fermé le plus hermétiquement possible, constituait l'ensemble de nos repas : matin, midi et soir. Les groupes armés que nous rencontrions, ici et là, avaient été contraints de revenir à leur tactique traditionnelle de combat, la guérilla, et de se disperser pour se rendre insaisissables.

Dans les contreforts de l'Ennedi, des patrouilles des FAN, montées sur chameaux, se déplaçaient jour et nuit en fonction des alertes aériennes. Elles avaient l'avantage d'être silencieuses, au contraire des voitures qu'on entend de très loin dans le désert. Je les ai vus surveiller, contrôler, rassurer la population qui les renseignait sur l'ennemi.

En les suivant, juché moi aussi sur un « vaisseau du désert », la caméra à bout de bras, j'ai pu constater combien ce moyen de locomotion, un peu lent sans doute, était efficace. Malgré les troubles de la guerre, les caravanes continuaient leur commerce. Vues de loin, elles se confondaient avec celles des guerriers d'aspect et d'accoutrement semblables... malgré la différence de chargement.

Kadhafi risquait de s'enliser dans les sables de cette brousse désertique. En dépit de son énorme équipement et de ses blindés, il lui était impossible d'occuper chaque arpent d'un relief aussi accidenté. J'ai pu le constater de mes yeux : l'activité des 4 000 ou 5 000 hommes qu'il entretenait au Tchad se résumait à des patrouilles aériennes et aux minages de certains axes.

J'ai filmé un exemple de cette dernière tactique. Des membres des FAN, au bord d'une piste défoncée, m'ont montré une vingtaine de mines qu'ils venaient d'y récupérer. Les Libyens étaient venus les poser avec un hélicoptère : se déplacer par la voie terrestre aurait été dangereux pour eux. La population les avait observés et avait pu renseigner les FAN de façon précise sur l'emplacement des mines.

La tactique libyenne se calquait sur celle employée par les Russes en Afghanistan. Ici, comme là-bas, l'occupant se hasardait peu à sortir des villes qu'il tenait solidement. Dans la mesure où la résistance avait des moyens militaires limités, on la laissait tourner en rond dans l'espace jugé inutile, et où on s'efforçait seulement d'entretenir une certaine insécurité. Au Tchad, contrairement à l'Afghanistan, la situation s'est vite renversée, car l'armement des FAN était bien supérieur à celui des résistants afghans, et l'armée libyenne beaucoup plus vulnérable que l'Armée Rouge.

Je vivais nuit et jour avec ma caméra. La nuit, elle reposait à la tête de mon duvet. De 6 heures du matin à 18 heures, je la portais au bras ou à l'épaule, protégée tant bien que mal du sable et des cahots. Nos visages étaient brûlés par le soleil, nos lèvres se craquelaient, mais nous étions heureux de voir ces paysages grandioses, inaccessibles aux touristes.

A notre retour à Koulbous, nous y avons trouvé le docteur Rony Brauman, envoyé par Médecins sans Frontières pour veiller sur l'état sanitaire des combattants. Ces soldats, fidèles à Hissène Habré depuis des années, avaient tous été blessés au moins une fois. Quelques-uns d'entre eux conservaient dans leur chair une balle ou un éclat d'obus. Il y avait aussi des estropiés, des gueules cassées... En les regardant, je savais qu'ils iraient jusqu'au bout et se battraient aussi longtemps que les Libyens ne quitteraient pas le Tchad.

Aujourd'hui, les choses ont changé, mais il y a encore des Libyens au Tchad. Et le « rebelle » Hissène Habré est reconnu par la communauté internationale comme le chef d'État légal du Tchad.

Alors qu'il n'était qu'un proscrit à l'avenir incertain, Hissène Habré avait accordé à Patrice une longue interview. Tout en reconnaissant l'utilité des pressions diplomatiques ou des promesses d'aide internationale, il déclarait que le sort du Tchad était avant tout entre les mains des Tchadiens eux-mêmes.

Nous sommes repassés clandestinement du Tchad au Soudan. Sans histoire, mais non sans fatigue. Nous roulions dans la nuit vers El-Fâcher, le petit aéroport d'où j'allais m'envoler pour présenter une *Chasse aux trésors* à Namur, via Khartoum et Paris. Pendant que nous étions ballottés par les cahots, l'équipe de *la Chasse* était déjà partie, sans moi. Connaissant les difficultés de mon reportage, ils devaient se demander avec angoisse si je les rejoindrais à temps. A ce moment même, ils devaient être en train de monter l'antenne. J'étais déjà loin de l'Afrique et de ses misères. Un incident allait me les rappeler.

Au loin, la lueur mouvante d'un feu éclairait une masse imposante : un camion en panne sur la piste. Une dizaine de Soudanais, accroupis autour du feu, en profitaient pour boire le thé. Deux autres, la gandoura pleine de cambouis, une faible torche à la main, cherchaient la panne sous le capot. Notre véhicule a stoppé, le chauffeur du camion nous a interpellés :

– Avez-vous de la place? J'ai un blessé avec moi.

Grimpant sur les bâches par les ridelles avec le docteur Brauman, j'ai promené le faisceau de la lampe de poche pour découvrir le visage d'un gamin d'une dizaine d'années. Un petit trou noir en plein front, un mince filet de sang séché sur le visage... Rony comprit tout de suite.

– Y a rien à faire.

– Mais on ne va quand même pas le laisser là, sur son camion en panne au milieu du désert!

– Il est intransportable.

– Mais ici, il va crever.

– Ailleurs aussi...

– Alors, qu'est-ce qu'on fait?...

– Emmenons-le, faisons comme si...

Délicatement, nous l'avons descendu et allongé sur un matelas à l'arrière de notre Land Rover à plateau. Son père est monté avec nous, nous avons repris la route, essayant d'éviter les cahots.

Ce gamin avait reçu en pleine tête une balle de fusil, le matin même, vers 11 heures. Depuis, il restait dans le coma. Nous n'avons jamais su comment c'était arrivé et cela ne nous intéressait pas. De temps à autre, il bougeait un pied, un bras. Il a même prononcé quelques mots. Le père, assis à côté de l'enfant, lui avait pris la main.

Dans la nuit froide du désert, nous roulions à la vitesse d'un convoi funéraire. Nous étions huit à entourer le blessé : le père, trois Tchadiens en armes, Patrice, Stan et moi. Tous impuissants. Cet enfant allait mourir et, pire encore, il allait souffrir pendant le peu qui lui restait à vivre.

J'imaginais un tel drame survenant dans une campagne française. La gendarmerie, le SAMU, les pompiers auraient été prévenus dans les dix minutes. Une ambulance aurait filé à 160 kilomètres à l'heure sur une autoroute ouverte par deux motards. Mieux encore, un hélicoptère de la sécurité civile aurait déposé un médecin et une infirmière sur la route, à proximité du blessé. Par téléphone ou radio, l'hôpital le plus spécialisé aurait été prévenu et la salle d'opération préparée sur-le-champ. Le chirurgien se serait habillé, en donnant des ordres.

Aussitôt le blessé arrivé, tout aurait été tenté pour le sauver. Des dizaines de personnes auraient été mêlées, directement ou indirectement, à son drame. Des voitures, des motos, un hélicoptère auraient participé à l'évacuation. Des dizaines de téléphones auraient sonné avant d'être décrochés. Beaucoup d'argent aurait été investi pour tenter l'impossible. Oui, notre civilisation est développée.

Mais cet enfant était né au Soudan et avait grandi au milieu d'un espace vierge. Rien n'était prévu pour le secourir, et, de toute façon, il n'intéressait personne. Je veux dire par là : personne n'avait pour mission de le sauver. Aucune structure n'était en place pour cela.

A 5 heures du matin, quand nous avons atteint l'hôpital d'El-Fâcher, l'infirmier de garde dormait, toutes portes fermées. Portant délicatement l'enfant dans nos bras, nous avons réveillé l'infirmier, lui demandant d'ouvrir. A travers le carreau, il nous répondit en bâillant qu'il n'était pas l'heure, les visites ne commençant qu'à huit heures. Il repartit se coucher. Alors, fou de rage, j'enfonçai la porte; puis je laissai parler l'envoyé de MSF :

– Je suis médecin, mais pas chirurgien, dit-il à l'infirmier. Je ne peux donc rien faire pour ce blessé. Mais je vous demande de le soulager, de le réchauffer. Il souffre. Prévenez vos supérieurs. Et en attendant, donnez-lui de la morphine.

Assis sur une chaise, le père conservait la main de son fils dans la sienne. Nous sommes partis en silence.

Deux jours plus tard, j'étais en Belgique. A bord d'un hélicoptère. Ailleurs, cet appareil aurait pu sauver des vies humaines, mais à Namur il ne servait qu'à faire rêver. En décollant cette fois-là, dans mon costume rouge, je ne pouvais pas ne pas penser à cet enfant ramassé sur la piste. Je me disais, en paraphrasant La Fontaine : « Selon que vous serez blanc ou noir, les usages de ce monde vous rendront riche ou pauvre. »

16

GRACIAS A DIOS

C'est à même le plancher de sa case sur pilotis que reposait, depuis des années, l'Indienne paralysée. Sa tête, déformée, énorme, faisait ressortir la maigreur squelettique du corps. Elle pouvait avoir n'importe quel âge entre trente et soixante-dix ans.

Si l'on en croyait Caroline, l'infirmière de Médecins sans Frontières qui s'occupait d'elle, son cas n'était pas désespéré. Un traitement dans un hôpital aurait transformé ou au moins amélioré son état. Mais nous nous trouvions à quatre jours de pirogue du point civilisé le plus proche. Car, après tout, le gros village de Puerto Lempira, même privé de téléphone, est un point civilisé puisqu'on y trouve un terrain rudimentaire où atterrit parfois un petit avion.

Celui-ci aurait pu transporter notre malade jusqu'à Tegucigalpa, capitale du Honduras. Le prix du voyage coûtait 900 francs de notre monnaie. Mais la famille de la paralysée aurait mis quinze ou vingt ans à réunir une telle somme.

Un fait était sûr : la chose humaine affalée à nos pieds mourrait sans avoir une chance de se faire soigner. Rien ne pouvait mieux vous donner une idée de l'enfer tropical où nous étions venus échouer, Marc Gurnaud et moi. Par la chaleur et l'horreur, nous avions l'impression d'avoir touché le fond du chaudron dans lequel cuit et recuit la misère du monde.

C'était en juillet 1982. *La Chasse aux trésors* se poursuivait depuis bientôt trois ans. Malgré tout le plaisir que j'avais à participer à cette émission, je la considérais comme une « aventure en dentelles ». Je mourais d'envie de vivre à nouveau une véritable aventure improvisée dans un cadre inconnu et hostile, sans hôtels réservés (et même sans hôtels tout court), où l'hélicoptère serait remplacé par une pirogue. Marc Gurnaud me pressait de partir avec lui entre deux *Chasses :* « Partons ensemble faire un reportage où on en bavera... »

Quant aux lieux « où l'on en baverait », il suffisait d'aller à n'importe quel endroit du globe où opèrent Médecins sans Frontières. Ils nous proposèrent, en Amérique centrale, le Honduras, précisément la province de la Mosquitia, une des plus déshéritées du pays. Bordant la mer des Caraïbes, à l'ouest, elle est au sud séparée du Nicaragua par le rio Coco.

La région frontalière a été envahie par des milliers d'Indiens fuyant la guerre civile qui déchire le Nicaragua. MSF ont obtenu l'autorisation d'y organiser des camps de réfugiés à condition d'entretenir également une permanence médicale dans la région la plus sinistre de la Mosquitia qui, ironie du sort, s'appelle Gracias a Dios. En débarquant à cet endroit du pays en 1502, Christophe Colomb aurait dit : « *Gracias a Dios que somos fuera de estas honduras* » (Grâce à Dieu, nous sommes sortis de ces profondeurs).

L'endroit mérite mal son nom. La forêt vierge y dispute l'espace aux marécages. Un médecin (Jean-Pierre) et une infirmière (Caroline) vivent là. A quatre jours de pirogue l'un de l'autre, séparés par un labyrinthe de lagunes et de rivières. Ils ne se voient jamais et communiquent par radio... quand ils arrivent à recharger les batteries de leur poste.

Un poussif avion à hélices m'avait déposé à Puerto Lempira avec Marc et Marie-Jeanne, une infirmière qui venait seconder Caroline pendant trois mois. Avant de rejoindre Caroline, nous avions passé deux jours à monter l'expédition, trouver un bateau à moteur, des batteries pour le poste de radio, acheter des provisions. Et surtout, il avait fallu confectionner des moustiquaires, indispensables pour éviter les nuits blanches.

Les nouvelles en provenance de la région où opérait Caroline étaient décourageantes. Les pluies torrentielles des dernières semaines avaient tout inondé, noyant les récoltes, transformant la contrée en un vaste marais. Les mois à venir seraient encore plus difficiles que d'habitude.

En fin d'après-midi du deuxième jour, entre deux averses, nous avons chargé le matériel dans un canot à moteur et pris la direction du grand large pour éviter les lagunes et la mangrove [1].

Dans la nuit, après avoir essuyé un gros paquet de mer, nous nous sommes résignés à dormir dans une petite île. Un modeste café sur pilotis nous offrait un abri sale et humide. Mais il y avait un groupe électrogène grâce auquel nous avons rechargé les

1. Enchevêtrement de racines de palétuviers.

batteries de la caméra. Serrés tous trois sur un matelas sentant le moisi, trempés de sueur, nous cherchions en vain le sommeil, dérangés par les rats qui couraient au-dessus de nos têtes.

A quatre heures du matin, nous sommes repartis dans une nuit d'encre pour nous procurer une nouvelle embarcation. Il nous fallait un bateau à fond plat, capable de glisser entre les hautes herbes des marécages, pour changer de cours d'eau.

Impossible de distinguer une rivière d'un cours d'eau dans ces espaces inondés, infestés de caïmans et d'animaux qui donnaient le frisson, comme ces serpents qui filaient en sifflant dans les hautes herbes une fois débusqués. Dans cet univers hostile où les insectes étaient rois, on avait l'impression que la nature encerclait peu à peu l'homme pour le détruire.

Sans guide nous nous serions perdus dans cette végétation aquatique, nous aurions cassé notre hélice avant d'aller croupir lentement au milieu d'un marais. Je n'imaginais pas que le bout du monde ressemblerait à ce paysage et nous flottions dans la brume comme si nous approchions vraiment du royaume des morts.

Marie-Jeanne somnolait sous une bâche en plastique. Marc enregistrait le clapotis de l'eau contre la coque de bois. La rame et la perche avaient remplacé le moteur. La caméra à bout de bras, à la surface de l'eau, je filmais la lourde pagaie s'enfonçant dans le liquide qui, au fil des heures, changeait de couleur.

Notre batelier ne disait rien. Il observait le soleil. Les paupières mi-closes, il s'assoupissait parfois tout en ramant, instinctivement.

A la tombée de la nuit, en bifurquant vers le sud, nous avons quitté l'étendue plate pour pénétrer dans une sorte de forêt. La lumière ne s'infiltrait que par de fins rayons d'or pâle dans cette végétation torturée. Comme si le créateur, pris par le temps, n'avait pu achever son œuvre. Les racines aériennes s'enchevêtraient les unes dans les autres, comme de gigantesques araignées, rendant difficile notre progression.

Une demi-heure plus tard, notre guide souriait, montrant du doigt la rivière sur laquelle nous débouchions. Il nous fallait maintenant la remonter. Il mit le moteur en marche. Son ronronnement fit taire les oiseaux et nous nous mîmes à glisser à vive allure sur l'eau.

Chaque fois que nous rencontrions des Mosquitos, un filet à la main, sur le bord de la rivière, Marie-Jeanne demandait :

– *Donde esta Caroline?*

Plus loin, toujours plus loin... Annoncées par une fumée montant de la cime des arbres, de petites maisons apparaissaient sur la berge sablonneuse. Dans ce désert étouffant et humide, des familles menaient là, depuis des générations, une vie primitive. Enfin Marie-Jeanne put retrouver Caroline et se jeter dans ses bras.

– Ça va te changer de la Somalie, tu verras! lui annonça Caroline.

– Je suis contente de te voir, on va faire du bon travail toutes les deux, répliqua Marie-Jeanne, les deux pieds dans l'eau à côté de la barque.

Et du travail, il n'en manquait pas...

Les quelque trois mille Indiens peuplant la région de Gracias a Dios vivent la moitié de l'année dans un marais. Celui-ci est séparé de la partie la plus habitée du Honduras par un bloc montagneux impossible à franchir. Pour construire une route, il faudrait des années, des milliards et des milliards. Ce serait payer trop cher ces quelques milliers d'existences qu'on laisse mourir à petit feu et s'éteindre dans l'indifférence.

Victimes d'un véritable abandon physique et moral, les Mosquitos sont la proie d'une nature impitoyable. Les années où les pluies ne sont pas trop violentes, la nature leur laisse à peine de quoi survivre. Pas d'électricité, pas de téléphone, pas d'école, pas de médecin, pas de graines pour les semences, pas d'eau potable. Ils n'ont RIEN.

Ils n'ont jamais vu un vélo et savent tout juste à quoi ressemble une voiture. Dès leur naissance, ils sont infectés de microbes et de bactéries, par manque d'hygiène et d'eau potable.

Pour nous laver, Marc et moi devions attendre les orages de 5 heures du matin. A peine étaient-ils terminés, nous nous plaçions, nus, sous le bord d'un toit, pour prendre une mini-douche. Pour nous laver ou pour boire, c'était la seule façon de trouver de l'eau qui ne soit pas boueuse ou trouble.

Sinon, l'eau s'obtenait en creusant un trou dans le sol près de la rivière. L'eau suintait, une flaque se formait, sale. L'eau ainsi puisée était portée à ébullition pendant une heure, puis refroidie. Ramenée à la température ambiante, c'est-à-dire à 25 °C, elle était alors buvable. Les bougies offraient l'unique moyen de s'éclairer. Avec la lampe à alcool. Mais peu d'Indiens possédaient cet instrument, véritable signe de richesse. Et puis, on n'était jamais assuré du ravitaillement en alcool.

Après deux journées passées à patauger dans l'eau ou la boue, les pieds subissaient l'invasion de larves minuscules venues pondre leurs œufs sous la peau. D'où, chaque soir, l'inspection des pieds. Si j'avais pris une photo de nous quatre, accroupis et inspectant nos pieds à la lueur des bougies, j'aurais mis pour légende : « Secte inconnue à ce jour : les adorateurs de l'orteil... »

Durant dix jours, Marc et moi avons suivi Marie-Jeanne et

Caroline dans leur travail. Un vrai sacerdoce! Je me demandais parfois si elles étaient infirmières ou religieuses missionnaires. Elles partageaient les lamentables conditions de vie de la population. Et en plus, elles avaient à soigner quelque trois mille malades potentiels, disséminés dans une forêt marécageuse. Pour elles, les journées étaient très longues. Mais dans leur isolement qui allait durer au moins trois mois, les soirées dans leur cabane en bois seraient encore plus longues. La violence des pluies les empêchait souvent de dormir, les trombes d'eau qui s'abattaient, poussées par le vent, atteignaient même leurs hamacs. Chaque soir, elles portaient dehors tous les récipients possibles, du bassin à la boîte de conserve vide, pour récupérer la précieuse eau de pluie non polluée.

La base même de leur activité consistait à inculquer, partout où elles passaient, des notions élémentaires d'hygiène, à persuader les femmes de faire bouillir l'eau avant toute utilisation. Elles soignaient les plaies, les maladies simples, distribuaient des médicaments et tentaient d'en faire comprendre le mode d'emploi. Pour les maladies compliquées, elles consultaient le médecin Jean-Pierre par radio, lui décrivaient les symptômes; il formulait un diagnostic. Pour les urgences, il n'y avait pratiquement rien à faire; Jean-Pierre avait besoin d'au moins deux journées de pirogue pour intervenir.

Chaque jour, Marie-Jeanne et Caroline avaient à résoudre le problème de la nourriture. Nous les avons suivies tandis qu'elles allaient faire leurs courses. Il leur coûtait une journée entière de pirogue ou de cheval pour se procurer du riz, des *frijoles* [1], des œufs. Heureusement, les Indiens apportaient un peu de nourriture, des fruits, pour remercier les deux « docteurs » : les consultations étaient gratuites. Certaines mères parcouraient cinq ou six kilomètres à travers la campagne, par des sentiers boueux. Elles parvenaient au dispensaire accompagnées de trois enfants dont le plus jeune se balançait au rythme des pas, enroulé dans un pagne noué au dos de la femme.

Oui, c'était le bout du monde. J'en étais persuadé ce soir où, dans une nuit déjà noire, notre pirogue a accosté près d'une baraque sur pilotis. Un chien a aboyé, des animaux de basse-cour se sont réveillés. Une lueur est sortie de la maison, révélant la silhouette courbée d'une vieille femme. Elle tenait à la main un tison incandescent : sa seule lumière. Je croyais voir une image de film d'épouvante. La lueur rouge faisait ressortir les rides profondes ancrées sur son visage desséché et lui donnait la couleur du soleil couchant.

1. Haricots rouges consommés en Amérique latine.

Elle s'adressait à moi dans un espagnol incompréhensible. Alors, d'un geste, elle nous fit signe de la suivre. Débarquant tout notre matériel, Marc et moi avons gravi les trois rondins servant de marches. La femme nous a conduits dans une pièce vide. Nous avons accepté un pot d'eau : tout ce qu'elle pouvait nous offrir. Puis nous nous sommes allongés à même le bois, pour nous réveiller au chant du coq, le visage boursouflé par les moustiques. Comme des automates, nous avons fait glisser notre pirogue jusqu'à l'eau et repris la cadence.

Nous commencions à en avoir ras le bol de Gracias a Dios, sa misère déprimante, sa nature hostile, ses orages furieux, sa chaleur humide, sa puanteur, ses insectes, son eau boueuse. Nous ne pouvions plus entendre prononcer le nom de Gracias a Dios sans avoir envie d'ajouter : il n'y a vraiment pas de quoi!

Le pire est que la civilisation avait effleuré cette région, mais elle semblait s'en être retirée avec horreur. On en rencontrait des signes : quelques blue-jeans et tee-shirts de plus en plus rapiécés témoignaient d'un ancien courant d'échanges. Quelques maisons datant de la colonisation espagnole conservaient comme des reliques des éviers et des robinets; mais il n'y avait plus ni tuyaux, ni pompes, ni citernes. Des pièces au plafond orné de douilles de lampes électriques semblaient hantées par le fantôme d'un groupe électrogène...

Allons, il était temps d'aller voir ailleurs!

Nous étions à proximité du Nicaragua. La région de l'autre côté de la frontière était aux mains des révolutionnaires sandinistes. La forêt située de notre côté abritait des « contre-révolutionnaires ». Chaque soir notre poste de radio nous donnait droit à la propagande des deux camps.

Nous avions l'impression d'être aux abords d'un immense baril de dynamite. Pour les reporters que nous étions, il était temps de guetter l'étincelle qui l'enflammerait. Nous avons résolu de passer clandestinement au Nicaragua. Une expédition difficile nous attendait.

Chacun monté sur un cheval et le matériel dans des sacs à dos, Marc et moi sommes partis aux aurores, longeant la plage en direction du sud, vers l'embouchure du rio Coco. Les selles de bois nous faisaient souffrir. Les chevaux, mal dressés, ne respectaient aucune cadence; le galop souple et le pas régulier ne faisaient pas partie de leur répertoire. Au moindre faux pas, le matériel garnissant nos sacs nous blessait le dos.

Une pluie violente s'abattit, nous trempant comme des soupes et rendant encore plus longue cette plage interminable.

Notre chemin était sans cesse coupé par les rios se déversant dans la mer. Il n'était pas question de les éviter par un long et fatigant détour dans la forêt difficilement pénétrable. Nous tentions donc chaque fois la traversée, espérant que la hauteur d'eau ne dépasserait pas le poitrail du cheval, sinon nous n'aurions plus qu'à jeter le magnétophone et la caméra.

Nous étions en route depuis cinq heures. J'avais une certaine pratique de l'équitation. Marc, lui, montait pour la première fois, et sur une selle en bois par-dessus le marché! Il avait déjà les fesses en feu. Nous nous soulagions par des jurons.

Le ciel se déchirait par moments, laissant crever de gros nuages; mais aussitôt ils se reformaient. Je me demandais si la fin du monde avait eu lieu, nous épargnant par miracle. Et voilà que devant nous se dressa soudain la carcasse fantomatique d'un bateau qui finissait de mourir, rongé par le sel. Il semblait avoir choisi de terminer ses jours sur cette plage triste, comme certains animaux qui vont mourir seuls, loin du troupeau. Je me demandais si nous ne devrions pas en faire autant. Nous n'étions plus que deux clochards hirsutes, épuisés, trempés. Deux aventuriers au bout du rouleau.

Il était difficile de maîtriser les chevaux effrayés par les coups de tonnerre et les éclairs qui nous entouraient. Les rivières avaient craché à la mer tous les éléments morts de la forêt et la mer les avait rejetés sur la plage. Nos bêtes heurtaient les troncs d'arbres amoncelés sur le sable, s'empêtrant dans les branchages. Marc est tombé, son cheval en a profité pour s'enfuir; mais heureusement les rênes se sont emmêlées dans une branche, ce qui l'a stoppé net.

La pluie cessait. C'était l'occasion d'une pause pour vérifier le matériel et s'assurer de l'efficacité des plastiques qui le protégeaient. Les bandes sonores de Marc baignaient tranquillement dans l'eau accumulée au fond de son sac... Au fond du mien, les haricots rouges emportés pour la route s'étaient transformés en une bouillie qui s'inscrustait dans un de mes objectifs... Une halte sérieuse s'imposait pour assurer la survie du matériel, sans lequel un reporter n'est plus qu'un homme comme les autres. Mais à peine le matériel était-il déballé que des gouttes de pluie nous obligeaient à le remballer.

Les chevaux recommençaient à nous « gonfler ». Nous nous étions promis à plusieurs reprises de les tuer. Le moment semblait venu. De toutes mes forces, je flanquai au mien, en plein milieu du museau, un coup de poing qui aurait dû l'assommer. Il se cabra, stupéfait, et se mit à filer doux... mais pas pour longtemps.

Un chemin s'offrait enfin, au bout de la plus longue, de la plus odieuse plage que j'aie jamais vue. Longeant le rio Coco, ce chemin traversait le marais, frayant un passage parmi toutes sortes de plantes aquatiques. A un endroit, il traversait un marigot semblable à celui dans lequel j'avais aperçu un crocodile trois jours plus tôt. Je conseillai à Marc de m'imiter et de relever ses jambes au maximum. Et j'encourageai mon cheval : « En cas de coup dur, tu ne t'énerves pas, tu continues jusqu'à l'autre rive. Tu as quatre pattes, le croco t'en laissera bien trois... » Après avoir subi la mauvaise volonté de nos chevaux, je commençais à trouver les crocodiles sympathiques. Mais ils ne se manifestèrent pas.

Notre arrivée au petit village de X... fit sensation. Depuis le départ des colons espagnols, seuls une quinzaine d'Occidentaux étaient venus jusque-là. Notre présence intriguait. Nous l'expliquâmes de façon évasive : il est toujours délicat de parler de l'adversaire quand on se trouve peut-être chez lui. Nous manifestâmes seulement le désir de passer au Nicaragua. Un Indien s'offrit à nous guider jusqu'au village voisin dont le maire, un de ses amis, pourrait nous aider...

– Laissez vos chevaux avec les miens. Je vous y amènerai en pirogue. Ce sera plus rapide.

Moins d'une heure plus tard, après avoir remonté un courant rendu boueux par les dernières pluies, nous accostions au village de R... où le maire, en effet, nous fit bon accueil. Après dix jours d'errance dans la province, nous contemplions enfin une autorité administrative. Casquette Seven Up sur le crâne, sa corpulence moulée dans un tee-shirt Coca-Cola et dans un blue-jean, baskets aux pieds, cet Indien Mosquito paraissait très américanisé.

Dans un espagnol impeccable, il nous a présenté son village, ses problèmes, ses établissements. D'abord l'école, montée sur pilotis dans un champ détrempé. Dans l'unique salle ouverte à tous vents, une cinquantaine d'enfants s'entassaient sur de simples bancs, le cahier posé sur les genoux. Un même stylo, passant de main en main, servait à plusieurs élèves. Sur le tableau noir usé, la craie humide traçait avec peine des lettres lisibles.

L'infirmerie, elle, était close.

– Je n'ai pas un seul médicament à distribuer, nous dit le maire. J'aurais bien besoin aussi d'un peu de béton pour faire des ponts. Ce matin, un enfant s'est noyé en venant au village. Il est tombé dans l'eau sous les yeux de sa mère, elle ne savait pas nager.

Dans la Mosquitia complètement inondée, les gens se déplacent sur des troncs d'arbres mis bout à bout et tenant tant bien que mal au-dessus des eaux. Parfois les troncs glissent : c'est ainsi que le gamin était tombé à l'eau.

Le maire nous montra aussi des baraques visiblement montées à la hâte. Elles abritaient des Mosquitos venus du Nicaragua où dix-sept villages avaient été évacués et brûlés par les sandinistes : pour établir un no man's land entre leurs positions et celles des contre-révolutionnaires dissimulés dans la forêt du Honduras.

Rien de plus atroce que cette politique de la terre brûlée, accompagnée de déportation. Mais qui a commencé? Les sandinistes aujourd'hui au pouvoir ont été persécutés avant d'y parvenir. Et la révolution déclenchée vers 1930 par le paysan Sandino avait été provoquée par de graves injustices et par des méthodes de gouvernement insupportables. Malheur aux pays en proie à la guerre civile...

Bien entendu, nous avons manifesté le désir d'aller filmer dans le no man's land.

– C'est trop dangereux. Vous pourriez ne jamais en revenir. Les sandinistes y organisent des patrouilles. Elles connaissent bien la forêt et on ne les entend jamais venir.

Ah, monsieur le maire, ces paroles avaient pour nous le même effet qu'un chiffon rouge devant le taureau! Ça nous donnait envie de foncer là-bas.

Quand il comprit que nous partirions dans le no man's land de toute façon et coûte que coûte, le maire se résigna à organiser pour nous une expédition. Le départ aurait lieu cette nuit même à 3 heures, retour en fin de journée.

En attendant le dîner, le maire nous installa chez lui et nous offrit une petite fête. Fort poliment, Marc et moi frappions dans nos mains pour suivre le rythme endiablé créé par deux guitares et un tambourin. Nous perdions souvent la cadence, quand un moustique audacieux venait se repaître sur nos bras ou sur nos chevilles boueuses.

Pendant qu'à la lueur des bougies nous dévorions riz, frijoles et huevos, notre hôte nous montra un journal contenant d'anciennes photographies du village que nous allions visiter. Ce village nicaraguayen portait le même nom que la province du Honduras où nous nous étions établis : il s'appelait Gracias a Dios. (Le nom nous poursuivait...)

– Vous n'en trouverez que des cendres, nous dit le maire.

(J'ai inséré ces photographies dans mon film et, dans les mêmes angles et cadrages, j'ai filmé les restes du village.)

Un Indien est entré :

– C'est Angelo, votre guide. Il a vécu longtemps dans ce village, avant que ses parents soient déportés dans le Sud. Il vous montrera où se trouvait sa maison.

En attendant, il nous montra notre lit. Muni d'une moustiquaire... percée, hélas! A 2 h 30, il vint nous réveiller, une torche à la main, un seau d'eau pour notre toilette dans l'autre. Il pleuvait très fort, mais il ne nous conseillait pas d'attendre la fin de la pluie.

– La pluie est notre sécurité. Les patrouilles ne sortent pas par mauvais temps. Et même si elles sortaient, la pluie couvrirait nos bruits.

Derrière Angelo qui traversait le village endormi, fusil à l'épaule et lampe à la main, nous avons atteint un embarcadère aux planches branlantes. Le faisceau lumineux semblait l'explorer de planche en planche. Un léger coup de sifflet partit d'un buisson. La lampe d'Angelo s'éteignit et se ralluma trois fois. Dans un clapotis étouffé par le bruit de la pluie, unc barque à moteur glissa sur l'eau jusqu'à nous. Il était 3 heures pile.

A 4 heures, toujours sur la rive du Honduras, nous embarquions – dans un village en aval – un cinquième passager armé lui aussi d'un fusil. Sans un mot, il s'assit à côté du pilote. La traversée du large fleuve commença. A l'approche du Nicaragua, le pilote coupa le moteur et imita trois fois un cri d'oiseau. Le moteur ronfla à nouveau et la barque accosta.

En mettant pied à terre, Angelo dit simplement au pilote :

– Ce soir. 18 heures.

Emportée par le courant, moteur coupé, la barque s'engloutit dans la nuit. Pas très bavard non plus, l'homme qui nous attendait sur la rive, une pagaie à la main. Il nous fit signe de le suivre.

Après une demi-heure de marche silencieuse dans de hautes herbes, il nous arrêta, montrant du doigt la cachette où il gardait sa pirogue. Grâce à une corde tirée à nous cinq, on la fit glisser (un bon quart d'heure) sur la végétation humide, parsemée de flaques d'eau profondes. L'un des Mosquitos s'étala dans l'une d'elles, en ressortit couvert de boue, avec un petit rire qu'Angelo stoppa net :

– *Silencio!*

Arrivés à un rio, nous avons pris place enfin dans la fine pirogue. Il pleuvait encore et le jour ne parvenait pas à se lever. Au rythme des deux rameurs, nous glissions dans un labyrinthe de végétation enchevêtrée. Par deux fois, il nous fallut tirer la pirogue sur le sol pour changer de bras de mer. Celle-ci pénétrait loin à l'intérieur des terres et la marée haute nous permettait de naviguer plus facilement dans la mangrove.

Mal assis, à l'étroit, recroquevillés, le matériel sur les genoux, nous trouvions le temps long. Surtout Marc : depuis notre séance d'équitation de la veille, il avait l'arrière-train en feu. Trempés de la tête aux pieds, nous étions promis à une bonne crève : après nos efforts pour tirer la pirogue, la sueur, refroidie, nous collait à la peau.

Je somnolais et Marc rêvassait quand son crâne heurta de plein fouet une branche d'arbre inclinée. Sous le choc, la barque se déséquilibra et je fus projeté dans l'eau; heureusement, sans entraîner la caméra ni mon sac. Empêtré dans le plastique me servant d'imperméable, je bus une bonne tasse de l'eau rendue verdâtre par les végétaux décomposés avant de saisir la pagaie tendue par Angelo.

La pluie avait cessé, chassée par le vent. Quand la végétation s'éclaircissait, je voyais de gros nuages noirs filer dans le ciel. Il était environ 10 heures du matin quand un bruit de moteur perça la voûte des arbres.

– *Sandinista!* lança Angelo.

Les rameurs approchèrent la pirogue de la rive pour se mettre à couvert et ne plus bouger.

– C'est un avion nicaraguayen. Deux ou trois fois par semaine, il essaie de repérer les mouvements de contre-révolutionnaires.

Avant de s'éloigner, le bimoteur a décrit trois cercles de plus en plus bas, tandis que nous suspendions nos respirations.

Après un quart d'heure de navigation les trois Indiens sont descendus, armés de leurs fusils, nous laissant seuls. Je les ai filmés, s'éloignant entre les arbres. Durant le parcours, j'avais pris des images d'ambiance, avec l'angoisse d'endommager le matériel. J'enviais alors les reporters de la presse écrite, chargés seulement d'un carnet et d'un stylo.

Trois quarts d'heure passèrent. Marc et moi n'osions échanger un mot, de crainte d'alerter un ennemi invisible. Des escadrilles entières de moustiques en profitaient pour nous livrer des assauts répétés. Deux coups de sifflet brefs suivis d'un long, auxquels nous avons répondu, nous autorisèrent enfin à quitter ce lieu de tortures.

En nous recommandant le silence, Angelo nous entraîna vers le village, ses deux compagnons observant les alentours. Il y avait du danger : un jeune photographe, parti seul quelques mois plus tôt, n'était jamais revenu. Victime des sandinistes? Ou de la jungle?

Le village de Gracias a Dios s'offrait enfin à nos yeux. Ou plutôt ses ruines, ses cendres. Plus une maison debout, seulement des pilotis rongés par le feu. Et, de-ci, de-là, des épaves de la vie quotidienne. Une marmite, une vieille baignoire, une barrière de jardin... En tombant, la cloche de l'église avait blessé le sol. Elle était morte de n'avoir pu protéger son village, semblable à une ancre séparée d'un bateau et gisant inutile au fond de la mer.

Angelo, l'air sombre, revivait à voix haute ses souvenirs.

– Les piliers en béton, c'était l'école... Mon école... L'instituteur, c'était le père de l'un de nos deux rameurs; celui qui n'a plus de dents. L'armée l'a emmené. Il était vieux, son fils ne sait pas ce qu'il est devenu.

– Angelo, on dirait des vaches, là-bas...

– Ici aussi, devant toi, regarde...

Un énorme squelette gisait, disloqué par le vent et la pluie. Angelo reprenait :

– Ils n'ont pas pu les tuer toutes. Et elles n'ont pas voulu s'éloigner. Elles sont revenues vivre ici, sauvages. Une fois, j'ai essayé d'en ramener une avec moi. Mais c'était difficile avec la pirogue. Alors, je l'ai tuée pour rapporter la viande. J'ai même pas pu tout prendre.

Les deux rameurs d'Angelo, rassurés par leur inspection, revenaient vers nous. Pour la première fois, je pouvais les observer en pleine lumière et de face. Pieds nus, les bas de pantalon déchirés, le tee-shirt troué, le fusil à la main, le couteau à la ceinture... Le sablier du temps ne s'était pas arrêté pour eux. Ils semblaient heureux de se sentir à nouveau chez eux, de fouler la terre de leur village. Ils s'interpellaient :

– Tu vois le cheval là-bas? C'était celui du menuisier, je l'ai souvent monté. Tout à l'heure j'ai essayé de l'approcher. Rien à faire, il a perdu l'habitude des hommes.

– Le village aussi devient sauvage. Dans quelques mois, on le verra plus. La forêt l'aura recouvert.

Il devait être beau et coloré, ce village posé au bord des Caraïbes. Même aujourd'hui, par temps médiocre, il restait des traces de sa beauté. Le souffle des alizés courbait les palmes. Quelques bougainvilliers étaient encore en fleur.

Je pensais à ma famille, à ma maison. J'imaginais mon retour, découvrant un tas de cendres à la place de mon foyer. Et un écriteau indiquant : « Pour des raisons politiques, votre famille a été évacuée de force et emmenée dans un camp. Un de vos enfants n'a pas supporté le voyage. Quittez cette région, car toute présence sera considérée comme ennemie. »

Marc m'arracha à ces idées noires en m'offrant le lait d'une noix de coco et une banane prise à un régime qu'il avait déjà bien entamé :

– Ça ne se fait pas de parler la bouche pleine, Marco. Où sont passés tes vingt ans d'éducation bourgeoise?

Nous avons ri, cela nous a détendus.

Nous sommes repartis vers le rio Coco; la pirogue était surchargée de noix de coco; elles garderaient quelque temps pour nos guides la saveur de leur village. Voyage pluvieux et monotone; excepté un incident, mais de taille. Dans le labyrinthe, nous avons dévié de notre route; et nous nous sommes retrouvés dans un cul-de-sac. Faire demi-tour, avec une pirogue dont la longueur égalait la largeur de la rivière, n'était pas facile. La manœuvre a été parfaite, pas une noix de coco n'a quitté le bord.

Mais au moment de repasser sous une branche inclinée sur le rio, Angelo s'est levé. Avec une violence et une rapidité inouïes, il a frappé dans l'arbre avec sa pagaie. Un choc sourd. Un serpent de deux mètres de long est tombé dans l'eau; tué net.

– Hé! Marc, heureusement qu'en passant dessous tout à l'heure, tu ne dormais pas... Tu te serais pris la branche encore une fois en pleine gueule. Et le serpent t'aurait fait un super cache-col pour te remercier de l'avoir dérangé!

Il était vert de peur rétrospective, mon copain toujours en quête d'émotions fortes! Mais en trois secondes il s'est repris pour laisser tomber :

– Génial, le coup de pagaie!

Le soleil, absent de toute la journée, nageait maintenant entre deux couches de nuages, avant de céder la place à la nuit. Nous étions en avance au rendez-vous. Angelo nous a fait attendre, cachés dans les hautes herbes. Puis, à 18 heures précises, nous avons traîné les sacs de noix de coco jusqu'à la rive. Après les cris d'oiseau et les coups de sifflet réglementaires, notre barque à moteur est sortie de la nuit qui venait de tomber brutalement, d'un seul coup. En route pour le Honduras.

Après avoir pris des vues du village de R..., à la demande du maire, nous avons tenté d'entrer dans un camp de « contre-révolutionnaires », que nous avions repéré, dissimulé au bout d'un chemin, entièrement grillagé.

Personne ne répondant à notre appel, nous avons attaché nos chevaux à la barrière et nous sommes entrés. Progressant vers un baraquement – ils étaient à dix mètres les uns des autres –, nous pensions : « Pourvu que les contre-révolutionnaires n'aient pas la détente trop sensible... »

Très vite repérés, nous avons vu trois soldats en armes (deux hommes, une femme) nous entourer et nous escorter jusqu'à leur chef. Il dormait dans son hamac. Après dix minutes de palabres pour obtenir l'autorisation de filmer, nous avons abouti à cette conclusion :

– Vous devez retourner à Puerto Lempira et contacter le *commandante* pour obtenir l'autorisation. Moi, je ne peux rien pour vous. C'est ainsi!

Il le répéta trois fois, et de plus en plus sèchement devant nos protestations. Notre escorte nous raccompagna jusqu'à l'entrée. Nous nous sommes quittés froidement.

Il était vain d'espérer l'autorisation de ce *commandante*. Une discrète enquête nous apprit qu'il ne se trouvait pas à Puerto Lempira mais aux États-Unis, et pour plusieurs semaines... Pour un stage organisé par la CIA [1] sans doute!

Nous sommes repartis pour le village de Raya où nous avions un

1. *Central Intelligence Agency* : les services secrets américains.

double rendez-vous. D'abord avec Caroline et Marie-Jeanne, pour le baiser d'adieu. Le bruit s'était répandu de l'arrivée de médecins français, leur dispensaire ne désemplissait plus. Malades et blessés affluaient de toute la région.

Nous avions rendez-vous également avec un pilote d'avion privé (un monomoteur quatre places) rencontré à notre passage à Puerto Lempira. Il se prétendait capable d'atterrir à Raya et s'offrait à nous ramener.

– Je l'ai fait une fois, il y a deux ans, en saison sèche. Il y a une grande allée assez large et juste assez longue pour mon avion.

Nous étions convenus d'un prix et d'un jour précis (en fin de matinée). Ce jour s'était levé. Vers 11 heures, l'avion a survolé le village et, après un rase-mottes sur la piste envisagée, il est reparti sans se poser : le sol détrempé par la pluie et parsemé de flaques d'eau présentait trop de risques. La nuit suivante, ô miracle, pas de pluie! Le sol s'était raffermi, mais à midi quarante-cinq toujours pas d'avion... Nous étions résignés au pire : c'est-à-dire à repartir trois jours plus tard à bord d'une pirogue chargée d'objets artisanaux.

Soudain, un peu avant 13 heures, un ronflement annonça le monomoteur. Nous suivîmes avec inquiétude son atterrissage. Dès qu'il bloquait ses roues, il dérapait. Des giclées de boue fusaient vers l'arrière. Mais après une dernière glissade, il réussit à virer et à stopper juste avant la lisière des arbres. Le pilote descendit, le front en sueur, proférant ces politesses :

– Quelle pourriture! Pressons-nous avant que la pluie arrive. Payez-moi le vol d'hier et celui d'aujourd'hui. On repart aussi sec.

Alors s'engagèrent d'âpres négociations menées par Marc, spécialiste des questions financières dans notre tandem. Marc trouvait équitable de consentir « un petit quelque chose » pour le vol à vide, mais il se refusait à verser le double de la somme convenue. Le pilote rejetait l'idée de tout rabais. De la baraque où je rassemblais les bagages, je sentais que le ton montait. Marc me rejoignit, l'air furieux.

– Il nous donne dix minutes pour accepter ses exigences. Sinon il repart sans nous.

– Fais pas l'andouille, Marc! On nous attend à Mocoron. Les filles n'ont plus de contact radio avec Jean-Pierre, le toubib. Ses batteries sont sûrement à plat, il faut qu'on lui en fasse passer d'autres. Marc, nous devons partir, maintenant!

– Hé, tu es marrant! Je vais pas lui sortir des billets de banque qu'on a pas! On s'est déjà fait arnaquer avec les chevaux... Ça suffit comme ça!

Les dix minutes étaient écoulées. Le moteur commençait à ronfler.

– Bon sang, Marc, va lui parler. Si tu veux pas lui donner du fric, propose-lui ma montre et mon jean... Mais qu'on s'en aille !

– Non et non. Je suis sûr qu'il bluffe. Il va craquer... Il a plus besoin de notre argent que nous de son avion...

Il ne se trompait pas, Marc. Le pilote a coupé son moteur. Il s'est dirigé vers nous d'un pas nonchalant et, toujours avare de paroles :

– On y va. Le ciel se couvre, j'ai pas envie de moisir ici.

Non sans mal (freins bloqués, moteur pleine puissance), nous avons regagné les nuages. Après une grosse bise aux deux infirmières.

J'ai eu de leurs nouvelles, un an plus tard. Elles sont rentrées épuisées, après leur séjour de trois mois. Contentes de l'avoir fait, et contentes de ne pas le prolonger.

Mais l'une des deux n'a pu supporter longtemps de soigner les petits bobos d'une clientèle européenne repue.

Elle est retournée à Gracias a Dios.

17

DIEX LE VOLT

Le 14 novembre 1983, après un vol de vingt-sept heures, cinq Français munis d'un nombre important de bagages débarquèrent à Sydney. L'un d'eux s'empressa d'aller cacher dans un navire du port un tonnelet semblable à ceux qui contenaient les provisions destinées jadis aux forçats du bagne de Botary Bay.

Le lendemain, deux autres Français restés à Paris, sur un plateau de télévision, communiqueraient par radio avec l'un des Français arrivés la veille qui, entre-temps, s'était costumé en rouge. Grâce aux écouteurs du casque dont il était coiffé, ils lui diraient : « Dans la “ coque ”, un tonneau de provisions vient d'arriver pour les prisonniers qui se serrent la ceinture. Retrouvez-le. »

Ce bonhomme rouge, qui s'agitait en tous sens dans le port de Sydney : c'est moi.

Alfred de Vigny a écrit – m'a-t-on dit au lycée – que « la vie est un rêve de jeunesse réalisé dans l'âge mûr ». Je le crois, même si j'avais seulement trente-deux ans quand, grâce à *la Chasse aux trésors,* j'ai découvert Sydney.

Sydney, pour moi, c'était un rêve, la fin d'un long voyage et le point de départ d'une nouvelle vie que je voulais bâtir là-bas. A dix-neuf ans, je m'étais rendu à l'ambassade d'Australie pour demander l'autorisation d'émigrer. On m'avait écouté poliment, et éconduit poliment. J'étais lycéen, et sans la moindre qualification technique. On m'avait dit : « Vous êtes trop jeune. Revenez... »

Je suis revenu et j'ai vu Sydney : une ville passionnante. Une ville moderne, New York des antipodes, construite par les arrière-grands-parents des gens que je croisais dans les rues. Avant l'arrivée de ces pionniers venus ici tenter l'aventure, il n'y avait RIEN. Le résultat de leurs efforts était là, sous mes yeux.

Sydney est une ville infiltrée par l'océan. Pour se rendre à leur travail, les habitants empruntent le ferry-boat tout comme à Paris on prend le métro; mais il est autrement plus poétique d'aller travailler en glissant sur l'eau. C'est pourquoi les gens de Sydney donnent l'impression d'être en vacances toute l'année.

Partout présente dans les rues de Sydney, la mer l'est aussi dans le cœur de ses habitants. J'ai pu admirer l'*Australia II*, vainqueur de la dernière America Cup. Chaque fin de semaine, la rade est envahie par les voiliers : tout le monde s'entraîne pour ne pas laisser partir la plus belle des coupes. On m'a dit : « A Sydney, il y a un bateau pour cinq habitants. »

Vus d'hélicoptère, le port, l'Opéra, les gratte-ciel, les bateaux m'ont ensorcelé. Oui, Sydney est une ville passionnante. Je n'y ai pas découvert à trente-deux ans le métier dont je rêvais à dix-neuf ans, mais j'y ai trouvé un livre, ou plutôt la volonté d'écrire un livre, CE LIVRE...

Depuis quelque temps j'avais envie de raconter les incidents, les voyages, les aventures que j'avais vécus entre vingt et trente ans. Je pensais que mon expérience pourrait servir à d'autres jeunes qui ont envie de partir loin et n'osent pas. J'avais envie aussi, grâce à ce livre, de faire un bilan; de me montrer à moi-même et de montrer à tous ceux à qui j'avais inspiré des inquiétudes que je ne m'étais pas trompé. Je voulais me prouver par ce retour sur ma vie que je n'avais pas perdu mon temps et que mes reportages et mes voyages m'avaient « enrichi », même si cela n'avait pas grossi mon porte-monnaie.

Mais n'était-ce pas prétentieux de raconter sa vie à trente ans? Et puis, j'avais déjà écrit des articles et des commentaires de films mais un livre, c'était un bien plus gros morceau... L'idée de ce livre me trottait dans la tête, mais n'en sortait pas... Heureusement, je suis venu à Sydney.

La veille du tournage, je flânais dans les rues. Là-bas, il était 23 heures. Je cherchais quelqu'un à qui parler. Parler, pour ne pas être seul, mais aussi parce que raconter sa vie c'est une autre façon de voyager. Depuis une rue de Sydney, on peut découvrir Tokyo ou New York grâce au récit de quelqu'un d'autre.

La rue était vide. Je l'ai traversée, comme une auto stoppait à un feu rouge. Mon regard a rencontré celui de la jeune femme qui conduisait. Je me suis approché, elle a baissé la vitre. « Excusez-moi, mademoiselle, je suis étranger et j'ai envie de parler. » Je voulais m'expliquer, lui préciser la pureté de mes intentions. J'ai feuilleté le dictionnaire dont je ne me sépare jamais : elle a éclaté de rire et m'a ouvert la portière.

Nous avons roulé un peu, puis elle nous a arrêtés devant un bar. Lorsqu'elle est sortie de la voiture, elle m'a demandé de l'aider et de lui passer les cannes qui se trouvaient à l'arrière du véhicule.

Enfant, elle avait eu la polio et ne pouvait plus se servir correctement de ses jambes. Je l'aidai et nous nous assîmes à une table. Là, nous nous mîmes à parler. Elle m'avoua porter en elle, depuis longtemps, un rêve : devenir chanteuse. Et ce rêve puéril n'avait rien de ridicule, tant elle mettait de force et de foi à croire à son accomplissement. Elle m'a convaincu. Je ne serais pas surpris de l'entendre un jour en ouvrant la radio. « J'y arriverai et toute seule. La plupart des gens ne savent pas la force qu'ils ont en eux. Moi je le sais. »

Deux heures plus tard, en quittant le bar, elle m'avait décidé : j'allais écrire mon livre.

Je l'ai fait, en me levant à 6 heures le matin, pendant mes passages en France; sur la tablette de mon siège dans les avions; dans les chambres d'hôtel à Bali, au Sri Lanka, en Espagne, en Turquie, en Grèce. J'ai écrit quelques chapitres aussi dans la maison de mes parents à Saint-Malo, sous le portrait de Guy, mon frère et mon ami, mort à trente-trois ans dans un accident d'automobile.

Quand je butais sur une phrase ou un mot, le regard et le sourire de Guy m'aidaient à continuer. Parmi mes proches, Guy était celui qui, au lieu de s'inquiéter de mes turbulences, de mes impulsions, de mes idées folles, cherchait à les comprendre et à les orienter dans le bon sens.

Je n'ai rien lu de plus émouvant que la lettre collective de mes cinq frères m'annonçant la mort de Guy à mon retour du Sahara. Guy fut l'un des premiers à comprendre qu'il était vain de s'opposer à mon désir obstiné de m'en aller, d'être sans cesse ailleurs et de ne revenir que pour repartir : c'était ma raison de vivre. Il pensait, quand personne n'en était sûr – à commencer par moi – que je trouverais une profession me permettant de vivre du voyage.

Ce besoin irrésistible de voyager, même si je ne suis parvenu à me l'expliquer que beaucoup plus tard, je l'ai ressenti dès l'âge de cinq ans. J'ai gardé un souvenir très précis des circonstances qui l'ont vu naître.

C'était au mois de juillet 1956, je passais des vacances en famille, au fond de la Bretagne; à l'abbaye de Plougastel, où mon père était né il y a bien des années.

Après le déjeuner, avec un de mes frères et quelques cousins, j'étais dans le bac à sable. Désigné chef des Indiens, je devais organiser l'attaque de la diligence. Je disposais de cinq chevaux, de deux Indiens armés de carabines et d'un autre armé d'une lance. Le reste de ma troupe était composé de petits bâtons plantés dans le sable. Mon frère, propriétaire de la diligence, était bien décidé à protéger les deux coffres emplis de pièces d'or.

Après avoir fait les signaux de fumée traditionnels, je lançai mon attaque, au moment où ma mère arrivait :

– Allons, les enfants, nous partons visiter le port de Brest. Allez chercher vos imperméables, dépêchez-vous!

Mon frère se levait, mes cousins couraient vers la maison, me laissant seul.

– Dépêche-toi, Philippe. On t'attend.

Mais je m'en fichais, moi, du port de Brest. Je me préparais à lancer une attaque pour m'emparer de deux coffres d'or et elle était gâchée avant même d'avoir commencé. Ma colère fut violente. A coups de pied, je fis voler le sable : mes Indiens s'envolèrent au-dessus des montagnes, la diligence se fracassa au fond du canyon.

Je partis, moi aussi, mais pour me cacher au fond du jardin et pleurer. Au loin j'entendais ma mère s'écrier :

– Quel sale caractère! Eh bien, tant pis pour lui, qu'il reste ici tout seul!

L'après-midi fut longue. Mes Indiens m'ennuyaient, la chasse aux bisons ne m'amusait plus, la construction des tipis était monotone, et l'heure du goûter approchait sans qu'une seule tartine beurrée apparût. Pire que cela : la maison était fermée et la cuisine inaccessible. J'essayais d'imaginer ce que faisaient les autres : le port de Brest? Qu'est-ce que c'est que ça? Où est-ce que ça se trouve? La journée s'achevait et l'ombre recouvrait mon bac à sable.

Un bruit de voiture, un coup de klaxon, le portail s'est ouvert... Je filai à nouveau au fond du jardin pour ne revenir qu'à l'heure du dîner. La tête basse, j'ai pris ma place et j'ai mangé, le nez dans mon assiette. J'aurais voulu me boucher les oreilles, tant chaque mot de la conversation me faisait mal. Ce n'était autour de moi qu'émerveillements et ravissements. J'entendais parler de cocotiers, d'îles, de naufrages, de grands mâts, de chaloupes, de gouvernails, de sirènes, de cales sèches, de capitaines, d'ancres, d'océans. Et moi, pauvre imbécile, par ma faute, je m'étais privé de tout cela pour un jeu banal que j'aurais aussi bien pu poursuivre le lendemain.

Ce soir-là, mon amour-propre a été atteint. Je me suis juré que jamais, jamais plus, je ne laisserais passer l'occasion d'abandonner quelque chose de familier pour découvrir quelque chose de nouveau. Et je me suis juré aussi de faire mieux que mes frères et cousins. Ces bateaux qu'ils avaient visités, moi je les prendrais un jour pour aller voir de mes yeux les océans et les merveilles dont ils avaient seulement entendu parler.

Ce soir-là, je me suis promis de dire désormais oui à tous les départs.

Né d'un caprice d'enfant, mon envie de voyager, de partir, n'a fait que grandir à mesure que je découvrais le monde par les leçons de géographie. Ou par les récits de mon frère Yves, parti très jeune travailler en Afrique; nous allions l'attendre à l'aéroport à chacun de ses retours. Ses yeux étaient pleins d'images de jungle, de désert, que j'avais envie d'aller voir moi aussi. A mesure que, découvrant mes dons pour le dessin, je recopiais et coloriais la carte du monde, je me préparais à des métiers – pompier, motard, missionnaire, marin – qui tous répondaient à un besoin confus mais profond d'aller loin ou vite, de porter secours, de prendre des initiatives et des risques.

De toutes ces carrières, à dix ans, je pensais surtout à celle de missionnaire en Afrique. Peut-être pour m'introduire dans les images de mes livres d'enfant. Pour y prendre la place de cet homme habillé de blanc qui n'avait que des amis. Il voyageait à cheval, à dos d'âne ou de chameau. Il s'arrêtait dans les villages, souriant aux enfants, réconfortant une grand-mère malade, allongée dans une case au toit de paille. Il répondait en saluant de la main à un indigène dans son champ et s'arrêtait au puits pour remplir sa gourde. Autour de lui, les kilomètres lentement défilaient... Il voyageait.

Ce besoin de m'évader de la réalité quotidienne, par le voyage, mes parents, à leur insu, l'ont renforcé par l'éducation non pas sévère, mais stricte qu'ils m'ont donnée.

J'appartiens à une ancienne famille bretonne, catholique, attachée aux traditions et respectueuse des valeurs morales qui aujourd'hui peuvent paraître démodées : la courtoisie, le respect, la franchise, la loyauté, l'amour-propre, l'effort, le travail, l'économie (l'horreur du gaspillage), l'obéissance...

De tous ces principes, c'est le dernier que j'avais le plus de mal à respecter, mes six [1] frères également, mais j'étais le plus indiscipliné de la bande.

Au contraire des enfants d'aujourd'hui, plus libres d'exprimer leur personnalité, nous devions conformer la nôtre à un modèle rigoureusement défini par nos parents et auquel ils avaient obéi eux-mêmes dans leur enfance. Dès qu'on s'écartait tant soit peu de ce modèle, on s'entendait répondre : « Ça ne se fait pas dans nos familles... Tu n'es pas majeur, tu dois obéir... Quand tu pourras voler de tes propres ailes, tu feras ce que tu voudras. » Voilà pourquoi j'ai eu pendant toute mon enfance une violente envie de voyager : parce que, en voyage, je pourrais voler de mes propres ailes.

Faute de pouvoir m'évader par le voyage, je me réfugiais avec

1. Des sept frères m'ayant précédé, Patrick était mort à l'âge d'un an.

mes frères dans l'indiscipline. Mais ma mère a toujours été une femme de caractère. Aux prises quotidiennement avec sept garnements, ma mère avait décidé que l'ordre et l'autorité seraient maintenus. Elle se promenait donc du matin au soir avec une ceinture de cuir suspendue à sa taille.

J'ai souvent éprouvé le contact de cette lanière de cuir qui parfois m'a fait saigner. Jusqu'au jour où, au milieu de mon adolescence, je me suis révolté contre cette forme de châtiment. Je saisis le bout de la ceinture qui allait me frapper et essayai de l'arracher des mains de ma mère, tandis que chaises et objets volaient autour de nous.

Je me révoltais non parce que le châtiment était douloureux ou injuste – je reconnaissais l'avoir mérité – mais parce que je le jugeais humiliant : l'amour-propre – ou la fierté – est l'un des principes que mes parents ont eu le moins de difficulté à m'inculquer.

Cet incident établit entre ma mère et moi des rapports nouveaux. Elle renonça aux châtiments corporels et je renonçai à quelques-unes de mes incartades qui les motivaient. Sans devenir un fils très discipliné, je me suis montré plus respectueux à son égard.

De ce jour, maman a cessé de suspendre la ceinture de cuir à sa taille.

A cette époque, j'étais le dernier à en être encore menacé; mes frères, en grandissant, étaient devenus raisonnables, responsables. Étant le plus jeune, le moins mûr, j'étais le voyou de la famille; et il leur est arrivé de prendre parti contre moi.

J'adorais le cinéma. Mes parents n'aimaient pas me voir rentrer à minuit, à cause de l'école et des devoirs. Un samedi soir je leur demandai l'autorisation d'aller voir avec mes voisins *les Risques du métier* (film interprété par Jacques Brel), ils refusèrent. « Et n'essaie pas de sortir en cachette. Je t'entendrai. Tu sais que j'ai le sommeil léger... », ajouta ma mère. C'était vrai, et de plus les marches de l'escalier conduisant au rez-de-chaussée craquaient...

Je suis donc sorti par la fenêtre du premier étage. Et vers minuit, j'ai escaladé le mur sans difficulté jusqu'à la fenêtre de ma chambre. Les volets que j'avais laissés entrouverts étaient fermés! Mon frère Jean, avec qui je partageais la chambre, était alors sous les drapeaux, mais il venait de rentrer à la maison, en permission pour le week-end. Il n'avait pas « signalé mon absence », mais refusait de pousser la complicité plus loin. « Tu n'avais pas à désobéir. Je ne t'ouvrirai pas. Que ça te serve de leçon... », me chuchota-t-il à travers les volets.

Nous étions au mois de février, je portais seulement un pull-over sur moi, n'ayant pu prendre mon blouson accroché en bas dans l'entrée. Il faisait froid, la pluie s'est mise à tomber. J'errais dans les rues à la recherche d'un abri. Je pus enfin me glisser dans une vieille 2 CV qui appartenait sans doute à un pompier : elle contenait un casque doré. J'y passai la nuit à grelotter.

J'ai accepté sans lui en tenir rigueur – mais quel rhume! – la leçon de mon frère Jean. Nos parents nous avaient appris que nous sommes responsables de nos actes et qu'il faut en accepter toutes les conséquences même malheureuses ou désagréables.

Un autre principe que j'avais admis sans difficulté est que tout argent dépensé doit avoir été gagné et mérité. Je trouvais normal, comme mes frères, de ne jamais recevoir d'argent de poche. L'application de ce principe m'a donné le goût de l'effort et développé en moi l'esprit d'initiative et la débrouillardise. J'ai pris de bonne heure l'habitude de gagner mon argent de poche.

Aussi, comme j'avais sacrifié mes loisirs (et parfois mon sommeil), pendant trois ans, pour réunir l'argent nécessaire à mon premier voyage au Sahara, mes parents n'ont pu me refuser l'autorisation d'y partir. Ils considéraient que je l'avais mérité. Et pourtant, cette traversée saharienne leur inspirait les pires appréhensions, à eux qui n'avaient jamais voyagé.

Dans leur jeunesse, on ne se déplaçait jamais – le voyage de noces excepté – par plaisir ou par curiosité. Uniquement pour des raisons d'ordre familial ou professionnel. Le seul grand voyage accompli par mon père hors de l'Hexagone, il le devait (comme beaucoup de Français de son âge) à ses obligations militaires. Il avait servi dans l'artillerie au Maroc et connaissait les haras de Meknès, où je suis allé chasser le trésor.

Ma mère est allée à l'hôtel pour la première fois à l'âge de seize ans; la seconde fois à l'âge de vingt-trois ans, pour son mariage. C'était une autre conception de la vie, plus sédentaire mais tout aussi heureuse... Aujourd'hui, mon père et ma mère visitent le monde entier grâce à *la Chasse aux trésors*. Ils en sont ravis et ne regrettent pas d'avoir provoqué chez moi, même si c'était sans le vouloir, le besoin de voyager.

Ils m'ont donné aussi, sans le savoir, les moyens d'affronter les situations difficiles que j'ai rencontrées dans certains de mes voyages. Avec le recul du temps, j'ai pu mesurer l'utilité et la solidité des grands principes que ma mère tentait de m'inculquer, parfois à l'aide de la ceinture de cuir.

C'est à cette éducation que je dois ma personnalité – ainsi qu'à l'influence de mes frères : Yves, Jacques, Guy, Jean, Hugues et Éric. J'ai profité de leurs découvertes, de leur expérience de la vie, de leur exemple. Ils m'ont promené dans les bois sur leurs vélos, ils m'ont appris à taper dans un ballon, à conduire une moto, une voiture. Ils m'ont montré les photos de leurs premiers voyages en scooters, de leurs premiers sauts en parachute. Ils m'ont orienté, encouragé, redressé. Étant le dernier, j'ai pu les observer, les comparer. Ils m'ont donné envie de prendre exemple sur eux, de leur emprunter ce qu'ils avaient de meilleur.

Quand nous étions tous les sept ensemble, nous avions une impression de solidité, de force : « Le roi n'était pas notre cousin! » Qu'est-ce que nous étions fiers! J'ai sous les yeux une photo du mariage de notre frère Hugues. Nous sommes tous joyeux, parce qu'il se marie bien sûr, et parce que nous sommes réunis tous les sept. Le plus réjoui, c'est moi, le petit dernier avec mon nœud papillon parfaitement adapté à ma boule à zéro : j'étais au début de mon service militaire.

Si je ne suis plus le voyou de la famille, je reste un peu son saltimbanque. Mes frères sont aujourd'hui, l'un officier supérieur dans l'armée, les autres cadre de compagnies d'assurances, banquier, architecte... Pour que ces gamins turbulents en soient arrivés là, pour qu'ils aient pu accomplir des études, avec le simple salaire d'employé d'assurances de mon père, il a fallu à mes parents beaucoup de patience et de sacrifices.

Il n'était pas question pour eux de faire du tourisme, ou d'aller en vacances. Je me rappelle avoir vu ma mère partir une seule fois, sa valise d'osier à la main, pour aller passer quelques jours auprès d'une de ses cousines.

De mes quatre grands-parents, je n'ai connu qu'Andrée Thome de Charaix. Une femme admirable, aînée de neuf enfants disparus avant elle : maladie, accident, guerre... Veuve de guerre après deux ans de mariage, ma grand-mère Andrée se consacra aux autres soldats, les secourant sous la mitraille. Elle ne s'est jamais remariée. Elle a lutté pour conserver ce qui lui restait de la famille : la grande maison où j'allais passer mes vacances à Saint-Malo.

Je ne donnerai que quelques exemples des temps difficiles pendant lesquels mes parents ont dû nous élever, mes frères et moi. Au moment de la naissance de mon frère Guy, il régnait dans l'appartement une température de quatre degrés. Un souvenir d'enfance m'a particulièrement marqué. Contraints d'abandonner notre appartement de Versailles, nous avons dû emménager en catastrophe, et en plein hiver, dans un pavillon de banlieue. Il n'y avait ni eau, ni électricité. Avant de nous endormir, serrés tous ensemble sur des matelas posés à même le sol, nous nous sommes éclairés pendant plusieurs soirs à la bougie. Le matin, mon frère Éric et moi partions avec notre mère, à cinq cents mètres de là, remplir des seaux à un robinet déniché dans le sous-sol d'un immeuble.

En regardant des photographies, je reconnaissais certains de mes vêtements sur le dos de mes frères. Chacun de nous « finissant » les vêtements du frère précédent. Comme j'étais le dernier, ma garde-robe était un résumé de celle de mes frères à des âges différents. Ces vêtements soigneusement conservés et entretenus étaient souvent confectionnés par ma mère. Je l'entends encore dire à mon père, un dimanche soir, en refermant sa machine à coudre : « C'est le quatrième pantalon de la semaine. »

Ces principes d'économie permettaient de ne rien devoir à personne, de rester digne, de « maintenir »... Souvent ma mère, déçue par mon comportement, m'a dit : « Souviens-toi que tu t'appelles Dieuleveult ! » Je ne risquais pas de l'oublier ! A la moindre faiblesse ou sottise, il y avait toujours un camarade ou quelqu'un d'autre pour me dire avec ironie : « Et tu t'appelles Dieuleveult ! »

J'aime ce nom, il est beau et sonne bien, mais qu'il était lourd à porter quand j'avais douze ans !

Dieuleveult, c'est la traduction du vieux français *Diex le volt* (Dieu le veut). C'était un cri de guerre poussé par mes lointains ancêtres quand ils chargeaient au combat, et souvent, semble-t-il, puisqu'il est devenu leur état civil.

Je me considère comme breton – bien que né à Versailles – d'un père et d'une mère bretons. Mon épouse Diane est également bretonne et nous avons emprunté les prénoms de nos fils, Erwann (prononcez Erouann) et Tugdual, à deux saints de Tréguier. Il n'en reste pas moins que les Dieuleveult installés en Bretagne depuis le XVIe siècle ont des racines normandes, retrouvées par ma tante Colette, la généalogiste de la famille.

Ces ancêtres possédaient quelques seigneuries dans la région de Couterne (Orne). Ils les ont abandonnées pour s'installer en Bretagne au moment des guerres de religion. Plusieurs Dieuleveult avaient adhéré à la Sainte Ligue créée par le duc de Guise. Ligue qui, sans l'assassinat de son fondateur par ordre d'Henri III, aurait peut-être déclenché une nouvelle Saint-Barthélemy.

En Basse-Normandie, nombre de gentilshommes avaient opté pour la Réforme, à commencer par les Frotté, seigneurs de Couterne. De violents affrontements eurent lieu entre protestants et catholiques, et les Dieuleveult s'en allèrent rejoindre les troupes du chef des ligueurs de l'Ouest, le duc de Mercœur, gouverneur de Bretagne. C'est là qu'ils firent souche, occupant des charges d'intérêt local (sénéchal de l'abbaye de Langournel, avocat à la cour...).

Je crains fort que les Dieuleveult aient coupé la gorge de quelques honnêtes protestants qui avaient le seul tort de ne pas adorer Dieu de la même façon qu'eux. Mais à leur tour, ils ont été persécutés pour leurs convictions, sous la révolution de 1789. Jean-Marie, prêtre, préféra se cacher pendant des années plutôt que d'être assermenté : François-Marie, médecin-chef des hôpitaux de Tréguier, fut arrêté comme suspect.

Cet attachement à leur foi remontait loin chez les Dieuleveult. Il les avait poussés à participer à la première croisade. Dès la fin du XIe siècle, on trouve en Palestine un chevalier de Dieuleveult, banneret de cinquante lances. Mais bien que mes ancêtres aient participé à la création du royaume latin de Jérusalem, je dois avouer qu'il y a longtemps que nous ne soutenons plus de revendications territoriales sur la Palestine...

Les Dieuleveult se sont d'ailleurs assagis au cours des quatre derniers siècles, excepté une femme corsaire au XVIIe siècle et au XVIIIe un officier de la Compagnie des Indes, mort à Chandernagor après y avoir amassé, paraît-il, une très belle fortune.

Mon caractère impétueux et volontaire, je crois le devoir plutôt à ma mère et à ses ancêtres, parmi lesquels on compte de nombreux armateurs, marins et corsaires.

Celui de mes ancêtres paternels dans lequel je me reconnais le plus était une femme : Marie-Anne de Dieuleveult (1654-1710). Mais quelle femme! Née à Carhaix, elle survécut à trois maris, Pierre Le Long, Cherel et Laurent De Graff. Après avoir épousé l'écuyer Pierre Le Long, elle alla s'établir avec lui à Saint-Domingue où il possédait des plantations. Son troisième mari, le Hollandais Laurent De Graff, appartenait aux flibustiers et Frères de la Côte qui, à partir de l'île de la Tortue, ravagèrent l'Amérique espagnole. Il est bien connu des historiens pour avoir conquis, pillé et brûlé dans des conditions étonnantes les villes de Cartagena et Veracruz. Il a également participé à la prise de Panama, sous la direction du pirate Henry Morgan, avec une armada de plusieurs milliers de flibustiers.

Le docteur Exmelin qui fut son chirurgien de bord l'évoque ainsi dans son livre *Histoire des Frères de la Côte* (1697) : « ... les cheveux d'un blond doré sans être roux et une moustache à l'espagnole qui lui sied le mieux du monde... Il est prompt, hardi et déterminé. Résoudre, entreprendre, exécuter, c'est pour lui la même chose... Il a toujours, à son bord, des violons et des trompettes dont il aime à divertir les autres qui y prennent plaisir. Ainsi il se distingue parmi les flibustiers par la politesse, par le bon goût [1]. »

Si l'on en croit le père François-Xavier de Charlevoix (*Histoire de Saint-Domingue,* 1730), mon arrière-arrière-grand-tante épousa

1. Voir la réédition récente de *l'Histoire des frères de la côte,* par Exmelin, dans la collection de poche « J'ai lu ».

le capitaine De Graff dans des conditions inhabituelles... Elle le provoqua en duel parce qu'il avait tenu sur elle des « propos offensants ». L'insulteur, dit Charlevoix, « jugea l'amazone digne de lui et en fit sa femme ».

Marie-Anne partagea la vie aventureuse de son flibustier jusqu'au jour où, naturalisé français, il se « rangea » et devint en qualité de lieutenant du roi, commandant dę la garde de l'île de Saint-Domingue. Cela donna à sa femme l'occasion de chasser de chez elle à coups de balai le gouverneur de l'île. Et en le traitant de « chien rouge », parce qu'il aurait fait tort de quelques écus à son mari.

Celui-ci ne réussit pas à défendre Saint-Domingue contre les Espagnols qui occupèrent l'île. Ils capturèrent ma grand-tante et la gardèrent en prison malgré le traité de paix. C'était une façon de se venger du pillage et de l'incendie de Cartagena, Veracruz et Panama...

Après trois ans de détention, Marie-Anne fut libérée sur l'intervention de l'entourage de Louis XIV. La vie de ses geôliers ne dut pas être toujours facile : ils avaient ordre de n'entrer dans la cellule de la tigresse que deux par deux...

J'ai beaucoup d'admiration pour mon arrière-arrière-grand-tante, mais j'ai préféré me livrer à une *Chasse aux trésors* plus pacifique...

18

LA CHASSE AUX SOUVENIRS

A deux ou trois reprises, *la Chasse aux trésors* s'est déroulée en des lieux (la Martinique, le Vercors) que j'avais déjà connus, en des circonstances bien différentes, dix ans et même dix-huit ans plus tôt. Sans que le téléspectateur s'en aperçoive, *la Chasse aux trésors* se doublait pour moi d'une véritable chasse aux souvenirs.

En parcourant, vêtu de rouge et avec les « oreilles de Mickey », le relief accidenté et boisé du Vercors, à la recherche d'une carcasse de planeur, je retrouvais mes émotions de boy-scout en culottes courtes; intactes comme si elles avaient attendu mon retour. Mes émotions? Mes frayeurs plutôt. Avec ma patrouille, nous étions venus crapahuter dans ce même décor en 1964. Et nous nous y sommes perdus pendant quarante-huit heures.

Je retrouvais, jusqu'au moindre détail, les angoisses de ces deux nuits passées à tourner en rond. Angoisses d'autant plus fortes pour moi que j'étais le « cul de patte » : je fermais la marche, la nuit ou la brume toujours sur mes talons. Normalement nous aurions dû rejoindre le reste de la troupe après une journée de marche. Nous avions manqué un signe de piste et au lieu de revenir en arrière, nous avons continué et nous sommes complètement égarés. C'était très drôle au début, puis peu à peu inquiétant à mesure que les rations s'épuisaient. C'est en vain que nous regardions les étoiles et la mousse des arbres. Nous espérions faire tôt ou tard une rencontre (un chasseur, un paysan) qui – hélas – ne se produisait pas. Nos hurlements désespérés : « Y'a quelqu'un? » restaient sans réponse. Les larmes n'étaient pas loin.

Du haut de mon hélicoptère, je me rappelais que ce fut après avoir grimpé au sommet d'un arbre élevé, pour une reconnaissance approfondie du terrain, que je réussis à retrouver notre chemin, en nous orientant d'après le cours d'une rivière. Nous étions épuisés, mais sains et saufs.

Sur le petit écran, on me voyait, agenouillé à l'avant d'un canoë, descendre tant bien que mal une rivière avant de plonger dans l'eau glacée pour repêcher une caisse d'explosifs perdue... en 1843. Sur mon écran intérieur, je me voyais naviguant sur ces mêmes rivières en 1976, au cours d'un stage d'entraînement pour donner vie à une « École de l'aventure » que venait de fonder un ami, l'ex-capitaine Gérard Delas.

A la Martinique, en plongeant à quinze mètres sous l'eau à la recherche d'une toile goudronnée dans une épave, je pensais aux plongeons que je faisais chaque matin, vers cinq heures, avant d'aller retrouver la trentaine de gars composant la section de parachutistes dont j'avais le commandement. C'était en juillet 1973; j'achevais, par des manœuvres aux Antilles, mon service militaire comme officier de réserve au 1er régiment de chasseurs parachutistes.

Dans la vie on ne perd jamais son temps. C'est la réflexion que je me faisais lorsque, à vingt et un ans, je dus accomplir mon service militaire. Sans enthousiasme, car je n'avais pas achevé mes « brillantes études ». J'ai considéré ce service à la fois comme une aventure et un impôt. Je trouve normal de payer des impôts quand on gagne de l'argent. J'acceptais donc de donner un an de ma vie à la nation; mais je souhaitais, en contrepartie, en retirer un avantage. Et j'ai pris à l'armée tout ce qu'elle pouvait donner à un gamin de vingt ans. Elle ne m'a pas déçu.

Au lieu de passer mon temps à bâiller entre une séance de maniement d'armes et une corvée de charbon dans une caserne quelconque, j'ai choisi de faire mon service dans un régiment où je pourrais acquérir de nouvelles connaissances, améliorer ma condition physique et mon endurance, mettre de la discipline dans ma personnalité désordonnée, pratiquer le sport que je n'avais pas eu les moyens d'aborder : le parachutisme.

En août 1972, j'ai donc été incorporé à Pau, au 1er régiment de chasseurs parachutistes. Pendant mes deux mois de classes, je ne me suis pas laissé impressionner par les brimades ou les corvées absurdes. J'ai gardé le sourire en nettoyant les W-C à la lame de rasoir ou en cirant le sol bétonné de la chambrée. Plus vite que d'autres, j'ai compris qu'il fallait y voir des épreuves destinées à juger notre force de caractère.

Mes années de scoutisme m'avaient appris à vivre dans la nature, à faire de longues marches, à ne pas craindre la pluie, le froid ou la chaleur, à ne pas trembler au moindre bruit dans la nuit. Alors les longues marches du soldat ne prenaient pas la forme de « tortures » mais d'une compétition contre moi-même.

Corvées fatigantes pour d'autres, les tours de garde me procuraient un repos solitaire. De deux à quatre heures du matin, garder dix tentes endormies dans la forêt me donnait l'unique occasion de m'isoler, de réfléchir.

Les cours d'armement, de radio, de topographie me passionnaient. Je pensais à mes futurs voyages quand, une carte à la main, je partirais vers la liberté, vers la découverte.

Le sport (et l'endurance qu'il procure) allait être pour moi mon principal atout dans les manœuvres. Quand un saut en parachute (avec armes et bagages) a été suivi d'une marche nocturne de cinquante kilomètres, il faut, malgré la fatigue, organiser un camp, déterminer les points de défense et d'observation. A qui en confier le soin si ce n'est à celui qui en a encore la force, à celui qui – au lieu de penser à ses pieds ou à son ventre – va de lui-même penser à la collectivité?

Puisque j'avais choisi de considérer mon service militaire comme une aventure, autant la vivre au premier rang, autant la prendre en main et gagner le droit d'avoir l'initiative. J'ai donc été volontaire pour l'École d'officiers de réserve et suis sorti premier du peloton de préparation. J'ai ensuite passé quatre mois de l'hiver 1972-1973 à l'école de Saint-Cyr-Coëtquidan, au centre d'une Bretagne humide et froide. Je me souviens d'y avoir souffert d'un perpétuel manque de sommeil.

J'étais bien placé dans la plupart des disciplines; mais, au concours final, la note de 5 sur 20 en règlement militaire me fit perdre mon avance. Classé vingt-troisième sur quatre cents, je conservais la possibilité de choisir mon régiment. Au lieu d'opter pour une unité proche de Paris (avec l'occasion de rentrer tous les soirs à la maison), j'ai préféré continuer l'aventure parachutiste.

J'ai réintégré mon régiment d'origine à Pau pour prendre le commandement d'une section de combat et la former. J'avais vingt et un ans et, pour la première fois de ma vie, on me confiait des responsabilités!

A mes soldats, arrivant tout droit de leurs foyers, j'avais tout à apprendre. Je devais d'abord essayer de leur donner ces notions de partage de vie et d'effort en commun. Leur inculquer ensuite, comme on me l'avait inculqué à moi-même, un style de vie fondé sur : la disponibilité, l'obéissance, le respect, le risque, le devoir, l'effort, l'altruisme. Des notions dépassées aux yeux de certains; moi, je leur reste désespérément fidèle. Elles m'ont bien servi pendant quatre années de *Chasse aux trésors*.

Je me suis vite attaché à mes trente-six soldats. J'ai tenté de comprendre les problèmes de ces garçons venus des quatre coins de France, déracinés, issus de milieux modestes. Un seul avait le certificat d'études. Le premier jour, je m'étais transformé en instituteur. Une simple dictée me révéla que cinq de mes gars ne savaient presque pas écrire, deux ne le savaient pas du tout.

Avec eux j'ai vibré, je les ai entraînés dans des avions d'où ils s'éjectaient à deux cents kilomètres à l'heure. Au para-club civil de Pau, je pratiquais la chute libre. Ils l'ont apprise. C'est par mon exemple et non par la persuasion ou la contrainte que j'ai réussi à les guérir de leur angoisse au moment des premiers sauts.

Au début de l'été 1973, abandonnant ma section à mon adjoint, je participais à un stage de technique de commando à Collioure. Un coup de téléphone me rappela d'urgence à Pau. J'y arrivai à dix-huit heures pour apprendre notre départ, le lendemain à six heures, pour des manœuvres aux Antilles! Nuit blanche... Au petit matin, passés en revue par le colonel, prêts à partir dans leurs tenues camouflées, des vaccins tout chauds dans leurs bras, qu'ils étaient fiers, mes gars! Et moi, j'étais fier d'eux!

Cette aventure antillaise, physiquement très dure, a créé entre ma section et moi des liens solides. Nous étions basés au fort de La Pointe-au-Bout, en face de Fort-de-France. Je logeais avec les officiers dans une petite maison au bord de l'eau : très pratique pour plonger chaque matin. Mes soldats dormaient sur des terrasses à l'air libre, seulement couvertes d'un toit. J'étouffais dans cette maison. Prenant prétexte d'un rat qui avait dévoré mes chaussures de sport, j'allai partager le logement de ma section.

Cela me permettait, plaisantant et chantant avec eux, de surveiller leur moral et de le maintenir. Le climat nous était défavorable, démoralisant, avec des risques de déshydratation et d'insolations. Nous avions en face de nous, comme adversaires, les hommes du 33ᵉ régiment d'infanterie de marine et les gendarmes basés aux Antilles. Tous très aguerris et adaptés aux fortes chaleurs suivies de grosses pluies.

Un de nos exercices consistait à sauter sur l'île de la Guadeloupe, à la traverser sans se faire repérer!... Pour aller « détruire » un dépôt de munitions et poser des charges fictives sous le pont reliant Basse-Terre à Grande-Terre.

Dans le Transall bimoteur qui nous transportait, il régnait une chaleur à crever et un vacarme assourdissant. A cinq minutes du largage, l'officier responsable ne réussissait pas à se faire entendre. Il fit passer le mot suivant : « La zone de saut est entre une ligne à haute tension et une voie de chemin de fer. Vent venant du sud-ouest. Attention aux chevilles. »

Il y en eut une de cassée alors que nous atterrissions aux environs de Saint-Louis. Pour le parachutiste militaire, le saut est une récompense. Elle n'est effective qu'une fois touché le sol sans mal. Pas toujours évident lorsqu'on saute, encombré d'un fusil mitrailleur ou d'un lance-roquettes antichar. L'arme doit être larguée seulement à cinquante mètres du sol, retenue par une corde d'une dizaine de mètres. A chaque saut revient la question : va-t-elle se décrocher comme prévu ou vais-je être obligé d'atterrir avec?

La population avait reçu l'ordre de signaler tout mouvement de troupe à la gendarmerie : nos adversaires... Il était donc difficile à trois douzaines d'hommes armés de parcourir, inaperçus, cinquante kilomètres sur un terrain inconnu, dans une île paisible. Impossible de traverser des villages ou d'utiliser des routes. Une seule solution : couper par la montagne. Couper au sens littéral du terme : il fallait se frayer un chemin, le coupe-coupe à la main, au milieu des arbustes, des bambous et des fougères arborescentes. Colline après colline, nous progressions sûrement mais trop lentement.

Après en avoir délibéré avec mes sous-officiers, nous avons décidé de nous risquer sur un axe routier. Espacés chacun de vingt mètres, nous basculions dans le fossé à chaque véhicule signalé par les éclaireurs ou les hommes de queue. Cela se produisait trop souvent. Et, par-dessus le marché, l'homme radio avait plongé dans un fossé profond de quinze mètres sans pouvoir se raccrocher aux herbes des bords. Il fallut le repêcher à la corde avec son matériel. Nous n'arriverions jamais à temps!

Mon imagination me suggéra une ruse. Ôtant mon uniforme, seulement vêtu d'un tee-shirt et d'un slip de bain – comme un touriste –, je partis à la course jusqu'au plus proche village. Là je « réquisitionnai » un camion destiné à transporter du sable et j'y entassai mes trente-six soldats, allongés sur deux couches! Ainsi demeuraient-ils invisibles aux passants et aux passagers des autres véhicules. Notre chauffeur martiniquais n'arrêta pas de rire à gorge déployée jusqu'à Pointe-à-Pitre, notre objectif. Là je partis avec mes deux gars les plus « durs à cuire ». Après un rampé de deux cents mètres en traînant nos charges d'explosifs d'exercice, nous avons fait « sauter » l'objectif. Première victoire!

Nous avons passé la nuit à la fêter (« Yo-ho! Et une bouteille de rhum! » comme dans *l'Ile au trésor*!)... avant d'affronter l'ennemi, à quatre heures du matin, sous une pluie battante, à grand renfort de cartouches à blanc et de fusées éclairantes. C'était une « guéguerre », quoique livrée dans les conditions de la vraie; mais elle nous familiarisait avec les risques du terrain : certains bizarres et d'autres mortels.

Dans la première catégorie, je me souviens du mancenillier, un très bel arbre, mais d'une mauvaise réputation. Ses fruits, en tombant dans une rivière, empoisonnaient, paraît-il, les poissons. On disait encore qu'un homme s'endormant dans son ombrage ne s'éveillait plus. Je peux affirmer qu'après la pluie il fallait éviter de passer sous son feuillage, l'eau qui en dégouttait brûlait la peau comme un acide. Mais la nature a bien fait les choses. Il y a toujours, aux abords même du mancenillier, une plante dont les feuilles ont un effet de contrepoison.

Parmi les périls mortels figuraient les mygales sauteuses, appelées là-bas « ma-tou-tou ». Elles finissaient écrasées sous nos rangers ou dans un bain de formol fourni aux collectionneurs par l'infirmier. Et puis il y avait les serpents. Un jour que je marchais en tête de ma section en file indienne, entre les deux villages martiniquais du Prêcheur et de Grand-Rivière, je vis un serpent trigonocéphale se lover à mon approche. La tête dressée à cinquante centimètres du sol, il m'observait, tirant sa langue fourchue. C'est un des trois ou quatre serpents les plus dangereux existant sur terre. Il se love pour attaquer et peut atteindre sa proie par un simple bond de deux mètres à trente centimètres du sol.

Je pris le coupe-coupe de mon radio, me concentrai et, d'un coup sec et rapide, sectionnai le reptile en deux. Mais la tension nerveuse avait été si forte que, par un mécanisme furieux, je me suis acharné sur lui et l'ai découpé en rondelles.

C'était au nord de l'île, vers Grand-Rivière, où dix ans plus tard j'allais retourner pour *la Chasse aux trésors. La Chasse* dans le Vercors me rappelait des images moins violentes.

Lors de ma randonnée scoute, j'avais été impressionné par les « trous » qui parsemaient le paysage, par ces bouches ouvertes sur des profondeurs mystérieuses. Cet aspect souterrain du Vercors n'avait pas échappé non plus aux producteurs de *la Chasse aux trésors.* Et faute de pouvoir m'envoyer sur la lune, ils ne manquèrent pas d'aller me faire patauger au fond d'un gouffre souterrain, coiffé d'un casque à lanterne incorporée, à la recherche d'un pistolet mitrailleur perdu par un partisan en 1944.

Certains téléspectateurs (ils m'ont écrit) et quelques journalistes se sont étonnés, voire indignés, de la nouvelle épreuve que les producteurs n'avaient pas hésité à m'infliger. Qu'ils se rassurent, les producteurs ne faisaient que recourir à ma disponibilité physique et à mon expérience des gouffres. Au début de 1976, j'avais effectué dans le Vercors un deuxième séjour entièrement occupé par un stage de spéléologie, pour l'École de l'aventure.

C'est par l'intermédiaire d'un membre de ma famille que j'avais connu, dans les derniers mois de 1975, cet officier en rupture avec l'armée. Elle lui reprochait d'avoir manqué, plusieurs fois, à son

« obligation de réserve ». N'ayant pu faire entendre par la voie hiérarchique des convictions qu'il jugeait essentielles, Delas les avait répandues par des lettres ouvertes dans la presse.

Il exposait (avec indiscipline) un point de vue original et tout à fait estimable. Il soutenait que l'armée aurait intérêt à quitter définitivement ses casernes pour se disséminer sur tout le territoire national. Le but étant de donner aux jeunes, à qui l'État prenait une année de leur vie, l'occasion d'apprendre le métier de soldat au cœur de la nature. En vivant une expérience de communauté fraternelle, loin des villes polluées, loin des HLM et des bistrots.

Je partageais entièrement ce point de vue. Et je me ralliai avec enthousiasme au grand projet que voulait réaliser Delas. Sans le concours de l'armée – et non plus pour former des soldats mais des hommes – il voulait créer une École de l'aventure inspirée par ce précepte de Socrate : « ... Beaucoup de gens ne doivent leur médiocrité qu'à leur inaptitude aux exercices du corps. La faiblesse de la pensée, le manque d'énergie, les mauvais penchants, la mélancolie, les égarements les plus absurdes se développent chez eux, et toute leur science ne leur sert à rien. »

Depuis longtemps, je ressentais confusément que l'homme doit réaliser l'équilibre de sa personnalité et utiliser son corps pour se mettre en harmonie avec la nature. Elle contient tous les éléments qui nous permettent de vivre et de survivre; encore faut-il les connaître. La nature possède des secrets, des beautés cachées; encore faut-il les découvrir. Pour cela un seul moyen : l'effort.

Tout homme – avocat, commerçant, postier, éboueur ou cameraman – devrait pouvoir gravir une montagne, descendre dans un gouffre, franchir une rivière bouillonnante, vivre seul dans la forêt. Il devrait pouvoir affronter le froid, la faim, le vertige. Le but de l'École de l'aventure était d'apprendre à admirer la nature. Et aussi à la vaincre, avec optimisme et avec le sourire.

Nous ne cherchions pas à former des commandos de choc mais à enseigner des techniques élémentaires de survie. Comment préparer un bivouac, s'orienter, soigner une blessure. Comment se nourrir, perdu dans une forêt : pêche, chasse, cueillette. D'abord, observer les oiseaux : la plupart des fruits qu'ils mangent sont comestibles pour l'homme, excepté quelques végétaux à sève laiteuse. On peut les consommer en faible quantité et attendre vingt-quatre heures pour voir s'ils produisent un effet toxique.

A ces préceptes élémentaires, démontrés sur le terrain, s'ajoutaient des techniques plus approfondies. Comme j'étais chargé d'enseigner ces dernières, j'ai dû suivre des stages de haut niveau organisés par des fédérations spécialisées. J'ai parcouru la haute montagne, dans la neige jusqu'aux genoux. J'ai souffert lors de descentes en rappel dans des cheminées obscures, ruisselantes, glacées, récompensé par la découverte de magnifiques lacs souterrains, de salles ornées d'immenses stalactites et stalagmites. J'ai connu des couloirs étroits où, coincé par le matériel, il fallait attendre le secours d'un ami; des remontées épuisantes au bout d'une corde ou d'une échelle.

Ah! si les téléspectateurs de *la Chasse aux trésors* dans le Vercors avaient pu me voir sept ans plus tôt, dans le même décor, apprendre à manier la pagaie, ou, naufragé, nager pour rattraper mon esquif emporté par le courant!... Ils auraient compris pourquoi *la Chasse* m'amuse! Il y a sept ans, une journée passée sur une rivière entraînait quinze à vingt naufrages et plongeons dans l'eau glacée.

De la fin de l'été 1975 à l'été 1976, j'ai effectué des navettes entre les lieux de mes stages (Vercors, Jura) et l'école où j'allais enseigner ce que je venais d'apprendre. Elle occupait une vieille bâtisse dans un petit village, Saint-Pé-de-Bigorre, sur les bords du Gave, non loin de Lourdes. L'emplacement avait été choisi en raison des possibilités offertes par le relief physique des Pyrénées. Et Delas, volontiers mystique, pensait que la pureté des cimes favorisait la pureté de l'âme. Ainsi chaque veillée autour de la grande cheminée se terminait-elle par une prière collective. En l'absence de Delas, nous omettions cette conclusion : à chacun de faire ou de ne pas faire sa prière, dans l'intimité.

Plus qu'une école, c'était une expérience de communauté. Les stagiaires (d'abord recrutés parmi les amis d'amis) vivaient ensemble deux semaines d'exercices sur le terrain. Ils participaient à la cuisine et au nettoyage dans une ambiance fraternelle.

J'ai quitté cette belle entreprise lorsque je me suis rendu à l'évidence : l'Aventure ne s'apprend pas. Elle est au cœur de certains d'entre nous, mais pas de tous. L'Aventure est faite pour être vécue à l'improviste et non sur un terrain préparé; sinon on retombe dans le scoutisme.

Mais je reste persuadé de la justesse des convictions sur lesquelles Gérard Delas avait fondé son idéal : la communion avec la nature et l'utilité d'enseigner les techniques élémentaires de survie. Pendant la guerre, l'amirauté britannique avait remarqué que lors des torpillages de navires, la mortalité était plus élevée chez les moins de vingt ans que chez les plus de quarante ans. Constatation paradoxale mais confirmée par les statistiques. Elle s'expliquait ainsi : chez les plus de quarante ans, les attaches familiales, les responsabilités sociales, la possession d'un patrimoine péniblement acquis suscitaient une volonté de survie plus forte et une meilleure connaissance des moyens de l'assurer.

Les Anglais avaient donc mis au point pour leurs jeunes recrues un stage qui se terminait par leur maintien dans l'eau froide d'une piscine durant huit heures, pieds et mains liés. C'était l'application brutale d'une méthode que l'École de l'aventure traduisait de façon plus romantique.

Tout au long de ma courte vie, j'ai pu mesurer combien le sport et l'effort assuraient l'équilibre de ma personnalité et son épanouissement. Je considérais chaque épreuve rencontrée comme une compétition avec moi-même, comme un moyen de me dépasser. Quand l'Aventure et le reportage ne me proposaient pas les moyens de vérifier ma compétitivité, je les demandais au sport.

C'est dans cet esprit, en septembre 1980, que j'ai pris part à la course annuelle des « cent kilomètres de Millau ». Un ami qui l'avait déjà tentée m'avait communiqué son enthousiasme. L'épreuve consistait à courir à pied, chacun à son rythme, de Millau à Millau en passant par Saint-Affrique. Peu importait la durée, il fallait tenir jusqu'au bout. Mes plus longs footings n'excédaient pas dix kilomètres. J'avais envie de savoir si je ferais dix fois mieux.

Je n'avais aucun entraînement. Ma seule préparation avait consisté à acheter, l'avant-veille du départ, des chaussures appropriées. Aux yeux de mes amis et des spécialistes, j'allais commettre une folie.

En vérité, mon seul problème, dans la détresse financière que nous traversions Diane et moi, était de trouver quelque argent pour me rendre dans l'Aveyron et passer une nuit à l'hôtel. J'étais alors cameraman pigiste à Antenne 2. L'idée me vint d'aller trouver Robert Chapatte, responsable des sports sur cette chaîne. Je lui proposai de filmer les préparatifs et le départ de la course avant de passer la caméra à un autre. « Nous aurions ainsi, lui dis-je, l'occasion de montrer la sportivité des collaborateurs d'Antenne 2. » L'idée le séduisant, il fut convenu que mon reportage serait diffusé dans le magazine *Stade 2*, suivi d'un autre reportage sur la course (et sur ma course !) assuré par Marie-Christine Paris.

Le départ avait lieu à treize heures à Millau. Le matin, j'avais filmé la mise en place du dispositif (tentes de secourisme, points de ravitaillement), l'arrivée des concurrents et de leurs managers, les étalements de pommade, l'ambiance de fête qui baignait cette manifestation très colorée. A condition de présenter un électrocardiogramme datant de moins de trois mois, n'importe qui (homme ou femme de plus de vingt ans) pouvait courir.

Les sérieux : bandeau dans les cheveux, short ultra-léger,

chaussures dernier cri. Les rigolos : déguisés en Mickey, en homme de Cromagnon, ou porteurs d'un masque représentant le visage de Georges Marchais. Des vieillards fringants et des adolescents imberbes. Certains couraient en groupe; entre copains; d'autres en couple : mari et femme dans la même foulée. Quelques handicapés des membres inférieurs alignaient leurs fauteuils sur la ligne de départ. Sur mille deux cents inscrits, mille quarante prirent le départ, six cents furent présents à l'arrivée. Pour être classé, il ne fallait pas dépasser vingt-quatre heures; les champions s'en tiraient en sept ou huit heures.

Au milieu des participants impatients et joyeux, mon dossard épinglé, la caméra à l'épaule, je filmai le départ en le prenant moi-même, remettant un kilomètre plus loin ma caméra à l'équipe d'Antenne 2. Et je me jetais vraiment dans la bataille, le front et la poitrine déjà trempés par la sueur.

Le matin, après une conversation téléphonique avec l'ami qui m'avait lancé dans cette aventure, j'avais, selon ses conseils, pris trois quarts d'heure pour me préparer et enfiler un slip, un short, des chaussettes et mes chaussures neuves. J'avais mis de la vaseline sous les bras, entre les jambes, sur les pectoraux. J'avais renoncé, faute de pouvoir le faire tenir correctement, à protéger chaque orteil et les talons par du sparadrap. Comme une jeune fille inspectant son charme dans la glace avant d'aller au bal, je me regardais dans mon petit short, me demandant quelle folie m'avait pris.

Après trois heures de course et trente kilomètres, Marie-Christine Paris voulut m'interroger. Je m'arrêtai un instant pour permettre à l'ingénieur du son de fixer un micro émetteur sur mon maillot. Puis je repris la course, haletant et répondant aux questions de Marie-Christine, pendant que Bruno Cusa me filmait.

Les cent kilomètres de Millau : Quelle école de vie!

École de l'humilité. Le vieux de soixante balais, avec son gros short de velours, au départ, il t'avait fait sourire. Maintenant c'est lui qui te sourit, pour t'encourager au moment où il te dépasse.

École de la volonté. Il est bientôt vingt-deux heures. Il faut que tu tiennes. Le mollet gauche est complètement tétanisé. Les ampoules gonflent dans les chaussures, elles vont crever. Mais n'oublie pas qu'il te reste encore trente kilomètres à parcourir avant de revenir chez toi, la tête haute et le sourire aux lèvres. Sinon tu essuieras la moquerie des autres; et tu auras souffert pour rien.

École de l'amitié. A deux kilomètres de l'arrivée, je ne courais plus, je boitillais péniblement. Un groupe de trois copains m'a dépassé. L'un d'eux s'est arrêté, il m'a attendu et m'a dit : « Allez, viens avec nous, reste pas seul, on va arriver ensemble. » Grâce à lui, je me suis remis à courir.

J'arrivai 284ᵉ. Après treize heures quarante-six minutes (dont trois heures perdues à faire la queue pour me faire masser à quatre reprises). Le vainqueur l'avait emporté en six heures cinquante minutes.

Le lendemain, à l'aéroport d'Orly, Diane a dû m'aider pour prendre les escaliers mécaniques. Elle a souffert autant que moi pour gravir l'escalier menant à notre appartement au troisième étage. J'ai passé une semaine avant de pouvoir remarcher normalement. Mais je pouvais être content de moi. J'avais relevé et gagné mon défi. Et fortifié mon optimisme : puisque j'avais triomphé d'une épreuve aussi dure, je triompherais des autres, de toutes les autres.

Ma pratique du sport et le goût de l'effort qu'il entraîne m'ont bien servi dans *la Chasse aux trésors*. Je ne suis champion de rien du tout, mais j'ai toujours conservé mon souffle.

Pourtant certaines *Chasses* se sont terminées par des courses folles et épuisantes. Aux environs de New York, après avoir dévalé une pente abrupte pour atteindre un fort, j'ai dû la remonter parmi les ronces – et en quatrième vitesse, les candidats ayant changé d'avis. Arrivé en haut, j'ai failli tomber d'épuisement. A Mesa Verde (Colorado), après avoir descendu en rappel au bout de ma corde, dans le fond d'un talweg à deux mille mètres d'altitude, je me suis débattu dans un ruisseau étouffé par une végétation sauvage. Quand j'ai réussi à atteindre la grotte où le sac de pépites d'or m'attendait, il restait seulement cinq secondes au chronomètre.

A Sukhotai (ancienne capitale de l'empire thaï), j'ai grimpé au sommet d'un bouddha haut de quinze mètres pour récupérer l'épée cachée derrière sa tête. Après quoi, sans pouvoir reprendre mon souffle, j'ai dû repartir à la recherche du troisième trésor : une « prière royale à l'aplomb de la main qui protège le bouddha de l'affection du plat pays »...

Vous parlez d'un plat pays! Du ciel, j'avais repéré le bouddha, au sommet d'une colline couverte d'arbres : donc inaccessible à l'hélicoptère. Il me restait trois minutes pour la gravir. J'y suis parvenu juste à temps, tout en dialoguant avec Paris : ce qui épuise plus vite. Mes grosses chaussures étaient lourdes, ma pelle – aujourd'hui je me dispense de la porter – me gênait, me blessait même. Mais j'étais heureux de pouvoir courir à l'autre bout du monde, dans un délai qui se raccourcissait de seconde en seconde.

Je ne suis jamais paniqué mais stimulé, au contraire, par

l'implacable compte à rebours. Il rend plus intense le défi que je me lance et décuple ma volonté de réussir. Cela, je le dois aussi à ma pratique du sport.

Pour moi, le sport me permet de me sentir bien dans ma peau. Il aide à accepter l'échec comme une expérience utile à la réussite. Il impose la discipline et la maîtrise de soi. Il entraîne l'éducation de la volonté. Et, plus merveilleux encore, il donne LA CONFIANCE EN SOI.

19

QUAND J'ÉTAIS LE PÈRE NOËL

Comme beaucoup d'étudiants, j'ai dû saisir toutes les occasions de gagner de l'argent pour mener à bien certains projets. A dix-sept ans, mon projet (un rêve un peu coûteux à réaliser), c'était la traversée du Sahara.

J'ai été successivement baby-sitter, vendeur sur les marchés, livreur de paquets-cadeaux, agent de trains voyageurs, cuisinier, valet de chambre, peintre en bâtiment, surveillant d'études, colleur d'affiches. Et puis, j'ai failli devenir mercenaire...

A la vérité, le premier argent que j'ai gagné, c'est en tant qu'enfant de chœur. Ça n'est pas vraiment un métier, mais j'en ai tiré un petit revenu entre huit et treize ans. Je servais la messe avant d'aller à l'école. Il y avait aussi les enterrements, les mariages, les baptêmes. Dans ces deux derniers cas, je recevais, avec la petite pièce d'usage, un cornet de dragées. Être enfant de chœur, ça ne rapportait pas gros, mais il y avait – vis-à-vis des copains – le prestige de l'uniforme.

Passons sans nous arrêter sur le lavage des voitures des voisins et amis – activité régulière, mais sans intérêt – pour en venir à mon véritable premier « petit métier ». : baby-sitter. C'est un emploi idéal pour gagner de l'argent tout en passant des soirées à étudier, auprès d'enfants endormis. Mais je me laissais souvent distraire par la télévision, lorsqu'elle faisait partie des meubles, ou bien par un livre déniché sur un rayon de bibliothèque.

J'aimais beaucoup arriver avant le coucher des enfants, de façon à vivre un peu avec eux, et les faire dîner... dans la joie. La cuillère pleine de purée se transformait déjà à l'époque en hélicoptère audacieux évoluant entre la carafe d'eau et le pot de beurre avant de rentrer au hangar – qui n'était autre que la bouche grande ouverte de la fillette. Et, comme de bien entendu, les enfants grincheux qui, d'habitude, faisaient des colères au moment des repas, mangeaient sans difficulté avec l'étranger.

J'ai gardé un très bon souvenir d'une famille nombreuse dont j'aimais garder les enfants, car il y avait chez eux un piano. Je ne suis pas musicien. Mais avec l'aide des trois gamins en âge de veiller un peu tard, nous sortions à huit mains des sons dignes, à nos oreilles, des plus grands concerts. De temps en temps, j'allais calmer les plus petits qui, à l'écoute de cette « mélodie », partaient dans des cauchemars affreux. Aujourd'hui, ces mêmes gamins ont grandi; et ils viennent parfois garder mes propres enfants, mais je n'ai pas de piano.

Garder des enfants était aussi pour moi l'occasion de découvrir calmement, seul, les intérieurs de maisons. Comme le commissaire Maigret enquêtant chez le coupable ou la victime, j'aimais ouvrir toutes les portes, visiter toutes les pièces. Dans le silence de la nuit, une maison qu'on ne connaît pas offre un délicieux mystère. Une porte qui grince lorsqu'on l'ouvre, une main qui cherche à tâtons l'interrupteur électrique créent une angoisse. Et tout d'un coup, à la lumière, les objets se réveillent brutalement, la pièce tout entière se met à sourire et à vivre. Elle semble vous remercier de votre visite. Regardée pour une fois de façon différente, elle apprécie que l'on s'intéresse à elle.

J'avais du mal à rester éveillé jusqu'à 2 ou 3 heures du matin. Assis dans la salle à manger, la tête posée sur la table, les bras me servant d'oreiller, je dormais profondément jusqu'au retour des parents. Le bruit de la clef me réveillait. Rapidement, je retrouvais mes esprits pour expliquer d'une voix claire : « Tout s'est bien passé, ils ont été gentils, les deux derniers ont fait leur petit pipi à 23 heures. »

Mes vingt-cinq ou trente francs en poche, je repartais heureux dans la nuit. Demain, je pourrais faire le plein de ma mobylette et acheter la dernière carte au 1/200 000e de la région de Tamanrasset...

Cette mobylette arrivait au bout du rouleau. Il me fallait en trouver une autre ou, mieux, passer à la moto. Un ami avait une Jawa 350 qui me tentait. Elle n'était pas en état de marche mais je savais comment la réparer. De plus, son prix était... dans mes prix! A peu près mille francs. Je décidai alors, pour me payer la moto, de travailler aux halles de Versailles.

23 h 45, mon réveil sonnait, toilette rapide...

Je quittais la maison et partais dans l'obscurité jusqu'à la route longeant les bois. Là, j'attendais le camion qui chaque nuit m'emmenait au travail. C'est aux halles de Rungis que le travail commençait. Avec le chauffeur du camion, nous choisissions selon les instructions du patron les meilleurs fruits, les meilleurs légumes. Nous chargions des dizaines et des dizaines de cageots, les empilant les uns sur les autres. Lorsque le camion était plein à craquer, l'horloge marquait généralement 3 heures du matin. En sueur, nous reprenions la route de Versailles. La tête contre la vitre, je somnolais.

A 3 h 30, mon collègue arrêtait le camion devant notre entrepôt. J'allais avec lui prendre un café et manger le sandwich que j'avais préparé la veille. On se donnait alors une petite demi-heure de répit pour écouter les flonflons que la radio crachotait tandis que la tenancière du bar installait ses tables et ses chaises.

Le boulanger d'en face nous rejoignait à 3 h 40 précises : toujours de bonne humeur. Il m'avait fait découvrir la fabrication du pain. Dans son fournil, j'allais me réchauffer et respirer la bonne odeur de la pâte. J'en ressortais tout blanc, un croissant dans l'estomac. A 4 heures, on déchargeait la cargaison, et on servait les épiciers venus s'approvisionner pour la journée.

A 6 h 15, je commençais à transporter les barres métalliques, les bâches, les tréteaux et les planches que nous installions pour monter nos stands sur le marché. C'était horriblement lourd et encombrant, mais pour une moto cela en valait bien la peine!

A 7 h 30, les fruits et légumes trônaient sur les étalages; des pyramides de tomates, de poires, de pêches se dressaient vers le ciel. Il ne restait plus qu'à attendre le client.

Mon patron avait auprès des ménagères une bonne réputation. Sa marchandise étant de bonne qualité, elles acceptaient des prix assez élevés. Mais comme il faut contenter tout le monde, mon patron commandait également des produits moins chers. J'avais la responsabilité de la vente de ces derniers.

– Ah! la belle pêche, la belle pêche, deux francs cinquante le kilo, c'est pas cher, c'est pas cher! allons-y...

Au début, je le criais timidement, puis je me suis extériorisé. Je l'ai fait si bien qu'après la première semaine, je n'avais plus de voix et je me fis engueuler! Un vendeur qui n'ameute pas la clientèle n'est pas un bon vendeur... Lorsque j'ai retrouvé ma voix, à la fin de la deuxième semaine, j'étais devenu un gueulard de première qualité.

Mais revenons à mes pêches. Elles étaient donc à deux francs cinquante, dures, vertes. Celles du patron, belles, grosses mûres, coûtaient trois francs cinquante. Elles se vendaient rapidement. Il vint vers moi, inquiet de voir mon stock presque intact.

– Alors p'tit gars, tu les vends, mes pêches?

– J'y arrive pas, m'sieur.

– Attends, j'vais t'arranger ça...

Prenant l'ardoise accrochée par deux pinces à linge, il effaça l'inscription à la craie : « 2,50 F » et écrivit à la place : « 3,50 F ».

– Et voilà, si tu n'arrives pas à les vendre, tu es le roi des crétins...

En une demi-heure, je liquidai mes deux pyramides au cri de « Ah! la belle pêche, la belle pêche, elle est dure, elle croque, elle est bonne, trois francs cinquante le kilo, qui dit mieux? »

Je venais de prendre une leçon qui valait tous les cours de tous les profs de l'École des hautes études commerciales...

Il était pourtant sympa, ce patron, mais j'en avais un peu marre de sa gentille malhonnêteté, marre aussi de trier les abricots pourris pour en faire un panier à six francs. J'avais médité ma petite revanche.

A la fin des marchés, on voyait toujours quelques personnes âgées, glanant par-ci, par-là feuilles de salades, poires abîmées, etc. Quinze jours après mon arrivée sur le marché, ces mêmes personnes traînaient plutôt vers mon étalage. A peine le patron s'absentait-il cinq minutes, elles venaient vers moi; je balançais sous les tables quelques belles salades, quelques beaux fruits qui roulaient jusque dans leurs sacs. Il fallait faire vite et discrètement, puis reprendre aussitôt le traditionnel cri : « Allons-y, on liquide et on s'en va... »

A 13 h 30, la place du marché était vide, les camions des collègues remballaient, je démontais nos deux stands et rangeais les éléments. A 14 heures, je prenais congé. « A ce soir, minuit. »

Rentré à la maison, je m'écroulais sur mon lit.

Je réussis à acquérir la moto avant d'achever ma saison sur les marchés. Impatient de m'en servir, je consacrais mes quelques heures de liberté à la réparer, au détriment de mon sommeil. Il m'est arrivé de rester jusqu'à soixante et une heures d'affilée sans dormir.

Je n'aurais pu tenir longtemps à ce rythme. Heureusement, s'offrait à moi un nouvel emploi moins fatigant.

Je venais d'obtenir mon permis voiture. Je l'avais passé en candidat libre (faute d'argent pour prendre des leçons) tout comme mon permis moto obtenu l'année précédente. Je m'étais entraîné avec mes frères aînés sur la voiture des parents.

J'abandonnai donc la vente, épuisante, des fruits et légumes pour travailler comme chauffeur-livreur pour un magasin de Versailles : Le Marchand d'Oubli. Ce magasin de cadeaux me confiait une jolie 4 L fourgonnette bleu azur. Je m'en servis la première fois pour aller à Paris prendre livraison de cartons d'emballage, genre boîtes à chaussures.

Une véritable expédition! J'avais tout juste dix-huit ans et pour la première fois, j'allais circuler dans Paris. Une ville que je connaissais à peine. Nous étions en hiver, il faisait nuit et pour tout arranger, il pleuvait. J'ai atteint tant bien que mal la rue Vieille-du-Temple et j'ai chargé la fourgonnette.

Des cartons, il y en avait partout. Le siège du passager en était envahi. Je devais passer les vitesses de la main gauche. Et comme il restait encore trois cartons, pour éviter de faire un autre voyage, je les ai glissés sous mes jambes. Vous imaginez le retour sans rétroviseur intérieur, dans la nuit, sous la pluie, à 19 h 30 dans Paris, le plan sur les genoux. J'étais en sueur, je roulais à quarante à l'heure, serrant les trottoirs de droite pour être sûr de n'accrocher aucune voiture et utilisant seulement mon rétroviseur gauche. Un véritable cauchemar. Cette première mission en voiture reste dans mon souvenir bien plus dure que les épreuves affrontées plus tard dans *la Chasse aux trésors*.

On m'envoyait parfois rue de Vaugirard chercher des abat-jour fabriqués par un petit artisan. J'adorais bavarder avec les artisans et les regarder travailler, qu'ils soient potiers, tailleurs, peintres, menuisiers. Nos fournisseurs ne résidaient pas tous à Paris, je partais donc quelquefois sur les routes de France.

J'adorais conduire, rouler : sortir de l'univers du lycée.

A Paris, dans les embouteillages, j'ai appris à me contrôler (depuis j'ai un peu oublié...). Par contre, ce que je n'ai pas oublié, ce sont les coups de main donnés aux livreurs. Combien de fois suis-je descendu de ma fourgonnette pour remonter cinq ou six voitures et arriver au camion qui, portes arrière ouvertes dans une rue étroite, bouchait toute la circulation.

– Bonjour, vous voulez un coup de main?

– Ah ben, si tu veux, p'tit gars.

Cela me donnait l'occasion de faire de l'exercice, de rendre service et, surtout, de ménager mes nerfs. La cargaison du camion déchargée, je retournais à mon véhicule et m'adressais aux conducteurs restés dans leur voiture à klaxonner :

– Vous savez, la vie, ce n'est pas si compliqué!...

Une automobile mal garée qui gêne le passage, c'est banal. Combien d'automobilistes ont-ils pris l'initiative de descendre de leur voiture, de demander l'aide de deux ou trois personnes pour, d'un même élan, dans le style « à la une, à la deux, à la trois », replacer l'arrière ou l'avant sur le trottoir, et rendre ainsi en trente secondes la circulation fluide... A cette époque-là, je ne détestais pas rouler dans Paris et découvrir notre capitale. Car, en bon Versaillais, à part la tour Eiffel, le Sacré-Cœur et l'Arc de Triomphe, je ne connaissais rien de la plus belle des capitales du monde.

J'étais chargé aussi, par le Marchand d'Oubli, de livrer différents cadeaux en région parisienne et à Paris. C'était la partie la plus agréable de mes fonctions : vous sonniez, quelqu'un ouvrait la porte, et vous disiez : « C'est un cadeau. » Aussitôt les visages s'illuminaient. Je repartais avec une petite pièce dans la main « pour boire ». Au lieu de la boire tout de suite, je la mettais dans un cochon en porcelaine en prévision du pays de la soif.

Mes copains de l'École des travaux publics avaient trouvé un bon job : trieurs de nuit dans les wagons PTT, fatigant mais rémunérateur. Il n'y avait plus de place pour moi. Travailler dans les trains m'attirait, j'ai quand même réussi à me faire engager comme « agent de trains voyageurs ». Un travail tout ce qu'il y a de sérieux : on suivait une semaine de cours avant d'être envoyé sur la grande toile d'araignée ferroviaire. On nous enseignait le code de la signalisation, l'organisation d'une gare, la sécurité, et bien sûr, les tâches précises qui allaient nous être confiées.

Muni d'une blouse bleue et d'une casquette (sans étoiles...), une sacoche à la main, je partais tous les week-ends pour Limoges, Bordeaux, Pau. Mon travail consistait à assister les contrôleurs dans une série d'opérations précises.

Avant l'arrivée des voyageurs, il fallait vérifier la présence dans les toilettes des essuie-mains et des rouleaux de papier hygiénique, ainsi que l'état de propreté général. Une minute avant le départ, remonter rapidement tous les wagons pour fermer les portes restées encore ouvertes. Compter le nombre de voyageurs installés dans chaque voiture; au vu des statistiques, la SNCF enlevait ou ajoutait une voiture sur tel ou tel parcours. Nous devions aussi remonter et redescendre en permanence le train de façon à toujours répondre aux demandes de la clientèle, diminuer ou augmenter le chauffage, indiquer la position du wagon-restaurant, trouver un médecin pour une personne prise de malaise, préciser le temps d'arrêt à la prochaine gare.

Une fois toutes ces opérations faites, accoudé à la fenêtre, je regardais la France défiler devant moi. Et puis, je parlais avec les « collègues ». Avec intérêt, je les écoutais évoquer la vie qu'ils menaient depuis vingt ans dans les trains. Ils ne manquaient pas d'anecdotes. Celle, classique, du contrôleur qui avait reçu sur la main, à cent vingt kilomètres à l'heure, une canette de bière lancée du haut d'un pont. Résultat : quatre doigts coupés.

Le train qui déraille, par la faute de gamins qui jouent à balancer sur la voie de vieux pneus de voiture.

La nymphomane qui...

Le voyageur qui s'endort, manque la gare, se rendort et manque encore la suivante.

La bagarre déclenchée entre un contrôleur et un usager sans billet et agressif... tout le wagon s'en mêlant.

Le colonel en retraite, l'avocat ou le médecin qui, sous le

prétexte qu'ils arborent la Légion d'honneur, refusent de payer le parcours.

Bercé par ces confidences monotones, je pensais que chaque kilomètre de voie ferrée promettait cent kilomètres dans le Sahara. Et puis ça m'amusait de traverser la France, tous les week-ends, à cent vingt kilomètres à l'heure. Entre deux gares, je fermais les yeux et je voyais surgir les dunes, les oasis, les caravanes de dromadaires...

L'été 1970 approchait déjà. Coûte que coûte, je devais trouver un nouveau job pour les vacances car mes finances restaient basses, à tout juste un an de mon premier départ pour l'Afrique. Je voulais donc « gagner des sous » mais aussi m'amuser et (si possible) m'instruire. Alors, il n'y avait pas trente-six solutions, mais une seule : partir à l'aventure. J'ai quitté Saint-Malo avec mon sac à dos, en stop. Direction : le nord de la France, Calais.

Là, j'ai pris le bateau, traversé le *Channel* et suis reparti en stop... mais avec le pouce gauche. A la première voiture qui s'est arrêtée, cela a donné à peu près ceci :

– *Hallo, ware you gooo hinng, plizzze...*

– Heu, c'est-à-dire que... heu... Oui, très bien, j'y vais moi aussi.

Je ne comprenais pas un mot de leur anglais qui, vraiment, ne ressemblait pas au mien!

Mais comme je n'avais pas de destination précise, toutes les voitures qui s'arrêtaient étaient les bienvenues. J'ai circulé ainsi dans le Sud de l'Angleterre, à la recherche d'une petite ville qui me plairait. Après deux jours et demi passés dans seize véhicules différents, après une nuit dans un champ et l'autre chez l'habitant, je me suis retrouvé à Paington, près de Torkay.

Paington : une ville balnéaire, aux abords sympathiques. Dans les rues, il y avait de l'animation, beaucoup de jeunes et donc pour moi, l'occasion de pratiquer l'anglais. Je décidai de m'arrêter là; sans argent et sans idée sur le moyen d'en gagner. La chance sourit aux audacieux : l'après-midi même, je rencontrais une Française venue, comme moi, pour chercher du travail. Elle en avait trouvé un dans un petit hôtel.

– Je dois repartir en France la semaine prochaine, me dit-elle. Si tu veux, je te présente à ma patronne, elle te prendra peut-être pour me remplacer.

Hé oui, pourquoi pas, malgré mon pantalon troué au genou et mes chaussures de marche (je traversais moi aussi une légère crise hippie...). J'ai donc rendu visite à l'hôtelière, chaperonné par ma nouvelle copine. Dix minutes plus tard, je ressortais avec un pantalon propre et une paire de chaussures de ville à ma taille et, en plus, un rendez-vous pour le lendemain, sept heures. J'étais engagé dans son *bed and breakfast* [1]. Le travail consistait à servir les petits déjeuners des clients et à « faire les chambres ». En les faisant, j'avais un sourire intérieur dédié à ma chère maman qui, un jour sur deux, me disait : « Tu pourrais quand même faire ton lit... »

Ce *bed and breakfast* comprenait dix chambres et seize lits; j'y suis resté deux mois et demi. J'ai ainsi fait à peu près mille cent lits; et rattrapé trois ans d'un seul coup! Ma patronne, absolument adorable, m'employait seulement le matin. J'avais droit à un *breakfast* copieux (six œufs au plat, *beans on toast, sausages, fruit juice, coffee and milk*...). Je pouvais donc me passer de *lunch,* mais pour le *dinner* il fallait trouver un autre moyen de calmer mon appétit.

Je l'ai trouvé dès le lendemain : je faisais la « plonge » dans un autre hôtel, en échange du dîner. Et voilà! Non seulement j'étais assuré de ne pas mourir de faim en Angleterre, mais le travail du matin (7 heures-12 heures) me permettait de remplir un peu plus le cochon de porcelaine sur lequel j'avais écrit : Sahara.

L'après-midi, je bricolais parfois pour la patronne; réparant un four, remplaçant un carreau cassé, installant des étagères. J'en profitai pour lui parler de mon problème de logement. Je venais de passer quatre nuits sur la plage (dont une sous la pluie...). Je lui demandai donc si elle n'avait pas dans ses relations quelqu'un qui me louerait une chambre *cheap* (pas chère).

– Vous voyant arriver le matin, il me semblait bien que vous ne passiez pas la nuit dans un lit; mais je croyais que c'était dans les boîtes de nuit...

D'un ton rassurant, elle ajouta :

– Ma voisine pourra certainement vous héberger.

La chambre proposée par la voisine était belle, grande, confortable – mais d'un prix incompatible avec ma volonté de faire des économies. Par la fenêtre du salon, j'aperçus une cabane au fond du jardin. Je demandai :

– Est-ce que je peux m'installer dans la cabane là-bas?

Interloquée, la voisine finit par acquiescer. Le prix fut fixé à deux livres par semaine, soit à l'époque dix-huit francs. Le même soir, au lieu de retrouver la cabane comme je l'avais vue – vide – je découvris que la brave dame avait balayé, apporté un matelas, une bougie, une boîte d'allumettes. Elle me confia un cadenas, une clef, des planches, des clous.

– Avec cela, vous pourrez vous installer plus « confortable »,

1. Petit hôtel dont le tarif quotidien comprend la chambre et le petit déjeuner.

Mon logis était l'une de ces vieilles cabines de plage qui, voici trente ans, bordaient les côtes de la Manche et de l'Atlantique. Elle devait mesurer un mètre vingt sur un mètre quatre-vingts. Mais pour mon sac à dos et mon un mètre soixante-treize, c'était suffisant; j'ai vécu là pendant près de deux mois et demi. Je saisissais toutes les occasions de rendre service à ma logeuse, une de ces Anglaises à forte corpulence, entourée de six ou sept chats. Tout en bavardant avec eux, elle m'offrait le thé; nous parlions de chose et d'autres, pour améliorer mon anglais.

Je ne sais pas si le lendemain matin mon accent était meilleur quand, une veste blanche sur le dos et penché vers la table numéro deux (réservée au jeune couple norvégien en voyage de noces), je souriais pour lancer mon texte quotidien :

– *Did you spend a good night? Would you like : orange juice, grapefruit juice, eggs and bacon, beans on toast, sausages, boiled eggs, toast and butter* [1]?

Et je terminais toujours par : « ... et un coup de rouge, si vous voulez. » La réponse était toujours la même : « *What* [2]? »

Et je m'en allais en riant casser des œufs à la cuisine, et étaler les haricots sur le pain. Au début, il m'était strictement interdit de toucher à la préparation du petit déjeuner. Je devais me borner à le servir dans la salle. Mais j'avais pris très vite les choses en main. Et j'ai cassé environ trois mille cinq cents œufs à raison de quarante à cinquante œufs par matinée. D'Angleterre, je suis revenu doublement riche : j'avais amélioré mes finances et comblé mes lacunes de la langue anglaise. Oh pardon, une petite partie de mes lacunes...

Toujours en 1973, alors que je suivais les cours de l'École des travaux publics, j'ai eu l'occasion d'exercer celui de mes petits métiers le plus éloigné de ma personnalité turbulente. Comme tout potache qui se respecte, je ne me privais pas de critiquer les « pions » et les « surgés » et de me moquer d'eux. Je m'étais juré, si un jour je devenais surveillant, d'être sympa et décontracté.

Eh bien, j'allais pouvoir mettre en pratique mes conceptions généreuses. Un copain – pion au collège Sainte-Barbe, rue Valette – s'offrait à me recommander pour une place vacante de surveillant de réfectoire et d'études; j'avais aussi la possibilité de remplacer cet ami au dortoir.

Je connaissais bien, pour les avoir pratiquées moi-même, toutes les méthodes de chahut. Vues du haut de ma chaire, les ruses des meneurs pour passer inaperçus me donnaient envie de rire. Je n'y

1. « Avez-vous passé une bonne nuit! Que choisissez-vous! Jus d'orange ou de pamplemousse, des œufs au lard, haricots, saucisses, œufs à la coque, tartines beurrées? »
2. « Quoi? »

résistai pas le jour où je vis un élève recevoir, en plein dans l'œil, l'élastique qu'il s'apprêtait à lancer sur un copain. Pris de fou rire, je dus sortir de la classe pendant cinq minutes avant de me calmer. Cinq minutes d'absence qui laissèrent mes élèves abasourdis, déroutés et inquiets sur mon équilibre mental.

Je ne devenais un peu plus « professionnel » que pendant les examens et compositions. Ou quand je voulais cacher mon embarras. Des élèves préparant les grandes écoles venaient parfois me demander des renseignements sur leurs devoirs, alors que mon niveau d'études était inférieur au leur. Tout en leur masquant mes propres livres et cahiers, je répondais d'un ton rogue : « Mais voyons, c'est enfantin! Demandez à votre voisin et ne me dérangez pas pour si peu! J'ai autre chose à faire... »

J'ai remplacé mon ami au dortoir, mais peu souvent. Je le regrette. Après l'étude du soir, fermant la porte derrière les élèves, j'aimais marcher dans ces longs couloirs sinistres, ouvrir le dortoir, donner les trente minutes réglementaires et voir venir le silence qui, dans ces immenses pièces aux lits alignés, donnait la chair de poule. J'aimais faire ma ronde, éteindre les dernières lumières, fermer les derniers robinets et tirer le rideau du box qui m'était réservé pour retrouver Morphée.

La surveillance des réfectoires, c'était un tout autre « combat ». Il nécessitait la participation de « pions » nombreux et vigilants. Cela ne m'empêcha pas de recevoir un jour un petit suisse en pleine figure. Au lieu de « réprimer », je m'écriai : « Un peu de sucre, s'il vous plaît! »

Une vraie réplique de théâtre! Ne vous étonnez pas, car à la même époque, j'étais également élève au célèbre cours d'art dramatique René Simon : j'y reviendrai. Pour l'instant, sachez que pour m'acquitter des frais d'inscription au cours Simon, j'ai dû exercer le plus sympathique, sinon le plus drôle, de tous mes petits métiers. J'ai été, pour des milliers d'enfants qui ont bien voulu le croire, le Père Noël.

Et je l'ai été pendant deux hivers : dans une grande surface de la banlieue sud de Paris. Je travaillais en association avec Fougeras, un copain. Nous revêtions tour à tour le déguisement de Père Noël confectionné par son épouse, et à l'aide d'un appareil à développement instantané, nous fixions sur la pellicule le sourire des enfants dans les bras de Papa Noël.

C'était pour moi comme une revanche, car, enfant je ne m'étais jamais assis sur les genoux du Père Noël. Dans ma famille, il ne représentait rien. On parlait du Petit Jésus, mais pas de ce monsieur-là, vaguement païen...

J'avais horriblement chaud dans cette houppelande rouge, sous les néons violents du rayon des jouets. C'est pourquoi, toutes les demi-heures, nous échangions nos rôles : Fougeras en Père Noël et moi en photographe et vice versa. Dans les toilettes du supermarché, un photographe entrait et un Père Noël ressortait...

Le plus pénible à supporter était cette barbe faite de coton hydrophile. Ah! nous en avons mangé de la barbe à papa... Noël. Sommairement fabriquée, elle n'était d'ailleurs pas très adaptée à nos visages juvéniles.

Il ne suffisait pas de se coller une fausse barbe, encore fallait-il savoir vendre la marchandise. (Je me souviens d'avoir réussi à faire poser un chien avec mon ami; ce simple cliché, un peu naïf, nous rapporta sept francs cinquante net.) Il fallait savoir attirer les mamans, les persuader de laisser poser leur progéniture. Il fallait aussi savoir sécher les larmes des enfants et leur faire retrouver le sourire pour que la photo devienne le bon souvenir de la journée.

Nous opérions surtout pendant les « nocturnes », de 18 à 21 heures. Entre deux clichés, le Père Noël avalait un sandwich. Son acolyte le photographe, très consciencieux, époussetait alors les miettes incrustées dans la barbe de coton. Et on repartait pour une série.

On se débrouillait très bien : tout le monde y passait, la grand-mère, les demoiselles, les handicapés, les femmes pressées, les gosses de trois à quinze ans et les landaus aussi. On riait comme des « tordus ». Et – toujours dans les toilettes – nous partagions la recette de la journée avant de repartir sur la moto de Fougeras.

Voilà comment, entre dix-sept et vingt-trois ans, j'ai amassé, sou par sou, l'argent nécessaire pour mes trois traversées du Sahara, ce grand désert dont j'ai rêvé chaque jour pendant six ans.

20

OUI A L'AVENTURE, PAS N'IMPORTE LAQUELLE

Je n'ai jamais été inscrit à aucun parti politique, et je suis bien décidé à ne jamais l'être. Et pourtant, au lendemain de mon service militaire, au printemps 1974, je me suis retrouvé colleur d'affiches et membre d'un service d'ordre pour la campagne présidentielle de Valéry Giscard d'Estaing.

Non par engagement, mais poussé par un impérieux besoin d'argent auquel s'est ajoutée, de façon plus secondaire, la curiosité d'une expérience nouvelle : l'occasion d'explorer les coulisses d'un milieu politisé aussi étranger à mes yeux que le cœur de l'Afrique.

Dans ce milieu, j'ai approché de braves gens : des militants dévoués à donner le meilleur d'eux-mêmes pour leur idéal. D'autres qui, surévaluant cet idéal, perdaient toute objectivité et tombaient dans le fanatisme, voire l'extrémisme. Et, en petit nombre, heureusement, quelques individus « bêtes et méchants », voire des cinglés.

Je n'aime pas les extrémistes. Qu'ils soient de droite ou de gauche, ils se montrent incapables de toute ouverture d'esprit, de tout dialogue. Ils sont fatalement impitoyables envers leurs adversaires, car retranchés dans leur extrémisme, ils ne savent exprimer leur énergie qu'en y jetant toutes leurs forces aveugles.

Les partis politiques emploient ainsi des jeunes qui, sous prétexte de gagner de l'argent, trouvent l'occasion de céder au plaisir de cogner. Ce n'est certes pas cette perspective qui m'avait attiré. Il s'agissait pour moi seulement d'un travail, dans lequel n'entrait aucune passion, un moyen de gagner un peu d'argent en vue d'un troisième voyage au Sahara.

Imaginez ma surprise quand, à mon entrée dans le local de permanence, on m'a mis entre les mains un manche de pioche. Chacun d'entre nous en ayant reçu un, on nous a enfin distribué les seaux de colle et les pinceaux. En contemplant mon gros bâton, je me disais : « Halte! C'est pas la guerre! » Je n'envisageais pas la « bataille politique » comme une bataille rangée, pour une malheureuse affiche recouverte par celle du parti opposé!

Je considérais mon travail plutôt comme un jeu consistant à coller nos affiches les derniers, juste au lever du jour. Et ce, dans les endroits les plus inaccessibles. Je me revois, dans un faubourg parisien, suspendu à un balcon du premier étage par une main. De l'autre, je tentais de poser mon affiche gluante de colle le plus droit possible. Ces acrobaties m'attiraient plus que la perspective de recevoir un coup de barre de fer dans une bagarre entre fanatiques des deux bords.

Chez nous, comme en face, ils étaient prompts à déclencher des bagarres qui souvent se terminaient mal; avec des blessés plus ou moins graves. Parfois, au bord d'un affrontement qui s'annonçait sanglant, au milieu des cris de douleur et des injures, j'étouffais la phrase bien connue de tous les enfants: « Pouce, on ne joue plus! »

Cela n'aurait évidemment pas suffi à soulager ce « collègue de travail » traîné par une Volvo sur une vingtaine de mètres : la peau brûlée, le bassin fracturé... Mais lui-même, trente secondes plus tôt, cognait comme une brute sur une voiture adverse. Ayant brisé vitres et pare-brise, il aurait matraqué aussi les passagers si le chauffeur – lui-même casqué et armé – n'avait démarré en trombe pour éviter de recevoir un coup de manche sur le crâne. C'est sans préméditation qu'il avait traîné l'agresseur sur l'asphalte, avant de filer dans la nuit.

Bizarrement, participer au « service d'ordre » était moins dangereux que de coller des affiches. Cela consistait à nous répartir parmi le public pendant les meetings. Lorsqu'un opposant tentait de perturber l'orateur, il fallait rapidement l'entourer et le persuader d'écouter sagement ou bien de sortir.

Un jour, à Toulouse, avant un meeting, nous étions assis dans le car affecté au service d'ordre. Un garçon chevelu et un peu crasseux s'en vint à passer. Un de nos bagarreurs maison s'écria :

– Celui-là, on va lui faire sa fête!

Et, suivi de deux volontaires, il descendit pour passer à l'exécution. Je me suis précipité à mon tour :

– Laissez-le! Qu'est-ce qui vous prend!

Pour toute réponse, un de mes trois collègues brandit à quelques centimètres de mon visage un tesson de bouteille... Pendant que l'agressé en profitait pour s'enfuir, j'allais me rasseoir, honteux, humilié, mal à l'aise.

Pourquoi cette violence gratuite (et lâche : à trois contre un...)

envers un hippie sans défense et ne gênant personne? Ses agresseurs auraient pu trouver d'autres moyens de défouler leur combativité. Mais, en face de vrais risques, il leur aurait fallu un vrai courage.

Je ne regrette pas – même si je me suis abstenu de la renouveler – cette expérience édifiante. Elle m'a beaucoup appris sur les réactions de ces jeunes entre dix-huit et vingt-deux ans dont les partis politiques mésestiment la tendance à la bagarre et au débordement. Je souhaite que tous les intéressés finissent par apprendre qu'une affiche ou un discours ne valent pas un coup de couteau, une balle de revolver ou un crâne défoncé par un manche de pioche.

Heureusement, j'allais avoir l'occasion de vivre d'autres activités plus exaltantes. Je venais de terminer mon service militaire comme officier de réserve. Ce grade me permit d'obtenir un poste comme officier instructeur à la préparation militaire parachutiste.

En douze jours de stage, j'apprenais à des garçons de dix-huit ans à vaincre la peur et à sauter en parachute. Cet enseignement me passionnait; et, mal réinséré dans la vie civile, j'avais plaisir à retrouver, grâce à l'uniforme, la simplicité fraternelle que j'avais appréciée lors de mon service national actif.

A Satory (près de Versailles) et à Orléans, dans des casernes dépendant du CIPM [1], j'ai pu étudier le comportement de quelque trois cents élèves. Chaque stage m'amenait entre vingt et vingt-cinq garçons originaires de la région parisienne. Ils arrivaient de bon matin, en blouson de cuir, « santiags » aux pieds, cheveux sur les épaules, roulant les mécaniques; ou bien, les cheveux déjà coupés court, l'imperméable militaire sur le dos, les gants de peau à la main, le foulard blanc au cou et les mocassins aux pieds; ou encore, un peu timides, un sac de sport à la main, descendant d'une voiture conduite par maman.

A onze heures du matin, ils étaient tous habillés en soldats, la coupe de cheveux « révisée ».

– D'où tu viens, toi? Tu fais quoi? Tu fais du sport? T'as déjà sauté en parachute?

Au bout de deux jours, ils avaient l'impression de se connaître depuis toujours. Une nuit à vingt-cinq dans une chambre, deux heures de sport par jour et les repas pris en commun leur avaient permis de s'évaluer. Un équilibre communautaire s'instaurait. Chacun était catalogué : la grande gueule, le fort en sport, le rigolo, l'intellectuel, le timide, l'emmerdeur, la tête de turc, le rêveur, le distrait, le « fayot », l'inquiet...

1. Centre d'instruction et préparation militaire.

Ils étaient sortis de leur milieu pour se retrouver « nus » dans un autre contexte. Rapidement, ils se situaient les uns par rapport aux autres. Chacun à sa place; mais aussi jouant parfois un personnage : celui qu'ils espéraient... ou celui qui restait à prendre.

En retrouvant certains d'entre eux plus tard, j'ai constaté qu'ils n'avaient pas toujours « choisi » la même place qu'au sein de leur stage parachutiste. A chaque situation différente, l'individu prend un nouveau rôle, celui qui, par rapport aux autres, lui est destiné. Un garçon mécontent de sa place devenait souvent l'« emmerdeur ». La forte tête était devenu un fayot, le timide un rigolo, le fort en sport un inquiet.

Dans notre vie militaire, la discipline créait une égalité empêchant le fort d'écraser le timide. Chacun s'en trouvait mieux.

Je disposais d'un délai de quatre jours pour renvoyer dans leurs foyers les élèves ne répondant pas aux critères exigés sur le plan physique et sur le plan psychologique. Le but du stage était de faire exécuter à chaque participant quatre sauts. A raison d'un par jour, les quatre derniers jours. L'instruction commençait par un enseignement militaire de base (marcher au pas, se présenter, garde-à-vous, etc.) doublé d'un entraînement physique classique.

Puis les stagiaires apprenaient à se familiariser avec le matériel, à endosser un parachute, à replier un parachute déjà ouvert. Je leur indiquais l'attitude à prendre au moment de s'éjecter à deux cents kilomètres à l'heure, les opérations à faire en cas de chute normale; et les mesures à prendre en cas de chute anormale. Chacun apprenait aussi la position à adopter pour l'atterrissage : le corps replié, rentrer tout ce qui dépasse. Cette dernière position était répétée des centaines de fois.

A ce stade, la tension nerveuse montait. Le sommeil des deux ou trois nuits précédant le saut inaugural était traditionnellement agité. Il n'était pas rare de voir quelques stagiaires tomber de leur lit en se voyant déjà pendus au bout de leur « pépin » (parachute); ou d'entendre des cris provoqués par un mauvais rêve.

Ma tâche ne se bornait pas à un enseignement technique; il me fallait aussi « maintenir » le moral de ma petite troupe jusqu'au moment du grand pas dans le vide; leur donner confiance en eux; leur rappeler qu'entre l'avion et le sol, en cas de problème, personne ne pourrait rien pour eux.

Il est d'usage, lorsqu'un parachutiste s'écrase au sol, que ses camarades témoins de la scène se mettent au garde-à-vous. J'ai eu une fois à donner cet ordre, la gorge serrée mais le ton ferme. Mes élèves et moi étions prêts à monter dans l'avion qui allait nous larguer quand un membre d'un groupe qui nous précédait dans les airs sauta, « tirant » son parachute de secours trop tôt; celui-ci s'enroula autour du principal. Le malheureux tomba comme une pierre. J'ai assisté à une deuxième chute mortelle : affolé par une mauvaise ouverture du parachute dorsal, l'élève n'avait ouvert son parachute ventral qu'à une vingtaine de mètres du sol.

Mais rassurez-vous, ce genre d'accidents est très, très rare. Selon les statistiques, 9 999 parachutes sur 10 000 s'ouvrent normalement.

Et puis, il y a aussi les miracles. Comme celui dont fut l'objet un de mes élèves : un jour, en vol, mon « stick » (groupe de saut), équipé, le mousqueton accroché au câble, attendait le feu vert et le retentissement de l'implacable sonnerie annonçant l'approche de la zone de saut. On était parés pour le deuxième plongeon. Un dernier clin d'œil en direction de mes gars et je m'élançai, suivi par eux. Parachute ouvert, je fis mon tour d'horizon, comptant les coupoles pour savoir si tout le monde avait sauté. Il m'en manquait un quand, baissant les yeux, je vis une voile en torche filer vers le sol. Il était perdu...

Cet élève avait mal réagi. Paralysé, n'ayant pas eu le réflexe de tirer sur la poignée du ventral, il ne pouvait que s'écraser au sol. Je ne suis pas près d'oublier sa chute, qui me parut interminable, dans le ciel gris, au-dessus du terrain de Bouar, près d'Orléans.

A peine atterri moi-même, je me déséquipai en hâte. Et je fonçai vers son corps : je me refusais à penser qu'il était mort. Il gisait sur le sol détrempé par la pluie, couché sur le dos, une jambe repliée, comme disloqué.

La lumière grise faisait ressortir la pâleur du visage et la fixité de ses yeux vitreux. C'était un timide, peu expansif. Petit, malingre, il ne payait pas de mine. Il lui en avait coûté beaucoup pour vaincre sa peur et se maintenir au niveau physique des autres. Son père était un sous-officier en retraite. C'est pour lui faire plaisir qu'il avait suivi ce stage. Le destin était injuste, cruel.

Agenouillé, je me penchais vers lui, guettant de légères crispations sur son visage. Il émergeait du choc. Il me reconnut. Il s'efforçait de me parler, de m'interpeller par mon grade, de m'expliquer...

– Bouge pas, c'est rien, lui dis-je. Ne parle pas, repose-toi, on s'occupe du reste.

A l'aide d'un couteau, je le libérai avec précaution du harnais qui ressemblait trop à un cercueil. L'ambulance arriva avec le toubib; un hélicoptère, deux minutes après, se posait et redécollait vers l'hôpital. On l'opéra pendant la nuit. Au petit matin, j'allai prendre de ses nouvelles. Le chirurgien m'annonça :

– C'est un veinard, votre gars. Il a dû percuter le sol à quatre-vingt-dix kilomètres à l'heure. A part le foie qui en a pris un coup, une malléole cassée et deux vertèbres tassées, il est en pleine forme. Dans trois mois, il sera sur pieds. Mais pour lui, le parachutisme, c'est fini.

A mon entrée, il esquissa un sourire.

– Alors, mec! t'as pas honte de faire peur à ton moniteur?

– J'ai pas fait exprès, mon lieutenant.

– Mais je sais bien, t'en fais pas. T'as eu de la chance, tu sais. Heureusement, après ces dernières pluies, le terrain était spongieux; et tes cinquante-cinq kilos t'ont pour une fois rendu un fier service. A part ça, le moral est bon?... Au fait, tu as le bonjour de toute l'équipe et ils t'ont fait un cadeau. Tiens, un livre sur la moto. Dans trois mois, tu pourras en refaire.

– Merci. Est-ce qu'ils ont tous ressauté l'après-midi?

– Il y a intérêt! Je leur ai dit que les paras, c'étaient pas des rigolos et le plus beau cadeau qu'ils pouvaient t'offrir, c'était de venir te dire bonjour avec le brevet accroché sur la poitrine.

– Et moi, est-ce que je pourrai ressauter?

– Alors là, tu m'en demandes trop, je suis pas médecin, mais pourquoi pas? Tes parents vont bientôt arriver, moi je te laisse. On saute à nouveau dans une heure.

Rejoignant l'aire d'embarquement, je me demandais si la nuit d'attente et les discussions de la chambrée n'avaient pas trop atteint le moral de mes loustics. J'allai percevoir mon parachute et rejoindre le groupe déjà aligné, prêt à s'équiper. Je remarquai un de mes élèves à l'écart, la tête basse, les mains dans les poches. Mon aide-moniteur se précipita pour me dire :

– Il a craqué ce matin.

J'avais deux minutes pour le regonfler. Le chef d'avion venait d'ordonner :

– Pour l'avion, garde à vous, casque sur la tête, équipez-vous!

M'approchant de mon élève, j'engageai la conversation.

– Alors, mon vieux, qu'est-ce qui ne va pas?

– J'ai peur.

– Mais c'est normal que tu aies peur. Ils ont tous peur. Moi aussi, ça m'arrive.

– Oui, mais moi, je peux plus.

Des larmes coulaient sur ses joues, il n'osait plus me regarder. J'avais encore un peu d'espoir de le faire changer d'avis.

– Écoute, tu es venu ici pour sauter, tu as fait trois sauts comme une fleur, t'es en bonne santé, tu ne t'es rien cassé...

– J'ai très mal à la fesse gauche.

– Et moi alors! Écoute, je vais pas te montrer mes bleus... Suppose que tu ne sautes pas, que tu repartes en vitesse chez toi et qu'au premier virage tu te payes le plus gros poids lourd que la terre ait jamais porté! Tu aurais l'air malin! Laisse-moi te dire encore une chose. Ce matin, je suis passé à l'hôpital voir ton copain. Tu sais ce qu'il m'a demandé? Si tous les autres avaient ressauté. J'ai dit oui, et que vous viendriez tous le voir avec le brevet. Alors je te laisse trente secondes pour prendre ta décision. Maintenant, à toi de jouer!

Je n'osais y croire, mais il a basculé, il est venu me demander un parachute. Rapidement, je l'équipai et le tirai vers l'avion où les autres déjà s'installaient. Le tenant par l'épaule, je passai la rampe, criant le plus fort possible au chef de soute :

– Deuxième groupe de saut, vingt-deux, complet!

Mes élèves ont entonné un chant para, l'avion a vibré, s'est cabré. Il a décollé. Les hip! hip! hip! hourra se succédaient pour, quelques minutes plus tard, laisser la place au seul vrombissement de l'avion.

Nous étions tous tendus, après l'accident de la veille. J'espérais fortement que l'élève dont j'avais un peu forcé la main ne ferait pas de bêtise et appliquerait, à la lettre, tout ce qu'il avait appris.

Comme d'habitude, les cinq largueurs blaguaient et chahutaient entre eux pour décontracter l'atmosphère. Leur décontraction, excessive parfois, paralysait les jeunes parachutistes. Les largueurs sont des sous-officiers hyper-entraînés en qui on peut avoir toute confiance. Leurs réflexes sont étonnants.

J'en ai vu agir comme l'éclair. Lorsque l'élève sur le point de sauter avait commis dans la bousculade une erreur bien compréhensible, mais qui pouvait lui coûter la vie, en quelques dixièmes de seconde, le largueur intervenait, attrapait brutalement l'élève, le renvoyait au fond de la carlingue. Le temps, pour un autre, de remédier à son erreur, de le remettre dans les rangs, pour le larguer à la fin de la zone de saut. Un tel geste, brutal, sauvait la vie du para. En effet, une voile de ventral ouverte par erreur à la porte de l'avion volant à plus de deux cents kilomètres à l'heure se gonflerait immédiatement et propulserait l'élève contre le montant de la porte, lui fracassant le crâne. Ces hommes, chahuteurs mais vigilants, avaient vraiment l'œil à tout.

Ils venaient d'ouvrir les portes. J'étais en première loge. Avec, juste derrière moi, ce gamin de dix-huit ans qui se battait contre lui-même depuis une bonne vingtaine d'heures. Pour lui, la nuit avait été blanche. Il me tapait sur l'épaule; me retournant, je l'entendis dire :

– Je suis dans les vaps, il faut me réveiller, mon lieutenant.

Sans réfléchir – le moment pressait – je lui répondis par une claque magistrale, me faisant mal à la main sur le bord de son casque. Et nous avons fui ensemble dans le ciel bleu.

Oui, je m'en serais voulu de ne pas raconter ces moments-là.

J'aime dire : il faut accepter tous les départs, dire oui à l'aventure. Cependant je me suis trouvé, il y a quelques années, face à un choix difficile. Et j'ai fini par refuser l'aventure.

Ce n'était pas une aventure comme les autres, c'était un engagement total, corps et âme.

Quand on est en face d'un type qui s'appelle Bob Denard, un type qui a risqué sa vie à maintes reprises pour défendre l'idée qu'il a du monde libre, on ne reste pas insensible. On est même tenté de partir combattre à ses côtés, prêt à devenir comme lui un mercenaire... Oh, pas pour de l'argent ! Même si ce mot entre dans la définition du mercenaire. Non, c'est pour bien plus que cela qu'on désire s'engager.

Voyageant déjà depuis plusieurs années, j'avais pu me rendre compte combien l'influence des grandes puissances dans certains pays était bonne et, dans d'autres, néfaste. Le vent de la liberté ne soufflait pas de l'est.

Je voulais bien partir me battre. Pourtant, j'ai refusé les propositions de ce personnage controversé. Car je voulais savoir pourquoi et où j'allais devoir me battre. Pour des raisons de sécurité, il n'a pas voulu me renseigner, et moi je n'ai pas voulu partir. Il me laissait quarante-huit heures pour donner ma réponse. Quarante-huit heures durant lesquelles je n'ai rien pu manger, cachant mon angoisse à tout mon entourage.

Je voulais combattre, m'engager, vivre à fond une action de ce genre. Je la désirais avec force, prêt à laisser ma peau dans une forêt ou un désert, prêt même à revenir estropié, car tout cela faisait partie de la règle du jeu. Mais sur qui allais-je tirer ? Qui allait tirer sur moi ? Quel peuple demandait notre aide ? Quel personnage politique devais-je soutenir ? Officier de réserve, parachutiste, je savais pouvoir tenir un engagement avec honneur, mais j'avais besoin d'une confiance réciproque.

Bob Denard n'a jamais voulu me révéler notre destination. Je n'ai pas voulu lui apporter mon aide.

Pour ne jamais avoir à accuser quelqu'un et lui reprocher les malheurs qui pourraient m'arriver, j'ai toujours voulu, dans la vie, savoir *à quoi* je m'engageais. Dans ce cas précis, je voulais connaître le pays de mon engagement. Pour avoir mon accord, Bob Denard devait me donner sa confiance. Il n'a pas cédé, je n'ai pas cédé.

Si je raconte cette anecdote, c'est qu'elle traduit ma conception de la vie. J'étais à la croisée des chemins, j'avais un choix à faire, je l'ai fait. Aujourd'hui, je ne le regrette pas. Il n'en reste pas moins que, malgré le discrédit attaché aux mercenaires, j'ai pour leur courage une certaine estime.

Pourtant, ma réaction m'a révélé que je n'avais pas l'âme d'un vrai mercenaire. Car l'homme qui répond à ce nom est comme un avocat qui défend toutes les causes, même sans les approuver. Ce n'est pas mon cas.

21

IL FAUT DORMIR LA NUIT, DIEULEVEULT...

A Bali, l'hélicoptère de *la Chasse aux trésors* s'est posé dans un véritable nuage de poussière. Assez loin des rizières et du temple que j'avais repérés en vol. L'énigme affirmait : « Face aux cinq tjandis creusés pour honorer Udayana, vous trouverez une faucille plantée entre les deux cascades. » Oui, mais en attendant, ce qu'il me fallait d'abord trouver, vite, vite, c'était un moyen de transport.

Heureusement une pétarade de moto se fit entendre. Le conducteur, un militaire très aimable, accepta de me prendre comme passager. Nous nous sommes élancés bravement à trente kilomètres à l'heure, le pneu arrière absolument à plat. A chaque aspérité de la piste, je me sentais transformé en yoyo.

A Nouméa, à Sanaa (Nord-Yémen), à La Havane, en Nouvelle-Calédonie, j'ai eu l'occasion d'enfourcher des motos pendant mes *Chasses*, jamais pour de longs parcours et le plus souvent comme passager. Souvent, j'aurais préféré tenir moi-même le guidon, pour gagner du temps. Mais les conducteurs partageaient rarement mon avis. A Bali, mon militaire, obligeant mais timoré, a refusé catégoriquement de me céder le guidon quand je lui proposai de descendre avec son véhicule les deux cent cinquante-six marches de l'escalier qui, à travers les rizières en terrasses, m'emmenait vers les cinq tjandis de Kunung Kawi (cinq statues de princes sculptées dans le roc).

J'ai préféré l'abandonner. J'allais plus vite en sautant de terrasse en terrasse, de deux mètres en deux mètres, en prenant bien garde de ne pas abîmer les murettes du site fabuleux sur lequel furent édifiés les premiers temples balinais.

C'était, à l'image, un exploit physique, mais il m'avait beaucoup moins coûté que ma visite, quelque vingt minutes plus tôt, à la grotte de Galowal.

Des centaines de milliers de chauves-souris – peut-être des millions –, dont j'avais troublé le sommeil, voletaient avec fureur autour de moi, certaines s'accrochant à mes vêtements. Revenu à la lumière, j'ai dû les décrocher du bout des doigts, avec répulsion. L'une d'elles avait planté ses griffes à mon entrejambe. Un peu plus tard, j'ai appris qu'au fond de cette même grotte vivaient en liberté deux cobras sacrés...

Comparées à cela, les cascades en moto, au grand air, sont de simples parties de plaisir.

La moto, c'est pour moi une passion, elle remonte à mon adolescence. Avec mes voisins, François et Alain Laurenceau, nous avions fait la tournée des grands-pères et des oncles et récupéré dans la poussière de leurs caves des antiquités à deux roues : Monet-Goyon, Puch, Ratier. Alain, avec son génie de la mécanique, avait remis sur pied la plus valide d'entre elles. Nous disposions enfin d'un moyen de transport dont nous cachions soigneusement l'existence à nos familles : nous avions à peine quinze ans. Chaque nuit, nous prenions la moto pour aller rouler dans les bois.

Sous prétexte de réviser nos devoirs et leçons, nous avions relié nos chambres respectives par un interphone ingénieusement bricolé par François, et dont la sonnerie exaspérait ma mère. J'attendais qu'il soit environ une heure du matin pour dire à mes amis par l'interphone que nous pouvions nous rejoindre.

Ensuite, en pyjama et une lampe torche à la main, je descendais au rez-de-chaussée. En retenant mon souffle et en mesurant mes gestes : ma mère avait le sommeil très léger. A certains endroits, pour éviter les marches qui craquaient, je glissais sur la rampe, la torche dans la bouche.

Enfin, le cœur battant, je me rendais à la cave où je dissimulais, derrière une vieille armoire, ma tenue de motard (des bottes, un pantalon et un pull) que je pouvais sans danger tacher avec du cambouis. Par la porte du garage, je filais jusque chez François et Alain.

Je les aidais à sortir la « bête », à la pousser dans la remontée de leur garage. C'est seulement trois cents mètres plus loin que nous la mettions en marche pour gagner les bois. Arrivés là, nous faisions à tour de rôle des numéros de voltige jusqu'à trois heures du matin.

Tout s'est bien passé pendant quelques semaines. Mais un soir où nous avions été particulièrement bruyants, la police nous a surpris. Il nous a été reproché – nous avions tout juste quinze ans – les infractions suivantes : transport de passagers en surnombre, défaut de casques, défaut de permis de conduire, défaut d'assurance, défaut de carte grise, tapage nocturne... L'engin, si difficilement et si efficacement réparé, a été saisi pour être envoyé à la casse. Quant aux drames qui ont éclaté dans nos familles, honorables et humiliées, passons.

Il ne servait à rien d'interdire; la moto était notre passion : nous nous serions damnés pour elle. Contrarier une passion, c'est conduire à la folie celui qui en souffre. Notre aventure suivante le démontre.

Il n'était plus possible de nous entraîner en plein air. Nous avons donc décidé de construire, tout simplement, un atelier souterrain où nous pourrions assembler un prototype et le tester, dans une galerie également souterraine. Nous nous sommes livrés à des calculs pour l'étayage des galeries et aussi pour l'insonorisation... le souterrain devant s'étendre sous le jardin des Laurenceau.

Nous n'avions qu'un vrai problème, bien connu de tous ceux qui ont creusé les murs ou le sol pour s'évader : les déblais...

Toutes les nuits, glissant sur la rampe, la torche dans la bouche, je descendais, habillé d'une vieille combinaison d'aviateur et j'allais creuser la terre avec mes copains.

Derrière un bosquet, au pied du mur, à quatre pattes, on se relayait tous les trois en silence. La terre était évacuée dans des seaux. Nous étions en plein hiver, le sol gelé rendait notre travail difficile. A tour de rôle, nous partions dans les bois pour éparpiller le contenu des seaux fixés sur le porte-bagages d'un vélo.

Vers trois heures du matin, je mesurais avec un mètre la nouvelle profondeur et la notais sur un carnet, avant d'aller nous recoucher. Nous n'avancions pas vite, surtout qu'à partir d'un mètre cinquante nous sommes tombés sur de la pierraille. Sans pelle, sans pioche, nous utilisions une boîte de conserve, un burin et une cuillère. Le moindre bruit pouvait réveiller nos parents; nous opérions pratiquement sous leurs fenêtres.

En quinze jours, notre trou mesurait trois mètres de profondeur sur un mètre de diamètre. Il était assez terrible de travailler, courbés en deux au fond du trou. Il faisait froid, humide; parfois il pleuvait. Nous étions sales, fatigués, avec les ongles cassés. Une trappe recouverte de terre, de feuilles, de branches, rendait l'entrée de notre souterrain parfaitement invisible.

Un autre problème, auquel nous n'avions pas pensé, était celui de pouvoir se nettoyer avant de regagner nos lits. Malgré mes efforts il restait toujours un peu de boue qui, en salissant les draps, aurait attiré l'attention de ma mère. Alors, j'ai publiquement décrété que dormir dans un duvet était un bon entraînement pour les futurs voyages qui m'attendaient. C'était le duvet qui me servait dans les camps scouts et il avait déjà été « culotté » par mes frères aînés; quelques taches de plus ne se remarqueraient pas.

J'ai dormi deux mois dans ce duvet jusqu'au jour où notre excavation fut découverte avec stupéfaction par le père de mes voisins. Elle mesurait déjà quatre mètres de profondeur et nous commencions à amorcer une pente douce vers ce qui serait devenu notre atelier.

Notre rêve a pris fin... mais nous allions enfin pouvoir dormir. Il en était grand temps. J'avais de plus en plus tendance à plonger dans une sieste profonde pendant les cours de l'après-midi. J'ai le sommeil très lourd. Le professeur concerné devait me secouer pour me réveiller et me dire : « Il faut dormir la nuit, Dieuleveult. »

Ils étaient marrants, les profs!... un atelier souterrain, ça ne se construit pas sans fatigue.

C'est à l'un de ces profs auquel j'ai pensé alors que je me trouvais à l'île de la Réunion pour une *Chasse aux trésors.* Notre venue avait été annoncée comme un événement par la presse locale.

A peine étais-je installé dans ma chambre que le téléphone sonna. Je décrochai. Sans préambule, j'entendis : « Je sais, j' suis petit, j' suis gros, mais j'ai le droit de vivre! » Ma mémoire aussitôt fonctionna. Cette phrase, un de mes professeurs de lycée nous la lançait quand nos farces ou nos chahuts l'avaient particulièrement excédé. A ce « mot de passe », et à la voix, je reconnus un de mes anciens condisciples, Christian Brégeot.

Je n'avais plus de ses nouvelles depuis presque quinze ans. Il était fixé à la Réunion. Nous nous sommes revus avec plaisir. Lui m'avait retrouvé depuis deux ans sur le petit écran, grâce à *la Chasse aux trésors.* Christian, lui, n'était pas étonné de me voir monter sur un immeuble ou en descendre autrement que par l'escalier.

Il m'a rappelé une de mes farces qui avait eu pour victime l'honnête professeur dont la phrase nous avait servi de mot de passe au téléphone.

Notre salle de classe était située au premier étage. J'étais assis à côté de la fenêtre, grande ouverte à l'approche de l'été. Le cours m'ennuyait et j'avais envie de me faire valoir auprès de mes petits camarades par un coup habilement monté. Ostensiblement, j'attirai l'attention du professeur par un bavardage intempestif... aussitôt suivi de l'avertissement : « Dieuleveult, si vous continuez, vous vous prendrez deux heures de colle. »

Je fis semblant de me calmer. Le professeur ne s'occupa plus de moi et je profitai d'un moment où il tournait le dos pour disparaître par la fenêtre.

Descendre dans la cour en m'aidant de la gouttière était pour moi un jeu. Je m'époussetai, remontai par l'escalier et frappai à la porte de la classe. Après le classique : « Entrez », je fis une apparition vraiment sensationnelle!

Aujourd'hui, je pense qu'il vaut mieux utiliser mes talents acrobatiques au profit de *la Chasse aux trésors* plutôt qu'aux dépens d'un professeur se dévouant pour des lycéens ingrats.

Mais en matière d'acrobatie, je voulais alors faire aussi bien que mes frères. Et eux, étant encore dans leur période turbulente, ne me donnaient pas toujours le bon exemple!

Un jour, rangeant une malle, ma mère y découvrit une de ses vieilles robes, complètement couverte de suie. Comment était-ce possible? Ce phénomène étonna toute la famille, personne ne put en fournir l'explication. Cette explication ne fut révélée à ma mère que dix ans plus tard, dans l'euphorie d'un repas de famille.

Un an avant la découverte de la robe souillée, les services municipaux avaient procédé au ramonage et à la réfection des cheminées. On avait percé un trou faisant provisoirement communiquer notre cheminée avec celle de l'appartement au-dessous, occupé par une vieille demoiselle farouche et craintive.

Deux de mes frères, aidés par un troisième qui leur tenait la corde, en avaient profité pour se laisser glisser dans la cheminée de la locataire du dessous. En son absence, ils avaient pénétré dans l'appartement et avaient changé tous les meubles de place, pour lui faire croire que son logis était hanté. Et la vieille demoiselle dut passer pour toquée auprès de son entourage...

Pour mes frères, cette farce offrait toutefois un risque : la moindre trace de suie aurait éveillé les soupçons de ma mère. Ils avaient donc imaginé de se protéger de la suie en revêtant à tour de rôle la vieille robe pour monter et descendre dans le conduit... Chez les Dieuleveult, l'acrobatie est une tare congénitale...

22

JE REVIENS DANS 23 DODOS...

La Chasse aux trésors m'avait entraîné pour un mois au Sénégal, en Côte-d'Ivoire, au Cameroun. Notre voyage prenait fin dans le Sud tunisien, à Tozeur : aux confins du désert.

J'étais sur la piste du deuxième trésor, tout près de l'atteindre, sans savoir en quoi il consistait. « Chassé du paradis, Messaoud, dans son panier, au creux du jujubier, attend sagement qu'on l'embrasse... »

Il y avait à ce moment-là, sur le terrain, tout près du jujubier, quelqu'un encore plus intrigué que moi par cette énigme, quelqu'un beaucoup plus intéressé que les millions de téléspectateurs qui allaient voir l'émission. Ce quelqu'un, c'était mon fils Erwann, âgé de quatre ans et demi.

Caché avec Diane derrière le mur où le producteur René Denis les avait postés, mon fils était persuadé que son papa trouverait le jujubier et le panier. Mais il se demandait comment je réagirais devant Messaoud, sur la personnalité duquel il savait tout, lui...

Sachant ma prochaine venue en Tunisie, un de mes frères, domicilié à Tunis, m'avait proposé d'accueillir Diane, accompagnée de mon fils aîné. La veille de l'émission, tous deux étaient venus me rejoindre dans le Sud. J'avais tenu à la présence d'Erwann. Pour lui montrer la raison de ces départs qui le laissaient en larmes quand je l'embrassais dans son lit et lui disais en secret, dans le creux de l'oreille : « Tu sais, je pars faire un grand voyage, et puis je reviens dans vingt-trois dodos! »

Le matin du tournage, j'avais confié Diane et Erwann à René Denis en lui demandant de les placer à l'endroit le plus intéressant de *la Chasse.*

Le chrono démarré, je ne pensais plus à eux. J'ai donc eu la double surprise de découvrir que Messaoud était un serpent python, en pleine sieste, et au même moment de voir apparaître la tête d'Erwann au-dessus du muret derrière lequel il se cachait.

J'ai embrassé Messaoud pour ne pas décevoir Erwann (et les autres!). Puis, Elsa Manet prenant la parole, j'ai enlevé mon fils dans mes bras, nous avons foncé vers l'hélicoptère, je le lui ai montré et j'ai même voulu qu'il le touche. Après, j'ai couru à l'endroit où tu te cachais, « toi la rose née du vent et du désert, face à celui qui, à jamais, repose là où l'oued se resserre... ».

C'est la seule fois où un de mes enfants m'a vu travailler. Par la suite, Diane m'a rejoint en deux autres occasions au Sri Lanka et aux îles Seychelles. Cette *Chasse* aux Seychelles m'a valu, étant donné l'humour de mon épouse, un incident (léger) avec les autorités militaires locales.

C'était en juillet 1983. Nous étions partis pour une grande virée dans l'océan Indien : île Maurice, île de la Réunion, Seychelles... Pour ce beau voyage, Jean-Yves Le Mener, Bruno Delattre et moi avions invité nos épouses à partager un peu de nos rêves. Nous leur avions même promis de les faire monter en hélicoptère.

Je n'avais pas prévu que notre station de base serait installée à Mahé sur l'aérodrome militaire, un genre d'endroit où l'on n'accueille pas les civils... et encore moins les « civiles ». Chaque membre de l'équipe devait exhiber un laissez-passer pour y entrer.

Quel dommage : notre hélicoptère était un Alouette III équipé de flotteurs envoyés spécialement de Paris par l'Aéronavale. (Il était ainsi conforme à l'appareil qui évolue dans le générique de l'émission.)

Comment m'acquitter de la promesse faite à Diane? Nous ne pouvions emmener ces dames dans l'hélico pendant *la Chasse* : elles nous auraient gênés et on les aurait vues à l'image. Impossible de les faire monter au décollage de la base puisqu'elles ne pouvaient y entrer. Le seul moyen était de leur faire prendre l'hélicoptère après la fin de l'émission jusqu'au moment où il atterrirait à l'intérieur de la base : on ne les empêcherait sûrement pas d'en sortir...

J'ai donc dit à Diane : « Allez à la plage, et attendez la fin de l'émission. Nous viendrons nous poser : vous prendrez notre place dans l'appareil, et nous rentrerons avec votre voiture. » Marché conclu!

Sitôt l'émission terminée, nous avons dirigé le pilote vers la plage où se prélassaient nos femmes. Elles avaient écrit en lettres de deux mètres sur le sable : ON EST ICI. Le pilote ne comprenait pas très bien la manœuvre, mais je n'ai pas eu trop de mal à le convaincre, ce changement d'équipage lui convenant à merveille. Nous avons débarqué le matériel pour le charger sur la voiture de nos épouses : nous ne tenions pas, mais vraiment pas du tout, à nous montrer tout à l'heure à la base...

Ces dames, poussées par la mienne, ont ajouté leur grain de sel à la plaisanterie. Quitte à violer les règlements militaires, elles ont voulu le faire avec humour. Alors qu'elles avaient eu tout le temps de se vêtir, elles ont tenu à voyager en maillot de bain. On imagine, à leur arrivée sur le terrain de la base, la stupeur des militaires devant la métamorphose des trois « chasseurs » virils en trois jeunes femmes gracieuses et court vêtues... Il y eut des drames. La tempête monta jusqu'à Télé-Union et, de là-haut, elle s'abattit sur moi...

Mais j'étais très heureux que, pour une fois, *la Chasse aux trésors* ait donné à ma femme l'occasion de se réjouir. C'est en général le contraire qui se produit.

En m'obligeant à courir le monde, *la Chasse* me prive huit mois par an de la présence de ma femme et de mes enfants. Et le pire, le plus rageant pour eux, pendant les quatre mois où nous nous retrouvons enfin sous le même toit, j'ai très peu de temps à leur consacrer.

Mes séjours en France, de huit à quinze jours maximum, se passent en rendez-vous, réunions, obligations de tous ordres, à commencer par les entretiens avec les journalistes. Mes journées débordent de lettres et coups de téléphone.

Concilier ce métier et cette façon de vivre que j'adore avec l'affection que je dois à Diane et à mes enfants me cause de véritables conflits de conscience. Le spectateur qui rêve et sourit en me voyant courir pour nourrir des phoques ou embrasser un serpent ne s'en doute pas.

La Chasse aux trésors est un jeu qui fait rêver des millions de gens. Pour Erwann et Tugdual, c'est une invention cruelle qui les prive de leur papa et les empêche de lui dire chaque soir les joies et les chagrins de la journée, comme le font leurs petits camarades. En échange des beautés et des joies rencontrées aux quatre coins du monde, j'ai dû laisser à Diane leurs rires, leurs larmes, les réponses à leurs questions, le soin de préserver leur équilibre.

J'ai donc été follement heureux de voir mon fils aîné assister à un bout de *la Chasse*, à Tozeur. J'ai regretté que son frère, trop petit, ne l'accompagne pas. J'étais tout content d'entendre Erwann me bombarder de questions : « Tu sais, papa, René Denis m'avait tout expliqué pour le serpent. Et j'ai rien dit à personne. Et pourtant j'avais envie de le dire à toi, pour que tu gagnes plus vite... Pourquoi il fallait que tu l'embrasses? T'as pas eu peur de lui! » Ce jour-là, René Denis a été son plus grand copain... après moi.

L'année 1984 s'est déroulée dans une atmosphère de folie. Je ressemblais à une guêpe folle zigzaguant de voyage en projet, de projet en interview, d'interview en conférence, de conférence en gala, de gala en jury de prix littéraires ou de films sportifs. J'enregistrais des *Chasses* presque sans relâche et pendant le même temps, j'ai créé ma société de production, tourné trois reportages pour mon compte, participé à deux vidéo-clips, enregistré un disque et écrit ce livre.

Depuis les premiers mois de notre mariage, depuis *la Course autour du monde* en 1977, Diane a eu la force de caractère de résister à mes absences et de respecter ma personnalité. Elle a eu aussi le courage de ne jamais me montrer sa tristesse, même lorsqu'elle savait qu'elle resterait des mois sans avoir de nouvelles.

Comme le 17 mai 1979, matin de mon départ pour un reportage difficile dans des maquis (Cambodge et Birmanie) où la poste n'existe pas. Elle m'a simplement dit : « Pendant ton absence, je prendrai le berceau dans ma chambre. » Ce petit bonhomme de cinq mois et demi, qui tétait son biberon au moment où je partais, serait le seul lien entre elle et moi.

En avril 1981, en revenant d'une *Chasse* en Yougoslavie, je devais rester quinze jours auprès d'eux. J'ai redécollé le surlendemain pour les maquis du Tchad. Au retour, je devais passer une nuit seulement à la maison et reprendre *la Chasse* à Namur. Diane m'a dit : « Cette nuit-là, je confierai Erwann à une voisine. Il vaut mieux qu'il ne te voie pas : il ne comprendrait pas... »

En cette année 1984, j'ai bien cru que, malgré son courage, Diane allait craquer. Elle m'a appelé un soir à l'autre bout du monde pour me parler d'Erwann. « Tu n'es parti que depuis hier. Et ce matin, il m'a dit : " Maman, la vie est pas drôle, j'ai envie de mourir... " »

Que dire, que faire devant un chagrin aussi pur? Ce soir-là, assis sur la moquette de ma chambre d'hôtel, à côté des morceaux de l'uniforme rouge, j'étais un papa malheureux.

Je souhaite qu'un jour Erwann et Tugdual feuillettent ce livre et me comprennent : même si je ne leur ai pas donné toute la présence et l'affection qu'ils attendaient, je n'ai pas cessé de les aimer. Je les ai aimés dès le moment où ils ont été conçus, avant leur naissance. J'ai tenu à être là au moment le plus important de leur vie. J'ai voulu les voir de mes yeux arriver l'un et l'autre au monde.

Pour la naissance d'Erwann, à l'hôpital Foch à Suresnes, ce ne fut pas facile. En ce temps-là, les maris n'étaient pas admis à voir leur femme accoucher. Je piaffais dans l'habituelle salle d'attente. Au bout d'un moment, je n'y tins plus. J'ai sonné l'infirmière. Elle m'a répété que les maris gênaient la mise au monde et que d'ailleurs ils tombaient souvent dans les pommes... Mais je n'étais pas un mari ordinaire, j'étais le mari de ma femme, et c'est de notre enfant qu'il s'agissait. Perdant le contrôle de mes nerfs, j'ai hurlé : « D'accord, vous êtes les metteurs en scène, ma femme est l'actrice, mais je suis l'auteur et je veux voir ma pièce. »

Au lieu de la choquer, ma sortie a ému l'infirmière si revêche l'instant auparavant. C'est la larme à l'œil qu'elle m'a dit : « Entrez, et ne le dites à personne... » Je l'en remercie aujourd'hui encore. Si elle avait refusé, je crois que dans l'état ou j'étais, j'aurais fait voler la porte en éclats.

Mes enfants, je ne trouve même pas le temps de leur projeter mes diapositives, de leur montrer les paysages pour lesquels je les ai abandonnés. Je me console en pensant au grand voyage que nous ferons tous ensemble, tous embarqués dans une maison roulante. Ce voyage, dont je rêve, nous en fixerons le jour de départ, mais pas celui du retour.

Et ce sont mes enfants qui prendront les photos.

Des journalistes, des téléspectateurs m'interrogent souvent sur la réaction de mes enfants quand ils regardent *la Chasse aux trésors.* Ils ne la voient plus depuis qu'elle est programmée à 20 h 30 au lieu de 18 heures. (Comme beaucoup de mes correspondants, je souhaite que l'émission soit reportée au mardi pour permettre aux enfants de la suivre.)

J'étais en voyage lorsque Erwann, âgé alors de deux ans et demi, a vu pour la première fois *la Chasse aux trésors.* Il était sagement assis devant le récepteur, quand soudain je suis apparu en gros plan : il s'est précipité sur l'écran et l'a embrassé. Les quelques fois où mes fils ont regardé l'émission, leur mère a sorti l'atlas et leur a parlé des pays concernés.

Quand je suis à la maison, je monte chaque soir les embrasser. Et presque chaque soir, à mon approche, ils jouent la même comédie. Ils se cachent sous les couvertures et j'entends deux petites voix étouffées me dire : « On est pas là, on est en voyage! On est à Abidzan, à Léningrave, à Mayorte et au Carmandou! »

23
DES MILLIONS D'AMIS

« Est-ce que cela vous gêne d'être reconnu? » est une question qu'on me pose souvent.

Cela ne me gêne pas. Ma vie n'est pas construite en fonction des autres. Et j'ai moi-même laissé traîner mon regard quand j'ai croisé un acteur ou un chanteur connu. Lorsqu'on pratique comme moi une profession destinée à capter l'attention des autres, on ne peut exiger qu'ils cessent d'exercer cette attention lorsqu'ils me rencontrent sur un trottoir.

Je trouve au contraire sympathique le rapport complice qui s'établit entre moi et les gens qui me reconnaissent, tant qu'ils ne se jettent pas sur moi pour me toucher, me réclamer un autographe, m'extorquer une recommandation ou me demander de leur raconter ma vie.

Cela m'est arrivé très rarement. Jusqu'ici je n'ai rencontré que des gens courtois. Ils se contentent de me sourire, de me saluer par mon nom. Certains tiennent à me marquer qu'ils connaissent bien mon activité, en m'adressant une phrase au passage : « Alors, vous êtes à Paris, en ce moment? » « Est-ce qu'il y aurait un trésor caché dans les parages? » « Tiens, la chasse est ouverte! » « C'est votre casque que vous cherchez? »

C'est, pour les gens qui m'abordent ainsi, une façon de me rappeler que je suis Philippe-hélicoptère, chargé de les promener aux quatre coins du monde chaque semaine, pour leur donner un peu de rêve et d'évasion. Quand ils le font simplement et sans insister pour empiéter sur ma liberté, j'en suis très touché.

Je ne me souviens guère que de trois cas où ma notoriété m'a paru pesante, agaçante ou injustifiée. Par exemple, un jour où j'avais fini par céder, après bien des réticences, à l'invitation d'une ancienne candidate à l'émission, une institutrice. Avec l'accord de sa directrice, elle avait rassemblé trois classes. Quand je suis entré, une centaine d'enfants se sont levés avec chacun un papier à me faire signer! Je les ai peut-être déçus, mais j'ai préféré prendre les devants :

– Si je commence à signer vos papiers, nous n'aurons pas le temps de parler et je pense que mes réponses à vos questions seront plus importantes qu'une signature gribouillée sur un bout de papier. Rangez donc vos stylos, ils vous seront plus utiles pour la prochaine composition.

J'ai passé avec eux une heure très sympathique. Ils avaient décoré la salle avec de beaux dessins : l'un des enfants avait même inventé un jeu de société sur la base de *la Chasse aux trésors*, dont il m'a fait cadeau.

C'est en Belgique que fut enregistrée l'émission, à laquelle avait participé cette institutrice, sur la côte, près de Coxyde. Assis dans le hall de mon hôtel, je feuilletais un magazine quand six personnes d'une même famille sont entrées. Aussitôt, j'ai été reconnu. La mère a décidé de se faire prendre en photo à mes côtés. Sans m'en avertir, sans me saluer, sans même m'adresser la parole, elle est passée derrière mon fauteuil et a posé pour son mari, armé de l'appareil photo. Toute la famille s'est ainsi succédée dans mon dos. J'ai continué à lire ma revue en baissant la tête le plus possible. Ils étaient très heureux, sans la moindre gêne.

Une autre fois, j'avais accepté de « parrainer » un marathon dans l'ouest de la France. Le public s'est exécuté avec bonne humeur quand je l'ai prié, au lieu de me demander des autographes, d'applaudir très fort le passage des coureurs. Sur le podium, j'ai assisté les autorités locales pour la remise des coupes. Le vainqueur, sa coupe à la main, me montrait à son fils et celui-ci n'avait d'yeux que pour moi. J'ai failli dire à cet enfant : « Ça n'est pas moi le héros de la fête, c'est ton père, il vient de faire quarante-deux kilomètres en deux heures et quart... » J'avais l'impression de voler à ce père l'admiration de son enfant. Je n'aurais pas aimé que mes enfants se conduisent comme ça à mon égard.

Au cours d'une *Chasse aux trésors* en Alsace, dans le Haut-Kœnigsbourg, j'ai rencontré un petit gars qui, au contraire, a fort habilement emporté ma propre admiration. *La Chasse* venait de se terminer, avec les techniciens Jean-Yves et Bruno, je regagnais l'hélicoptère. A nos côtés marchait un enfant d'une douzaine d'années. Il m'avait aidé à trouver le troisième trésor, il était heureux, il avait couru avec nous, ses cheveux blonds ébouriffés. Il s'était mouillé les pieds, comme moi, dans l'eau froide de la rivière. Ses yeux pétillaient. Il ne demandait rien, ne gênait personne, mais, malgré sa discrétion, je ressentais fortement sa présence. Arrivant en vue de l'hélicoptère, je lui demandai :

– Es-tu déjà monté en hélicoptère?

– Non, pas encore.

– Tu connais quelqu'un qui pourrait venir te chercher en voiture à l'aéroport?

Un voisin de ses parents s'est aussitôt proposé pour le faire. J'ai donc installé mon admirateur blondinet dans l'hélico, portes ouvertes, entre Jean-Yves et Bruno. Nous avons décollé. Il ne disait pas un mot, mais ne perdait rien du spectacle, avec des yeux grands comme des soucoupes. A l'aéroport, il nous a aidé à transporter le matériel. Il a regardé avec nous les images de l'émission que nous venions d'enregistrer. Le voisin est arrivé pour le prendre dans sa voiture. Juste avant de partir, cet enfant m'a avoué :

– Tu sais, hier, j'ai parié avec une copine que je monterais dans l'hélico de *la Chasse*. J'ai parié un franc.

Avec un sourire malicieux, il a ajouté :

– Tu sais, je le sentais au bout de mes doigts.

Plus tard, il m'a écrit pour me remercier.

A ma réponse, j'ai ajouté pour ses parents : « Vous avez de la chance d'avoir un enfant comme le vôtre. Laissez-le choisir sa vie : il sait où il va. »

En effet, il m'a étonné. Sans rien demander, avec politesse et discrétion, cet enfant avait fait passer un courant d'une telle force qu'il avait obtenu de moi ce qu'il voulait.

On me demande également si la notoriété m'a changé. Elle a modifié mon rythme de vie, augmenté mes obligations, rétréci mes loisirs, mais elle n'a rien changé à ma philosophie de la vie, à ma personnalité, à mon caractère impulsif, volontaire, enthousiaste... et fidèle aux amis du temps où j'étais inconnu.

Lorsque, à dix-neuf ans, j'étais valet de chambre dans un *bed and breakfast* en Angleterre, j'avais pour copain un garçon sympathique que j'ai ensuite perdu de vue. Récemment, il m'a écrit en s'excusant de me déranger et en craignant que je ne me souvienne plus de lui. Pour lui prouver le contraire, j'ai, dans la minute suivante, décroché mon téléphone pour prendre rendez-vous avec lui.

A ceux qui m'ont connu avant que la télévision rende familières ma silhouette rouge et mes oreilles de Mickey, je voudrais dire : je n'ai pas la « grosse tête » (sinon je ne pourrais pas mettre mon casque!). Pourquoi l'aurais-je? Parce que mon nom ou mon visage apparaissent dans les journaux? Je n'ai pas oublié mes années difficiles et je me prépare à les retrouver et à retomber dans l'anonymat, un jour ou l'autre.

On ne peut toute sa vie être en vogue. Rien n'est plus fragile que la notoriété, surtout dans le milieu où j'ai obtenu la mienne. Le cimetière de l'audiovisuel est rempli de vedettes, de présentateurs, d'animateurs hyper-célèbres... et oubliés en quelques mois lorsque, pour une raison ou une autre, ils ont disparu du petit écran.

Non, la notoriété ne m'a pas changé. Mais elle a changé les autres; ou plutôt elle a modifié en eux l'image qu'ils se faisaient de moi. Un jour, j'ai rencontré dans le train une dame qui eut jadis le redoutable honneur de m'enseigner l'anglais. Elle ne me classait pas parmi les meilleurs élèves; les gens qui pratiquent bien l'anglais ne la contrediront pas s'ils m'ont entendu user de cette langue pendant mes *Chasses*. Eh bien, mon ancien professeur me félicitait au contraire pour la façon dont je l'utilisais.

– Oh, j'arrive à me faire comprendre, mais mon accent est loin d'être parfait...

– Pas du tout. Vous vous exprimez très bien.

– Mais je suis tout juste compréhensible.

– Mais non, je vous assure!

Un de mes anciens professeurs d'allemand m'a écrit pour me dire combien il m'appréciait dans *la Chasse aux trésors*. Plutôt que de lui répondre par écrit, j'ai préféré lui téléphoner. Je voulais profiter de l'occasion pour m'excuser d'avoir été un élève exécrable et chahuteur. Il n'a rien voulu entendre. Il avait conservé un excellent souvenir de moi. Mauvaises notes, jets de boulettes, rires intempestifs, tout ça avait été effacé par la magie du petit écran : le plomb s'était mué en or pur.

La notoriété, tant qu'elle dure, entraîne deux conséquences passionnantes et redoutables : le courrier des admirateurs et les obligations sociales. Elles se traduisent par des invitations à participer à toutes sortes d'activités. Il est souvent difficile de se dérober à celles-ci.

Quant au courrier des admirateurs, j'ai dû me résoudre à ne plus y répondre, car cela devenait un emploi à plein temps. Mais je continue de lire, avec autant d'intérêt, les lettres que je reçois. Ce sont toutes des lettres stimulantes, encourageantes et qui me donnent la satisfaction d'avoir procuré un peu de rêve à des gens qui, par l'âge, la maladie, les malheurs, en avaient besoin.

Le courrier qui me touche le plus est celui qui émane des handicapés. Pour eux, je représente la liberté totale, je suis « l'homme aux semelles de vent ». Je représente ce qu'ils ne seront plus jamais. Mais ce que j'admire dans leurs lettres, c'est qu'elles ne contiennent aucun signe de déprime et de défaitisme, rien que des encouragements et de l'enthousiasme.

Qu'ils sachent combien je pense à eux. Je ne l'écris pas par démagogie. Souvent, je songe qu'un accident peut m'arriver, du jour au lendemain, je peux moi aussi être privé d'action. C'est pourquoi je vis intensément depuis toujours, au-devant du risque.

Le risque couru volontairement est un moment si privilégié dans la vie que je veux en connaître le maximum. Si, par malheur, je venais un jour à perdre mes bras ou mes jambes, au moins je me souviendrais de les avoir bien utilisés quand il en était temps.

Souvent, dans les bois, dans un désert, sur une montagne, dans un avion, je touche mes quatre membres et je me dis : « Oui, ils sont bien là, il faut les utiliser. » Je leur demande beaucoup, je veux les faire travailler tant qu'ils le peuvent. Je monte toujours un escalier quatre à quatre et prends rarement l'ascenseur. Dans les rues de Paris, entre deux rendez-vous, je slalome souvent entre les voitures sur mon vélo. Oui, je pense aux handicapés plus souvent qu'ils ne le croient. Je ne m'installerai jamais avec égoïsme dans mon confort physique.

Des gens de tous les âges m'envoient des poèmes dont je suis le sujet. Ils me touchent tous. Je tiens à en reproduire un qui émane d'une jeune handicapée de vingt-cinq ans. Si j'ai bien compris, elle ne peut user que de la machine à écrire. Je reproduis ce texte, non par autoglorification, mais pour attirer l'attention d'un éditeur ou d'un journal sur la sensibilité et le talent de l'auteur. Elle a écrit beaucoup d'autres poèmes pour s'évader de la solitude.

A un ami souriant de vitalité...

Avec ton bel oiseau tu voles à travers l'Univers
Dans les ports tu navigues comme un vrai marin
Parmi les vagues et les rochers que tu touches à peine
Tes doigts font des rondes voulant nous faire rêver

Avec ton regard sympathique qui nous fait remarquer
Que chacun peut s'éloigner de la vie qui nous enivre
Tu nous fais entrer dans un autre monde bleuté
Qui brille de mille paysages multicolores

Tu es un poète qui nous dit des vers en tournant un film
Autour de nos yeux engourdis de solitude capitonnée
Ton oiseau te porte sur un tapis de velours
Comme la mer ramène l'écume au bord du rivage

Avec délicatesse tu t'envoles dans ton oiseau
De ton corps tu joues comme la liberté danse sur toi
Tu es vrai comme un soleil qui nous enchante de mille feux

Ta silhouette voltige dans l'horizon embaumé
Des parfums entourent tes yeux qui voient des trésors
Les merveilles du monde ouvrent leurs bras à ton passage

Tu es la douceur dans la tempête bretonne
Mais ta force se dresse contre les rochers et les montagnes
Tu frôles la mort avec courage en nous donnant une leçon

Chaque semaine tu es notre rêve avec ta bonne humeur
C'est une grande joie de découvrir ces pays avec toi

Garde ton sourire et ta gentillesse pour nous rassurer
Face à ce monde turbulent qui nous enveloppe de trop de haine

Je te fais ce poème pour te montrer que tu donnes la force
et la tendresse à tous ceux qui en ont besoin aujourd'hui.

E. HELIAS.

Des dizaines de lettres que m'ont adressées les handicapés, je vais extraire quelques citations. La télévision est souvent très décriée. Ces citations sont à verser à son livre d'or, elles montrent tout le bien qu'une émission comme *la Chasse aux trésors* peut apporter aux sinistrés de la vie :

– « J'espère que ma lettre ne te barbe pas, mais je suis si heureuse dans mon fauteuil de te voir, toi et tes compagnons... »

– « Je suis infirme, grand handicapé, polio, paralysé des deux jambes, recueilli par un prêtre très bon. Je vais avoir quarante ans. En l'honneur de mon anniversaire, peux-tu m'envoyer une photo dédicacée? »

– « Cloué à la maison par une maladie incurable et paralysante, je peux grâce à vous et votre équipe voyager encore. »

– « Après le fauteuil, je suis à nouveau dans un lit. Les sondes, c'est dur et parfois le courage n'y est plus, alors que j'aime la vie et l'aventure comme toi, Philippe, et tes copains, tous ceux qui sont avec toi, Philippe. Peux-tu m'envoyer une autre photo, l'autre a été abîmée à cause des perfusions? »

Il n'y a pas que les handicapés dont les lettres me touchent. Celle-ci par exemple :

– « Bravo, Philippe, pour vos exploits. De la part d'Henri Fabre, cent ans, son épouse, quatre-vingt-dix-huit ans, et son immense famille de soixante-quinze personnes. »

C'est magnifique, d'être félicité par des gens qui ont connu cent ans de vie. Tant mieux si je leur apporte encore un peu de joie et d'enthousiasme.

Ce sont surtout des dames du troisième âge qui commencent leurs lettres ainsi :

– « Permettez-moi de vous appeler Philippe : vous pourriez être mon petit-fils... »

– « Je me permets de vous dire : bonjour, Philippe. On ne dit pas Monsieur à un ami, n'est-ce pas? Et vous êtes devenu pour moi un ami, l'ami du dimanche soir. »

– « Non, ce n'est pas une lettre d'amour. A soixante-quinze ans, j'ai malheureusement passé le temps de ce genre de missive. Pourtant, Philippe, vous êtes mon coin de rêves, mon jardin secret. »

– « Je crois que je ne pourrai oublier ce sourire de grand gosse heureux que vous nous offrez à chaque étape. »

Les hommes du troisième âge sont moins expansifs, mais ils savent toucher, eux aussi, et me faire prendre conscience de leur détresse :

– « Vous avez écrit dans un magazine : “ Avoir envie de vivre, c'est le plus beau cadeau que l'on puisse faire à un être humain, car on s'en sert souvent, il vous suit partout et il ne s'use jamais. ” J'ai soixante-six ans et c'est vous, un gamin de trente, qui me donnez l'envie de vivre. Ce soir, j'irai promener mon chien. Ma femme n'en reviendra pas. Cela fait dix ans que je ne l'ai pas fait, je n'avais envie de rien. Aujourd'hui je repars, j'ai envie de vivre... »

– « Dieuleveult, un joli nom qui rappelle à un musulman le célèbre Inch' Allah, un nom porte-chance, c'est certain. Tes exploits, Dieuleveult, en témoignent. Bon courage! Avec toute la sympathie d'un musulman chercheur de toison d'or. »

Beaucoup de ces correspondants, regonflés par mon optimisme, m'envoient des citations littéraires destinées à le conforter :

– « La gaieté de l'esprit en marque la force. » (NINON DE LENCLOS.)

– « La plus grande faillite d'un être humain, c'est de perdre son enthousiasme. » (Proverbe américain.)

– « L'homme vaut surtout par la flamme qu'il porte en lui. » (HENRY BORDEAUX.)

– « Avec quoi donc se forge un homme, si ce n'est avec du sacrifice? » (ALBERT CAMUS.)

– « Être homme, c'est précisément être responsable, c'est connaître la honte en face d'une misère qui ne semblait pas dépendre de soi, c'est sentir en posant sa pierre que l'on contribue à bâtir le monde. » (SAINT-EXUPÉRY.)

Au sein du premier âge comme au sein du troisième, *la Chasse aux trésors* entretient l'enthousiasme et la foi :

– « Je suis veuve et ma petite fille Adeline va avoir quatre ans. L'autre jour elle était assise dans un fauteuil, elle suçait son pouce et regardait la photo de son grand-père posée en face d'elle. Alors elle me dit : “ Dis, Mamie, pourquoi il ne revient jamais avec nous, Papi Jean? ” Je lui réponds : “ C'est que, vois-tu, il est avec le Bon

Jésus et il prie pour tout le monde. " Et alors ma petite Adeline m'a répondu : " Eh bien, moi, je vais monter dans le licoptère de Philippe et je monterai bien haut bien haut et j'irai voir ton Papi Jean pour lui dire de revenir... " »

Ma femme a commencé une collection des dessins que m'adressent les enfants. Je suis heureux de les recevoir, car je sais que ces enfants-là ont rêvé et se sont évadés au moins le temps du dessin.

Il serait bien prétentieux de dire que je suis pour eux un modèle, mais si, à travers ces émissions, ils retiennent l'envie de bouger, de se défoncer pour atteindre un but, l'envie de sourire aux autres et de partager leur joie, alors même si ces notions peuvent paraître naïves aux yeux de certains, moi, cela me rend heureux.

Je reste persuadé que, dans la vie, on ne peut être satisfait qu'en triomphant des difficultés. Si l'on veut quelque chose très fort, on finit par atteindre ce but. C'est le message que je voudrais transmettre aux passionnés de *la Chasse aux trésors*.

Ce qui me plaît dans les lettres d'enfants, c'est surtout leur humour :

– « Seulement quand tu fais des choses dangereuses, je mets mes dix doigts dans ma bouche et quelquefois je ferme les yeux, j'ai tellement peur que tu te fasses mal quand tu es tombé de ton arbre. Mais quand tu trouves le trésor, je lève les deux bras en l'air et je crie avant toi : " Stop chronomètre! " Je t'envoie une des photos de moi, où je joue avec mes copains à *la Chasse aux trésors* dans le jardin... »

– « J'ai treize ans et je regarde *la Chasse* sur un petit téléviseur noir et blanc car chez moi on préfère les films. J'ai fait un rêve : je courais comme le vent, je nageais comme un poisson. J'étais avec vous au Pérou dans un hélicoptère. Je me suis réveillé après qu'on ait trouvé les trois trésors et j'ai écrit un poème :

« Dans le ciel qu'il parcourt
La nuit, le jour,
Avec son hélicoptère,
Qui se profile dans l'air,
Philippe de Dieuleveult
Fait tout ce qu'il peut,
Lorsqu'il ne perd pas le nord,
Il trouve les trois trésors. »

Si je ne les trouve pas et si un jour je défaille, j'aurai la satisfaction de savoir que la relève est prête... Gaël, âgé de sept ans, me l'affirme :

– « Quand tu seras mort, je te remplacerai. J'aimerais que tu atterrisses chez moi, je te fais mille bisous. »

Tous les adolescents ne sont pas aussi négatifs qu'on le pense. Beaucoup sont prêts à faire des efforts pour peu qu'on les encourage autrement que par des leçons de morale :

– « J'ai pris exemple sur vous. Ne pouvant malheureusement pas voyager (mon rêve), j'ai appris à monter à cheval, j'ai fait de la montagne, de la natation, du footing et j'ai pu dominer ma peur... Vous savez, pour essayer de vous suivre, il m'a fallu me secouer. Mais qu'est-ce qu'on est bien dans sa tête après... »

Après les lettres qui m'émeuvent, il y a celles qui me font sourire, tant elles m'encensent et me donnent toutes les qualités du monde. (Et, au fond de moi-même, elles me font très plaisir.)

Je ne les cite pas par vanité mais pour dire combien je suis heureux de faire naître l'enthousiasme, la confiance, l'espoir, la curiosité, le rêve chez les autres. Et chez les jeunes, la naissance d'une vocation :

– « On ne peut pas dire que vous êtes une vedette! Non, ce mot ne convient pas à l'homme comblé de tous les dons : intelligence, simplicité, courage, courtoisie, maîtrise de soi, témérité, avec un reste de chevalerie d'antan, qui laissent apparaître son éducation... »

– « Vous incarnez pour moi toute la gentillesse, toute la tendresse du monde. »

Je ne sais si mes parents sont conscients de m'avoir aussi bien réussi... En tout cas je peux vous dire qu'ils ont eu du mal... Pourquoi ne pas l'avouer, je cite aussi ces lettres élogieuses à l'intention de ma chère maman à qui j'ai donné tant de fil à retordre. Le mal qu'elle s'est donné pour m'élever n'aura pas été vain. Ce joli acrostiche sur notre nom lui fera plaisir autant qu'à moi :

Partir le suivre au loin, aux frontières du monde.
Hors des sentiers tracés, hors des chemins du temps,
Imprimer dans nos cœurs, l'espace d'un instant,
La clarté de ses yeux que son sourire inonde.
Il traverse le ciel dans un hélicoptère,
Posant un pied au sol pour se mettre à courir,
Poursuivant les nuages tout autour de la terre,
Enivré de soleil, de ciel bleu, de sourire.
De trésors en trésors, il continue sa course,
Emportant avec lui un coin de nos pensées.
Destination : ailleurs. Destination : le rêve.
Il traverse nos vies sans jamais s'arrêter.

Emblème d'évasion, il voyage sans trêve,
Un micro sur le cœur, pour nous faire partager
Les sensations d'un jour, les joies d'une seconde,
Emmenant avec lui les images du monde
Vers des pays lointains où je n'irai jamais.
Et je n'ai que mes mots pour lui dire qu'on l'aime...
Un modeste cadeau pour le remercier,
Lui qui, sans le savoir, m'inspira ce poème,
Tandis que dans le ciel il ne fait que passer.

PASQUALE.

J'ai également pris connaissance, grâce à l'obligeance de mes correspondants, des extraits d'un livre de Paul Corinte, *la Vie des prénoms,* et d'un livre de Pierre Le Rouzic concernant le prénom Philippe. Je reproduis une citation de ce second ouvrage, pour le plus grand plaisir de tous ceux qui ont la chance de se prénommer Philippe :

« *Personnalité :* celui qui brille.

« *Type caractérologique :* ils sont sûrs d'eux-mêmes, et l'on s'apercevra vite qu'ils ont des âmes de chefs; ils ne s'intéressent vraiment à une affaire que s'ils en détiennent les leviers.

« *Volonté :* C'est évidemment la dominante de ce caractère débordant de possibilités. Rien ne les laisse indifférents et, jusqu'à leur plus grand âge, ils seront prêts à se lancer dans des aventures étonnantes. Ce sont des redresseurs de torts qui n'abandonneront jamais leur croisade.

« *Émotivité :* ils vibrent à tout ce qui est humain et leur émotivité est constante. Elle débouche sur une belle sensibilité mettant constamment en valeur la présence de l'autre... Les échecs les touchent peu.

« *Réactivité :* ils ont beau avoir la sagesse dans leur cœur, ils ont aussi de la force dans leurs poings et il ne faut pas abuser de leur patience.

« *Vitalité :* ils ont d'ordinaire une vitalité prodigieuse... Ils ont besoin de grand air, de soleil.

«*Affectivité :* pour eux, s'exprimer sentimentalement, ce n'est pas faire de grandes phrases, c'est surtout agir, rayonner, avoir la foi.

« *Moralité :* une moralité sans problème! Habituellement, ils sont croyants avec une tranquille confiance qui s'apparente à la certitude qu'ils ont de voir, demain, le jour se lever une nouvelle fois.

« *Dynamisme :* s'ils semblent par moments être tyranniques, cela ne correspond en réalité qu'au besoin qu'ils ont de bien tenir en main leurs collaborateurs, pour œuvrer au maximum... Ils ont confiance en eux et savent se dévouer, pour ne pas dire se sacrifier à une cause en laquelle ils croient.

«*Activité :* elle est dévorante et revêt toutes les formes possibles. Toutes les fonctions dirigeantes, depuis celles de contremaître jusqu'à chef d'État, peuvent leur convenir [1]... »

Je crois préférable de rester au seuil de la présidence de la République et d'arrêter là cette citation... Pour contrebalancer ces commentaires flatteurs, je les ferai suivre d'un extrait de l'une des toutes premières lettres suscitées par *la Chasse aux trésors.* Elle émane d'un téléspectateur suisse qui l'avait adressée à Télé-Union :

« Mais le plus déplorable, c'est l'animateur TV de l'hélicoptère. Il parle tout le temps, il n'écoute pas les questions, ni les ordres qui lui sont donnés. Il s'embrouille, il s'excite. Bref, cet animateur n'a pas sa place dans cette émission. Par la faute de cet animateur (français, je suppose), *la Chasse aux trésors* est désastreuse... »

C'est l'unique lettre défavorable qui me soit parvenue... Mais peut-être ne m'a-t-on pas fait suivre les autres?

Je ne compte plus, par contre, les lettres qui me demandent d'être prudent et s'indignent contre les risques que les producteurs me font prendre. Une fois de plus, je répète que les producteurs ne m'ont jamais imposé aucun risque. Je ne suis pas un surhomme, ni Tarzan, ni Goldorak, mais si je me permets quelques acrobaties c'est que je m'en sens capable. Bien sûr, je ne suis pas à l'abri d'un accident, mais ça fait partie de la vie.

– « Bravo, Philippe! mais c'est trop exagéré. Si vous saviez comme j'ai eu peur. J'adore votre émission, mais pas avec de tels risques : sur le toit du train, dans l'eau sans en connaître la profondeur... »

– « Messieurs les producteurs, vous n'avez pas le droit de jouer avec la vie de votre chasseur pour amuser les téléspectateurs... »

– « Mais c'est que les producteurs de ladite *Chasse aux trésors* sont de véritables bourreaux... J'assiste, crispée, à des descentes dans des trous semblables à ceux de l'enfer... Je t'embrasse, Philippe, et je te rappelle que j'ai soixante-treize ans... »

– « Ah! cher Philippe, mon cœur bat pour vous quand ces abominables candidats, qui, pour toucher la récompense, ne ménagent point vos efforts et vous font grimper au sommet de l'Himalaya ou au Beniouit Chouanaland occidental... »

1. Pierre Le Rouzic, *Un prénom pour la vie. Choix, rôle, influence du prénom,* Albin Michel, 1978, pp. 342-345

Je lis avec intérêt et même avec ravissement des lettres qui, toujours avec gentillesse, me prodiguent des conseils. Certaines émanent de parachutistes ou d'alpinistes qui critiquent la façon dont je pose mes cordes de rappel. Lors d'une chasse à Majorque, les vilains producteurs m'ont fait tirer un coup de canon; j'en ai profité pour me brûler la main droite. Cela m'a gêné pendant tout le reste de l'émission; et pourtant, si j'en crois un correspondant de Zurich, je portais sur moi un remède contre la douleur :

– « Permettez-moi de vous donner un truc qui soulage immédiatement la douleur. Nous l'avons expérimenté avec succès mon épouse et moi à plusieurs reprises. Il suffit d'asperger sans délai la brûlure à l'aide de sa propre urine. Ce que vous auriez pu faire dans la tour sans être vu! »

J'essaierai le remède la prochaine fois que je tirerai au canon!

La façon dont je m'exprime suscite chez mes correspondants des remarques justifiées et savoureuses :

– « Un bravo aussi pour la façon dont vous vous débrouillez pour vous faire comprendre. Puis-je me permettre une petite remarque! En anglais, on dit *I go to* quand je vais en général, mais *I'm going to* quand je vais quelque part en ce moment même. »

– « Je voudrais que tu soignes ton langage en évitant de suivre une mode ridicule qui déforme le sens des mots. Par exemple, lorsque tu dis : " Ce n'est pas évident ", au lieu de dire : " Ce n'est pas facile ", cela me hérisse le poil. »

Un prêtre catholique m'écrit après l'émission de Saint-Malo :

– « Je vous ai envoyé ma bénédiction quand vous avez sauté en parachute. Je voudrais néanmoins vous faire une petite remarque. Vous employez souvent les mots " je vous promets " au lieu de " je vous assure ". Comme vous le savez, cela n'a pas tout à fait le même sens, même si l'on comprend très bien ce que vous voulez dire par là. »

– « Une émission ne démarre pas, elle commence... »

Eh oui, vous avez tous raison, j'essaierai de *commencer* une nouvelle *Chasse* sans faire de fautes, mais *ce n'est pas facile*, je *vous l'assure*.

Il m'arrive, assez rarement, de recevoir des lettres bizarres, comme celle-ci, qui émane d'une jeune femme. Je n'aurai pas l'égoïsme de la conserver pour moi seul :

– « Venez à Cannes à l'occasion d'un gala quelconque, je vous attends sur la Croisette avant Noël et avant le Premier de l'An, en tout cas le plus rapidement possible. Donnez-moi votre numéro de téléphone car je suis jalouse énormément et pardi! Ces cons de

[...] [1], ils vont me le payer, foi de Salomé et de Marie-Madeleine. Foi de Romaine et de sa fille du Christ. Je suis la perle rare du désert.

« Pouvez-vous me pistonner auprès de " Jacques " Lang pour une audition? Nous fixerons le prix, je suis plus grande et plus gracieuse que Mireille. Téléphonez-moi et, si vous le désirez, je suis libre... Mais à ces deux cons, je leur réserve mes deux cousins Espinosas. »

Enfin, pour en terminer avec le survol de mon courrier, voici la cerise du baba... Une carte professionnelle, portant quelques mots manuscrits; il me sera sans doute physiquement impossible d'y répondre moi-même :

– « Faites attention à vos sauts périlleux... Au cas où... nous sommes à votre disposition! POMPES FUNÈBRES X... »

Après le phénomène du courrier, une autre caractéristique de la notoriété est l'inflation des obligations sociales. Des quantités d'organismes ou de personnes m'invitent à participer aux manifestations les plus diverses. Cela va de la 6e Semaine internationale de ballons à air chaud au Gala des chansons de la mer, en passant par la 77e Assemblée de la Fédération vaudoise des sapeurs-pompiers et la kermesse du collège d'à côté...

Il m'est impossible de répondre favorablement à toutes ces demandes. Je passe trop de temps hors de France et mes journées n'ont que vingt-quatre heures.

Mais je n'ai pas pu résister à l'invitation de participer à la course Londres-Paris en ULM. Pour cela je me suis entraîné une partie du mois d'août 1983 pour pouvoir piloter mon engin seul à bord. Je refusais de le faire en double, pour ne pas servir de pancarte publicitaire. Mais j'avouerai que l'étape Moisselles-Bagatelle (la seule qui ait pu avoir lieu, compte tenu des mauvaises conditions météorologiques) m'a laissé un souvenir inoubliable. En effet, je n'avais que six heures de solo et déjà j'avais connu deux pannes de moteur. Je n'en menais pas large au-dessus de la région parisienne. A l'arrivée, je me suis permis de demander au cabinet du ministre de la Défense l'autorisation de sauter en parachute avec les militaires présents. Cette autorisation est arrivée cinq minutes avant le décollage de l'hélicoptère, Puma SA 330. J'ai sauté au-dessus de Paris et j'ai atterri... dans les arbres de Bagatelle!

J'ai également accepté de me joindre au raid aérien Paris-Libreville, organisé au moment où j'allais enregistrer une *Chasse aux trésors* au Gabon. Ce saut me fournissait un bon moyen

1. Ici je supprime les noms de deux chanteurs célèbres.

de transport moins banal que d'habitude. Dans l'avion piloté par Richard Fenwick et Bob Moriarty (l'homme qui, en avril 1984, passa sous la tour Eiffel avec son appareil) j'ai tout de même éprouvé un frisson. Après le survol de l'Espagne, marqué par des ennuis de moteur, nous avons tenté la traversée entre le Portugal et le Maroc. Là, en pleine nuit, au-dessus de l'eau, tous les voyants d'huile se sont allumés. J'ai dû revêtir rapidement la combinaison de survie et me préparer à « aller au bouillon ». Mais Bob et Richard, merveilleux pilotes, ont réussi à poser le Bonanza V 35 au sud du Portugal.

Il arrive qu'on me remette des médailles et des prix. L'une de ces distinctions m'a fait très plaisir : le prix de l'Aventure sportive 1983, décerné par l'Académie des sports.

Je nc m'attendais pas à être récompensé par cette académie, n'ayant jamais eu le courage de persévérer dans un sport précis. J'en ai pratiqué beaucoup, mais aucun à fond. C'est aujourd'hui pour moi l'occasion de dire à tous les grands sportifs mon profond respect pour le travail acharné et la combativité dont ils font preuve pour devenir champions. Grâce à eux, grâce à leur exemple, j'ai voulu vivre avec mon corps en tentant de les imiter.

Je « parraine » aussi parfois : comme à la Foire du Trône. J'y suis arrivé en hélicoptère après un magnifique vol au-dessus de Paris, le 2 mai 1984. Les forains m'ont fait visiter la Foire – les différcnts manèges, les stands : les chutes du Niagara, le toboggan géant ou le Colossus. J'ai découvert avec plaisir cette caste à part, ces gens dont le métier est la fête. Beaucoup d'entre eux ne savent ni lire ni écrire, cela ne les empêche évidemment pas de vivre heureux et de vivre bien. Je n'oublierai jamais leur accueil et suis fier d'avoir été « parrain des forains ».

On m'a également demandé de siéger dans quelques jurys : pour le « film d'aventures vécues » à La Plagne. Ou le prix du roman d'évasion, le film sportif ou le film aérien. J'ai participé aussi à quelques compétitions : la coupe Hélicoptère à Annecy, organisée par mon ami René Romet.

En juin 1984, j'ai été nommé membre de la Commission d'aide à la bande dessinée auprès du Centre National des Lettres et du ministère des Affaires culturelles. Était-ce à cause de mon surnom de Tintin? Non, c'est à titre de « personnalité qualifiée », en raison de ma sympathie vis-à-vis de la B.D. que j'ai été sollicité. Cette commission tenait à avoir un « lecteur de base » parmi les représentants des libraires, éditeurs, bibliothécaires, universitaires, critiques, scénaristes et dessinateurs. Le jour où j'ai pris place parmi toutes ces personnalités, je n'ai pas pu m'empêcher de penser à mon professeur de philo qui, lors d'un « bac blanc », m'avait donné la note de 1 sur 20 avec cette appréciation : « Extrêmement court, vague et stupide. »

Pouvions-nous songer, lui et moi, après un avis aussi sévère, que j'aurais un jour une fonction officielle, dans un organisme du ministère des Affaires culturelles?... Mais après tout, André Malraux, qui créa ce ministère, n'avait pas – au contraire de moi – le baccalauréat ! Alors...

24

JULIEN, TU RÊVES, JE N'AI PAS D'AMANT...

– Et quand vous cesserez *la Chasse aux trésors,* que ferez-vous? me demandent les journalistes, et surtout les téléspectateurs.

Ils connaîtraient une des réponses possibles si, en novembre 1983, ils avaient pu me suivre au Sri Lanka, à Kandy, après l'émission au cours de laquelle j'ai traversé une rivière pour nourrir un éléphanteau orphelin. Il me fallait déposer à ses pieds un tronc de kituc (palmier dont l'éléphant est très friand). Pour ce faire, toute l'équipe s'est retrouvée dans l'eau jusqu'à la taille, au milieu d'une dizaine de pachydermes qui, tranquillement, prenaient leur bain, se douchant mutuellement. L'un d'eux m'a aidé à transporter un tronc; sa trompe l'a enroulé pour le déposer sur ses immenses défenses recourbées. C'était très beau à voir, je me croyais en train de tourner *le Livre de la jungle.* Sur l'autre rive, le petit se balançait de gauche à droite et de droite à gauche, impatient... et un peu intimidé par notre intrusion.

Après cette superbe émission, qui couronnait notre périple en Asie, un dîner et une soirée nous attendaient. Au risque de décevoir nos hôtes, je ne suis resté avec eux que quelques minutes avant de remonter dans ma chambre.

Enfermé dans la salle de bains, j'ai répété devant la glace, en étudiant mes expressions et attitudes, un poème sur la Jeunesse que je devais déclamer deux jours plus tard, le 19 novembre, dans l'émission de Michel Drucker, *Champs-Élysées.* Ce n'est pas dans l'avion que j'aurais pu m'exercer, à moins de passer pour un fou.

Je me suis donné beaucoup de mal pour mettre au point ma prestation. Je ne voulais pas rater l'occasion de me montrer sous un autre visage, sans ma combinaison rouge et mes écouteurs, pour dire aux gens ce qui dans la vie me fait « vibrer ».

Et, ce soir-là, j'ai communiqué ma vibration à beaucoup de gens. Tout le mérite en revient à ce texte très beau, très exaltant : un « texte porteur », comme on dit en termes de médias.

Je le reproduis ci-dessous, ce poème, à l'intention des nombreux correspondants qui m'ont demandé de le leur communiquer; je n'ai pu le faire jusqu'ici par manque de temps.

La jeunesse n'est pas une période de la vie, elle est un état d'esprit, un effet de la volonté, une intensité émotive, une victoire du courage sur la timidité, du goût de l'aventure sur l'amour du confort.

On ne devient pas vieux pour avoir vécu un certain nombre d'années, on devient vieux parce que l'on a déserté son idéal. Les années rident la peau, renoncer à son idéal ride l'âme.

Les préoccupations, les doutes, les craintes et les désespoirs sont les ennemis qui lentement nous font pencher vers la terre et devenir poussière avant la mort.

Jeune est celui qui s'étonne et s'émerveille, il demande comme l'enfant insatiable : et après? il défie les événements et trouve de la joie au jeu de la vie.

Vous êtes aussi jeune que votre foi, aussi vieux que votre doute, aussi jeune que votre confiance en vous-même, aussi jeune que votre espoir, aussi vieux que votre abattement.

Vous resterez jeune tant que vous resterez réceptif : réceptif à ce qui est beau, bon et grand, réceptif aux messages de la nature, de l'homme et de l'infini.

Si un jour votre cœur allait être mordu par le pessimisme et rongé par le cynisme, puisse Dieu avoir pitié de votre âme de vieillard.

En cas de bafouillage ou de trou de mémoire, j'avais prévu de dire : « Excusez-moi, c'est une erreur de jeunesse. » Je n'ai pas eu à le faire. Face au public du studio Gabriel, malgré les éclairages dans la figure et le ballet des caméras, j'ai été épargné par le trac (j'avais appris à affronter ce genre d'épreuves : je m'en expliquerai dans un instant).

Ce poème sur la jeunesse a bercé ma vie. Il a accompagné ma propre jeunesse, mon adolescence, mon enfance. Il m'a permis, vers 1974, certains espoirs qui se réaliseront – peut-être en 1985! Il est la clé de mon avenir.

Je l'ai vu affiché dans tous les bureaux de chefs de troupe quand j'étais scout, dans tous les bureaux de chefs de section quand j'étais parachutiste ou instructeur parachutiste. Chaque fois, ce poème était attribué à l'homme qui, avant de se replier devant l'ennemi, avait proclamé : « Je reviendrai! » C'est en toute bonne foi qu'à *Champs-Élysées* j'ai nommé comme auteur de *la Jeunesse* le général Douglas MacArthur.

Au moment d'entreprendre ce livre, j'ai recherché des précisions sur la date de composition de ce texte par le général. Les services culturels de l'ambassade des États-Unis m'ont alors révélé que ce texte avait été attribué à MacArthur parce qu'on l'avait trouvé dans son bureau. Mais on s'est aperçu que l'auteur était en réalité Samuel Ullman, un personnage dont on ignorait tout.

Lors d'un passage à New York, j'ai pu découvrir à la New York Public Library l'unique exemplaire conservé dans une bibliothèque du seul livre, publié à trois cents exemplaires, par Samuel Ullman. J'y ai trouvé, avec le texte anglais de *la Jeunesse*, le portrait de l'auteur, ses dates de naissance et décès : 1840-1924. Rien d'autre [1]...

Mes études à l'École des travaux publics (1973-1975) me passionnaient très modérément. Mais je m'étais promis de les poursuivre jusqu'au bout et d'obtenir le diplôme pour faire plaisir à mes parents. « Ce diplôme t'aidera à trouver un emploi. » Mais, en ce temps-là, je ne songeais pas du tout à gagner ma vie, je voulais réaliser mes rêves...

Je rêvais de voyager et d'être comédien. Je m'aperçois aujourd'hui qu'il s'agit de deux façons parallèles de découvrir la vie : l'une en parcourant l'espace, l'autre en le voyant à travers les yeux des personnages dans lesquels se projette le comédien.

Ce métier est l'un des rares qui permettent de vivre vite en donnant l'occasion d'assumer en peu de temps des existences très différentes. Un jour boucher, le lendemain avocat, le surlendemain pilote de ligne.

J'ai voulu apprendre ce métier. Et, à l'automne 1974, je suis allé m'inscrire à un cours d'art dramatique où avaient étudié (ou enseigné) les comédiens les plus célèbres : le cours d'art dramatique René-Simon, que dirige toujours Rosine Margat. Entre un cours sur la résistance des matériaux et un relevé de terrain dans la banlieue sud de Paris, j'enfourchais mon vélo et pédalais vers le quartier des Invalides où le cours Simon était alors établi.

Pour être admis à suivre l'enseignement – il durait deux ans –, il fallait réciter deux textes : une fable de La Fontaine et un texte librement choisi par le candidat. J'interprétai d'abord la fable *le Lion s'en allant à la guerre :*

1. Je serais reconnaissant à tous lecteurs pouvant m'adresser des renseignements sur Samuel Ullman.

Le lion dans sa tête avait une entreprise,
Il tint conseil de guerre, envoya ses prévôts,
Fit avertir les animaux.
Tous furent du dessein, chacun selon sa guise...
L'éléphant devait sur son dos
Porter l'attirail nécessaire
Et combattre à son ordinaire.
L'ours, s'apprêter pour les assauts.
Le renard, ménager de secrètes pratiques.
Et le singe, amuser l'ennemi par ses tours.
« Renvoyez, dit quelqu'un, les ânes, qui sont lourds,
Et les lièvres, sujets à des terreurs paniques. »
« Point du tout, dit le roi, je veux les employer.
Notre troupe sans eux ne serait pas complète.
L'âne effraiera les gens, nous servant de trompette,
Et le lièvre pourra nous servir de courrier. »
Le monarque prudent et sage
De ses moindres sujets sait tirer quelque usage
Et connaît les divers talents.
Il n'est rien d'inutile aux personnes de sens.

Quant au texte laissé au libre choix de l'élève et destiné à faire apparaître sa personnalité – c'était *la Jeunesse*. Bien entendu, je l'ai attribué faussement au général MacArthur. Voilà un auteur qu'on ne pratiquait guère chez René-Simon! Mes camarades avaient choisi une tirade des grands auteurs classiques ou, au contraire, avaient recouru à des contemporains d'avant-garde. *La Jeunesse,* qui rompait avec les bonnes traditions, me valut d'impressionner mes examinateurs et d'obtenir la plus forte note.

J'avais été reçu avec un texte qui détonnait et j'allais être moi-même un étudiant qui détonnait : un peu en porte à faux avec mes camarades et avec l'enseignement reçu.

Malgré l'objectif poursuivi en commun, je ne me sentais pas beaucoup d'atomes crochus avec mes camarades, à quelques exceptions près. J'avais avec eux seulement des rapports de travail, pendant le cours même, lorsqu'il s'agissait de préparer une scène à plusieurs personnages, ou pour donner la réplique à un camarade répétant son rôle. Je n'avais d'ailleurs guère le temps de les fréquenter en dehors des horaires. J'étais un homme « très occupé » !!! Par les cours de l'École des travaux publics; et par les petits métiers dont l'exercice me permettait de régler les 240 francs mensuels du cours et d'acheter les livres et les textes indispensables.

Beaucoup de mes camarades se consacraient uniquement au

cours Simon : ils avaient donc tout le temps de sympathiser. Les autres se retrouvaient au moins un quart d'heure à l'avance, au café d'en face ou sur le trottoir. Moi, j'arrivais toujours à la dernière minute, comme ils entraient.

Chaque fois, la porte allait se refermer quand j'achevais de fixer mon vélo avec un antivol, toujours à la même gouttière descendant de l'immeuble.

A la sortie, je n'avais ni le temps, ni l'argent pour m'attarder au Villars, le café d'en face. Quand par hasard le contact s'établissait, je me sentais vite déplacé parmi les apprentis comédiens. Je ne cédais pas, comme eux, au plaisir de refaire ou réécrire l'histoire du cinéma ou celle du théâtre. J'étais habitué à agir et assez peu porté à disséquer ou commenter. Je me réfugiais dans un comportement farouche : pour dire bonjour je tendais la main, évitant les bisous prolongés. Je ne savais pas non plus participer au jeu qui consistait à s'interpeller à la sortie des cours : « Tu m'as fait frémir, ta scène était géniale! Si, si... » Un peu dérouté par cette ambiance, je me sentais loin de mes voyages et des nuits à la belle étoile.

J'étais passionné par toute la partie technique de l'enseignement. J'ai appris à lire à voix haute, en donnant le ton et en respectant le moindre signe de ponctuation. J'ai appris à marcher, à respirer, à poser la voix, à entrer en scène, à gommer un effet ou à l'accentuer, à hausser la voix sans avoir l'air de crier, à nuancer l'expression du visage ou des yeux. L'étape suivante consistait à interpréter un texte du répertoire classique. On montait sur la scène avec un camarade donnant la réplique. Ensuite le professeur, demandant parfois l'avis des autres élèves, critiquait. Et on recommençait en tenant compte de ses indications.

Cette partie de l'enseignement me plaisait beaucoup, mais j'aimais moins les auteurs et les textes qui lui servaient de base. Je ne me sentais pas beaucoup d'atomes crochus, non plus, avec Racine et Corneille; pas même avec *le Cid.* Les professeurs et les copains eux-mêmes disaient qu'on ne pouvait devenir comédien sans les avoir étudiés. Je m'y prêtais donc avec docilité. Pendant mes cours de physique et de chimie, entre la résistance de la poutrelle d'acier et l'épaisseur de la plaque de béton, les répliques de Courteline, Alfred de Musset, Victor Hugo, Jean Anouilh et autres me traversaient l'esprit. Moi le casse-cou, le sportif, le voyageur, je ressentais la faiblesse de ma culture littéraire et je luttais désespérément pour l'améliorer.

Mes efforts n'ont pas été vains puisque j'ai été admis en deuxième année avec le premier prix de la catégorie « garçons ». Curieusement, je n'arrive pas à me souvenir quelle scène ni quel auteur m'ont valu ce succès. Un ancien camarade du cours Simon se le rappelle-t-il?

Je me souviens par contre d'avoir donné la réplique à un ami. Nous interprétions une scène de *Volpone ou le renard* de Ben Jonson. Cette pièce élisabéthaine est surtout connue du grand public pour l'interprétation qu'en ont donnée au cinéma Harry Baur dans le rôle du rusé Volpone et Louis Jouvet dans le rôle de son perfide serviteur Mosca. Je succédai sans complexe à Jouvet dans ce personnage.

Le nom de la camarade qui remporta le premier prix « filles » m'échappe, mais je n'ai pas oublié les circonstances « frappantes » – c'est le mot – qui lui ont permis de l'obtenir. Elle m'avait demandé de lui donner la réplique dans une scène de *Colombe,* pièce de Jean Anouilh. Un peu avant de comparaître devant le jury, l'interprète de Colombe m'avait pris à part pour me confier : « Je veux être la première. Pour ça, aide-moi en jouant ton rôle à fond. » Je jouais Julien dans la scène suivante :

JULIEN. – Qui est-ce?
COLOMBE. – Mais qui, mon chéri?
JULIEN. – Ton amant.
COLOMBE. – Julien, tu rêves, je n'ai pas d'amant.

Prenant mon rôle tout à fait au sérieux et rendu furieux par une hypocrisie aussi éhontée, je me levai pour flanquer à Colombe une claque magistrale. Si brutale que je la déplaçai, elle et la chaise sur laquelle elle était assise. Le jury, stupéfait, la regardait verser de vraies larmes. Je quittai la salle, assez gêné et soulagé d'avoir déjà été noté.

A la sortie, j'ai attendu Colombe pour m'excuser de ma brutalité. Sur sa joue, on voyait encore la marque de mes doigts. Loin de m'en vouloir, elle m'embrassa : elle avait obtenu le premier prix « filles ». Grâce à moi, disait-elle. Grâce à ma brutalité...

Déjà, au cours de ma propre scène, j'avais légèrement éclaboussé le jury en crachant le contenu d'un verre que j'étais en train de boire. J'exprimais ainsi l'émotion suscitée en moi par une réplique de mon partenaire.

Au fond, j'aurais été plus à l'aise dans une école comme l'Actor's Studio de New York, utilisant des textes plus modernes et des méthodes qui permettent de mouler le personnage sur le tempérament de l'acteur. J'avais l'impression que l'enseignement que je recevais préparait surtout à une carrière théâtrale, laquelle ne me tentait pas du tout. Alors que mes camarades rêvaient de jouer Ruy Blas ou le Prince de Hombourg sous les applaudissements d'un public choisi, moi je me serais volontiers contenté de rôles plus quotidiens, mais dans un film pour la « France profonde ».

Rosine Margat l'avait bien compris lorsque, quelques semaines après l'entrée en deuxième année, je suis allé lui annoncer mon départ du cours. (On venait de me proposer de participer à la fondation d'une école de l'Aventure.) Entre les deux voies s'offrant à moi : explorer l'espace par le voyage ou explorer la vie à travers les personnages de fiction, j'avais finalement opté pour la première.

Je m'en suis très franchement expliqué avec Rosine Margat. Elle a réagi par des commentaires amicaux et perspicaces : « Vous étouffez parmi nous. Vous ne trouveriez pas de vraies satisfactions à vous enfermer sur une scène et à jouer des centaines de fois le même rôle. Les applaudissements du public ne vous stimuleraient pas... Votre personnalité est trop forte pour que vous vous contentiez de la mettre au service d'un texte, si beau soit-il. Vous êtes un homme de plein air, il vous faut de l'espace, la possibilité de vous exprimer intensément et de vous renouveler sans cesse. Vous perdriez votre temps à apprendre comment jouer sur une scène. Votre passage parmi nous vous a révélé vos dispositions. Elles sont trop fortes pour que vous n'ayez pas un jour envie de les exploiter. En attendant, allez faire votre école de l'Aventure puisque vous y tenez... Mais je suis convaincue qu'un jour vous trouverez votre voie au cinéma. »

En quittant le cours Simon, j'étais riche d'une expérience; et j'avais acquis les rudiments du métier de comédien. Ils m'ont été utiles, plus tard, pour affronter les caméras de *la Chasse aux trésors* et le public de Michel Drucker. A *Champs-Élysées*, je m'exprimais pourtant sur une scène, mais très différente de celle d'un théâtre...

C'est grâce au cours René-Simon que j'ai « joué » pour la première fois devant une caméra : oh! de façon très modeste! Les cours d'art dramatique sont un vivier où les assistants des metteurs en scène viennent pêcher des silhouettes. Les élèves, également, se refilent les numéros de téléphone utiles. C'est ainsi que j'ai figuré dans plusieurs films de fiction de long métrage. Le scénario était sans éclat et ma participation aussi. J'en ai gardé un souvenir très vague et serais bien incapable d'en donner les titres.

J'ai par contre gardé un souvenir assez précis, en raison de sa drôlerie, d'un film publicitaire destiné à glorifier une marque de conserves. Le tournage s'est déroulé en une journée comme une fête, comme un carnaval. Dans ce film d'une minute, j'avais, semble-t-il, un rôle important : je conduisais une charrette pleine de légumes. Je jouais le rôle d'un bon péquenot, comme il n'en existe plus depuis cinquante ans. Je portais un pantalon à grosses côtes de velours, un gilet fourré en peau de mouton, des croquenots et un chapeau très étudié... Le fouet à la main, je guidais mon cheval vers une immense boîte de conserve dressée dans un champ. Construite en bois léger, elle était haute de dix mètres. Je déposais mes légumes à ses pieds et ensuite nous nous livrions tous à une ronde, chantant et dansant joyeusement autour de l'idole-boîte de conserve. Nos rires n'étaient pas feints : quelle rigolade!

Ce jour-là, j'ai découvert la « pub » et ses paradoxes : l'énormité du budget consacré à un « produit » éphémère; l'utilité très secondaire des acteurs, au regard de la compétence et du travail fourni par l'équipe technique.

Dix ans ont passé. Les prédictions de Rosine Margat se sont réalisées. Après avoir parcouru la première des deux voies conduisant à l'exploration de la vie, je suis à nouveau attiré par la seconde qui consiste à s'incarner dans des existences multiples et différentes.

Mon désir de devenir interprète d'un film de fiction, auquel la presse a fait écho, m'a valu de recevoir quelques propositions accompagnées de scénarios. J'en ai lu une bonne demi-douzaine. Plusieurs de ces scripts prévoyaient pour moi un rôle sans rapport avec ma personnalité et avec ce que j'ai exprimé jusqu'ici. J'étais tenté de relever le défi, attiré en particulier par un rôle d'ingénieur complexé et timide. Il m'aurait permis de « composer » et de me livrer à une expérience nouvelle. Mais ce rôle constituait, comme on dit dans le métier, un « contre-emploi » dangereux pour un premier essai... et pouvant aboutir à une contre-performance.

A l'inverse, d'autres scénarios m'invitaient à reproduire, à la faveur d'une intrigue fondée sur l'action, un catalogue des exploits accomplis dans *la Chasse aux trésors.* Cela me paraissait répétitif et trop simple.

Parmi les propositions situées entre ces deux extrêmes, deux m'ont accroché. Il ne reste plus qu'à procéder au montage financier : ici commencent les difficultés et les contingences... Nous verrons bien.

Toujours dans le domaine de l'audiovisuel, on m'a également invité à me lancer dans le disque. Je me suis refusé à chanter. Je sais le faire, mais je n'ai ni les talents ni l'originalité qui justifieraient une tentative dans ce domaine. Par contre, j'étudie sérieusement la possibilité de dire des textes, en particulier des textes destinés aux enfants.

A titre d'essai, j'ai enregistré un disque produit par un ancien camarade de lycée et distribué par Polydor : *Los Angeles 84.* Je ne chante pas, comme on l'a écrit par erreur, je ne fais que réciter un poème de Philippe Adler sur les Jeux Olympiques, avec un accompagnement musical. Sur l'autre face du disque, j'ai enregistré – il fallait s'y attendre – le poème *la Jeunesse* enfin restitué à Samuel Ullman. La mélodie l'accompagnant m'a conduit à le dire sur un ton plus nostalgique qu'à *Champs-Élysées.*

J'ai reçu ces derniers mois une foule de propositions aussi étonnantes que sympathiques comme, par exemple, devenir le héros d'une bande dessinée ou assurer des émissions de variétés. Le plus difficile est de savoir dire non à tout ce que je serais incapable d'assumer ou qui détonnerait avec ma personnalité. Si j'ai accepté d'enregistrer une vidéo-cassette sur la planche à voile et de participer à un film tourné à New York pour la compagnie Air-France, j'ai par contre refusé d'animer un jeu télévisé hebdomadaire; fort intéressant, mais il se déroulait entièrement en studio.

J'ai refusé aussi d'animer une émission de radio en direct – une heure par jour – qui se déroulait sur le terrain, avec intervention des auditeurs à l'antenne. Le principe et le sujet me plaisaient beaucoup, mais le rythme quotidien m'aurait obligé à renoncer à toute autre activité.

Or j'ai précisément fondé, au début de 1984, une société de production : « Passeport bleu », qui me permettra d'entreprendre à ma guise les reportages de mon choix. J'ai déjà produit *Vol* (sur l'hélicoptère et les montagnes), *le Clocher* (sur la petite ville de La Clusaz), et un troisième sur le sauvetage des alpinistes en perdition dans le massif du Mont-Blanc. Des extraits de ce dernier ont été présentés par le journal télévisé d'Antenne 2, immédiatement après le tournage, en août 1984.

Ce dernier reportage a été effectué au moyen d'un hélicoptère piloté par un des as de la profession, René Romet, organisateur de la Coupe de France. J'avais eu souvent l'occasion de voler avec lui (mais jamais lors de *la Chasse aux trésors*).

J'avais confié la responsabilité des moyens techniques à Marc Gurnaud. Il avait assuré la liaison radio de la première *Chasse aux trésors*, en 1980, au Groenland. Depuis, nous avions fait ensemble un reportage au Honduras et au Nicaragua en 1982 [1].

Marc avait prévu une plate-forme spécialement fabriquée pour que je puisse me déporter hors de l'hélicoptère de secours et filmer ainsi sous des angles impossibles à obtenir de l'intérieur. « Treuillé » – c'est-à-dire suspendu dans le vide, au bout d'un câble, la caméra à l'épaule, j'ai pris conscience des splendeurs et dangers de

1. Voir le chapitre 16 : « Gracias a Dios ».

la montagne. La montagne, c'est une beauté fatale, implacable pour les imprudents qui ont succombé à ses charmes.

Je l'ai ressenti dès le premier jour, quand, au pied du couloir glacé du Gervasutti (qui culmine à 4267 m), j'ai vu apparaître deux corps disloqués et inertes. Largué auprès d'eux, j'ai été impressionné par leur regard figé. L'une des victimes a été identifiée comme un membre de l'organisation basque ETA, condamné à mort et en fuite. La montagne a été plus expéditive que la justice des hommes.

Bien des gens viennent dans la montagne pour se connaître eux-mêmes, pour prendre la mesure de leurs limites. Souvent, il est trop tard quand ils les découvrent, la montagne les a devancés. C'est pour lui arracher ces aventureux avant qu'elle ne les anéantisse qu'œuvrent pilotes, mécaniciens, sauveteurs.

En volant avec eux dans la nuit, le brouillard, au ras des parois, dans les turbulences et les vents rabattants, j'ai constaté qu'ils ne reculaient devant aucun risque pour répondre *présents!* au moindre appel au secours. Le pilote Michel Durand m'a dit :

– Si je pars avec un treuilliste et deux sauveteurs, je veux revenir avec un treuilliste et deux sauveteurs. Si je peux, je reviendrai avec les autres.

Mais en les observant pendant huit jours, j'ai constaté qu'ils reviennent TOUJOURS avec les autres : morts ou vivants.

Lorsque le mauvais temps s'en mêle, avant d'opérer un sauvetage, il faut savoir attendre. C'est très dur lorsqu'on sait que chaque minute compte. Il a fallu attendre trois nuits avant de pouvoir secourir deux Allemands coincés dans la paroi des Drus, au-dessus du vide. Les éclaircies étaient trop brèves pour permettre le décollage et surtout le treuillage des sauveteurs pourtant habitués à frôler le danger.

Je les revois au bout de leur treuil, encore éblouis par la foudre venue frapper à côté d'eux. Je revois le pilote Roger Colin crispé sur ses commandes. J'entends Francis Delafosse pousser un premier cri de joie, puis un second chaque fois qu'il remontait un Allemand dans la cabine. L'hélicoptère est allé les déposer dans la vallée avant de venir reprendre le sauveteur accroché tout seul à la paroi du Dru.

Le lendemain, Jean-Pierre Schuller n'a pas perdu son sang-froid pour guider le pilote perdu dans la masse blanche, alors qu'il transportait un corps inerte accroché vingt-cinq mètres plus bas au bout du treuil. Pendant que je filmais la scène, de l'intérieur de l'appareil, la queue de celui-ci est passée à vingt centimètres de la paroi!

Ce jour-là, comme les précédents, j'ai oublié *la Chasse aux trésors* et ses vols tranquilles. Un hélicoptère, ce n'est pas fait que pour jouer. C'est aussi un trait d'union entre la vie et la mort. La distance qui les sépare l'une de l'autre n'étant, certains jours, que de vingt centimètres...

J'espère que les téléspectateurs verront dans leur intégralité ces images. Et qu'ils verront un jour le grand, le très grand reportage qui, en 1987, m'emmènera à bord de « Aldebaran, base volante » faire « le tour du monde en dirigeable ».

C'est un projet ambitieux et fou, né de l'activité d'un club qui réunit périodiquement une dizaine de grands reporters. Ce petit cercle s'est d'abord appelé (en hommage au héros du *Tour du monde en quatre-vingts jours)* le club Philéas-Fogg. Il est devenu, en s'intégrant à la Guilde européenne du raid, le club Aldebaran.

Ce groupe est animé par Patrice Franceschi, vice-président de la Guilde européenne du raid, et mon compagnon de voyage « Chez le rebelle Hissène Habré [1] ».

Il a à son actif des expéditions chez les Indiens d'Amazonie, en Laponie, au Sahara, en Malaisie, en Chine, en Australie, en Pologne, sans oublier l'Afghanistan en guerre. Se joindront à lui des économistes, des géographes, un photographe, un alpiniste, un ethnologue, des reporters.

Le dirigeable, parti de Paris, touchera la mer du Nord, la Grande-Bretagne, l'Espagne et continuera par l'Afrique jusqu'au Congo. Il traversera l'Atlantique, l'Amérique du Sud, l'Amérique du Nord, le Pacifique, le Japon, Formose, l'Océanie, l'Inde, le Pakistan. l'Arabie Saoudite. Il rentrera à Paris par la Méditerranée.

Ce ne sera pas un simple voyage. Aux missions permanentes (observation scientifique, cartographie, reportages) s'ajouteront des missions ponctuelles : ravitaillement d'une plate-forme pétrolière en mer du Nord, mission humanitaire au Sahel, expédition saharienne en Mauritanie, démonstration de sauvetage en mer au large de la Guyane, expédition volcanique en Alaska et archéologique en Inde, promotion de produits français au Japon. Sans parler – à New York, en Floride, en Californie et en Europe – des « cascades », promotions publicitaires ou démonstrations destinées à financer les frais de ce grand raid aérien.

– Que ferez-vous lorsque *la Chasse aux trésors* s'arrêtera?

La seule chose dont je suis sûr, c'est que je ne resterai pas à tricoter au coin de mon feu...

Cinéma, radio, disques, télévision, reportages et voyages (pour Passeport bleu, pour Médecins sans Frontières, pour d'autres...). Certains de ces projets avorteront, d'autres aboutiront. Échecs ou

1. Voir chapitre 15

réussites, ce qui importe, c'est de vivre avec ou sans le costume rouge.

Quelle que soit mon activité dans l'avenir, je sais d'avance qu'elle sera fidèle à l'idéal exprimé par Samuel Ullman dans *la Jeunesse :* je resterai « celui qui s'étonne et s'émerveille » et « demande comme l'enfant insatiable : et après? », qui « défie les événements et trouve de la joie au jeu de la vie ».

TABLE

Cet ouvrage a été réalisé sur
Système Cameron
par la SOCIÉTÉ NOUVELLE FIRMIN-DIDOT
Mesnil-sur-l'Estrée
pour le compte des Éditions Grasset
le 26 août 1985

Imprimé en France
Première édition, dépôt légal : octobre 1984
Nouveau tirage, dépôt légal : août 1985
N° d'édition : 6766 – N° d'impression : 3032
ISBN 2-246-34421-2

